Geografías fabuladas

Trece miradas al espacio
en la última narrativa de Castilla y León

María Pilar Celma Valero
Carmen Morán Rodríguez (eds.)

Geografías fabuladas

Trece miradas al espacio
en la última narrativa de Castilla y León

María Pilar Celma Valero
Carmen Morán Rodríguez (eds.)

Iberoamericana · Vervuert · 2010

Este volumen se ha realizado en el marco del Proyecto de Investigación «Espacios reales y espacios imaginarios en la narrativa castellana y leonesa reciente (1980-2006)» (código VA074A07), financiado por la Junta de Castilla y León.

© Iberoamericana, Madrid 2010
Amor de Dios, 1 – E-28014 Madrid
Tel.: +34 91 429 35 22
Fax: +34 91 429 53 97
info@iberoamericanalibros.com
www.ibero-americana.net

© Vervuert, 2010
Elisabethenstr. 3-9 – D-60594 Frankfurt am Main
Tel.: +49 69 597 46 17
Fax: +49 69 597 87 43
info@iberoamericanalibros.com
www.ibero-americana.net

© Iberoamericana Vervuert Publishing Corp., 2010
9040 Bay Hill Blvd. – Orlando, FL 32819, USA
Tel.: +1 407 217 5584
Fax: +1 407 217 5059
info@iberoamericanalibros.com
www.ibero-americana.net

ISBN 978-84-8489-545-9 (Iberoamericana)
ISBN 978-3-86527-591-2 (Vervuert)

Depósito Legal: SE-5943-2010

Cubierta: Carlos del Castillo/Elena Lázaro
Imagen de cubierta: *Nostro mar,* de Casilda García Archilla. Cortesía de la artista
Impreso en España por Publidisa
The paper on which this book is printed meets the requirements of ISO 9706

ÍNDICE

PRESENTACIÓN

María Pilar Celma Valero
Carmen Morán Rodríguez

Aunque tradicionalmente menos atendido que otros elementos de la narración, como los personajes, o el tiempo (del que tan difícil es desligarlo), el espacio resulta una pieza fundamental en la narrativa universal. Cuando pensamos en el tratamiento literario del espacio, tendemos a imaginar la descripción de un paisaje –una descripción fácil de acotar como tal, aislable del resto del relato, más o menos decimonónica, o más o menos azoriniana…–. El espacio, sin embargo, puede filtrarse en una historia de mil modos distintos, que incluyen la descripción, la estampa o el paisaje clásico en que pensamos inicialmente, pero también maneras que en nada se asemejan al párrafo extraíble como cita ilustrativa de una descripción de lugar. Tampoco debemos dar por hecho que el espacio en la literatura sólo debe ser tenido en cuenta como tal cuando tiene un refrendo «real». Junto al espacio realista (que puede coincidir en el nombre con un lugar real, o puede coincidir en todo menos en el nombre), están el espacio imaginario (que puede ser heredado de la tradición en diverso grado o innovador), el simbólico, el alegórico… Y todos ellos pueden aparecer en la misma obra. Más aún: un mismo espacio puede acumular en una obra varios de estos valores. Poco importa, además, que su nombre coincida con el de un lugar real, conocido por los lectores, que coincidan sus datos de población, ubicación, etc. Desde el momento en que forma parte de una obra de ficción, ese lugar es un lugar de ficción, y su semejanza con la realidad, un recurso literario más de su autor, que puede llevarlo tan lejos como quiera.

Fruto de estas reflexiones iniciales, nacidas de la intuición, un grupo de profesores de la Universidad de Valladolid propuso en el año 2007 a la Junta de Castilla y León un Proyecto de Investigación que tuviese como objetivo estudiar la presencia y el tratamiento del espacio en la narrativa castellana y leonesa de los últimos años. Concretamente, se acotó para el estudio el período comprendido entre 1980 y 2006. Algunos meses más tarde, el proyecto fue aprobado, bajo el título «Espacios reales y espacios imaginarios en la narrativa castellana y leonesa reciente (1980-2006)» (código VA074A07). La buena noticia de la concesión significó el inicio de una serie de actividades que pronto demostraron que ese campo de estudio que adivinábamos fecundo lo era, en efecto, e incluso más de lo que en principio hubiéramos creído.

Era preciso, para dotar a nuestras investigaciones de los cimientos apropiados, establecer una base teórica sustentada en líneas de investigación ya desarrolladas, tales como la poética del espacio, la poética de la imaginación o las consideraciones de la filosofía posmoderna sobre la percepción del entorno, la experiencia del paisaje urbano y rural y su influencia sobre el hombre. Contábamos para ello con aportaciones bibliográficas ya clásicas en el estudio del espacio en la literatura, como las de Arnheim, Bachelard o Blanchot, y con un estudio modélico como es *Espacios narrativos*, de Natalia Álvarez (León: Universidad de León, 2002), que incluye un excelente panorama de la noción de espacio literario en la Teoría de la Literatura, así como un estudio de la misma en la novela social.

El tratamiento del espacio en la literatura, más allá de su papel de trasfondo o marco, y las implicaciones de nuestra percepción espacial en el discurso, son, pues, cuestiones que han venido suscitando el interés de los teóricos y críticos de la literatura desde hace algún tiempo. La aplicación concreta de los conceptos y teorías propuestos por estas investigaciones ha ido afianzándose en otras literaturas y autores, y la proliferación de estos estudios en los últimos años indica que se trata de una línea de estudio emergente y prometedora. Examinar su pertinencia para las letras castellanas y leonesas se presentaba, a la vez, como una necesidad y un reto.

El paso siguiente era más difícil de dar, y de él dependía en gran medida el sentido mismo de nuestra investigación, su razón de ser: ¿por qué el espacio en las letras de Castilla y León?, ¿tenía esta acotación algún sentido, o estábamos trasplantando a los estudios literarios una compartimentación meramente administrativa? Evidentemente, al solicitar el proyecto respondíamos ya de un modo implícito a estas preguntas, pues partíamos de la convicción de que nuestro objeto de estudio tenía entidad por sí mismo y merecía coordinar una serie de esfuerzos personales en una labor de conjunto, encaminada a dar una visión coherente de la literatura generada durante un período determinado en una comunidad autónoma particularmente heterogénea –entre otras cosas, en sus paisajes–: Castilla y León. Apoyaban la idea previa sobre la entidad de nuestro objeto de estudio –el espacio literario de Castilla y León– el conocimiento de etapas literarias anteriores al período que íbamos a estudiar, y que actuaban como precedente inmediato, y como condicionante. Después de la literatura en torno a Castilla generada por autores como Antonio Machado o Miguel de Unamuno en las postrimerías del siglo XIX y las primeras décadas del XX, y después del invento historiográfico del 98 y del énfasis –y manipulación– de esa literatura sobre Castilla, no nos parecía ocioso preguntarnos cuál era la visión del espacio en la literatura castellana y leonesa actual. Para empezar, ¿es Castilla y León el espacio literario preferido por los autores de Castilla y León cuando escriben? Y en el caso de serlo: ¿dónde queda la herencia del regeneracionismo (o el noventayochismo)? ¿Se prefiere un punto de vista realista, o se pasan esas geografías cercanas y reconocibles por el tamiz de lo legendario, o de otras tradiciones literarias basadas en la acuñación de espacios de ficción? Claro que un simple vistazo a las letras castellanas y leonesas recientes en su conjunto arrojaba la evidencia de que los espacios visitados por los autores eran más, y más variados, de lo que el legado regeneracionista podría hacer suponer en un primer momento: poco tienen que ver con aquella Castilla «por donde vaga errante/la sombra de Caín», los espacios del alma, frecuentemente apoyados sobre correspondencias entre los estados de ánimo de los personajes y el entorno, que construye en sus obras Elena Santiago. O los espacios urbanos o rurales de las novelas de Gustavo Martín Garzo. O el León histórico pero también mítico construido por la narrativa de autores como Luis Mateo Díez, José María Merino, Juan Pedro Aparicio o Julio Llamazares, y que forma una especie de poliedro de múltiples facetas, unas realistas, otras fantásticas, sin que la línea divisoria sea clara. Ahí está la gracia: ese lugar legendario y literario que se llama León –como la provincia y la ciudad reales–, y que tanto se parece en algunos aspectos a la provincia y la ciudad reales, es, a diferencia de ellas, un lugar literario y, por tanto, ficcional.

Ya se ha mencionado –era inevitable– el 98. El pensamiento y la literatura generalmente englobados bajo el membrete de esta fecha determinaron un interés por Castilla que justifica los muchos trabajos sobre el tema, pero que en algunos momentos pudo llegar a ocultar acercamientos distintos de los noventayochistas, y maneras diferentes (y más amplias) de ver las tierras castellanas y leonesas. Con posterioridad, la constante e intensa presencia del territorio castellano en Miguel Delibes, cargada de significado y cuidadosamente caracterizada geográfica, antropológica y lingüísticamente, motivó la aparición de un buen número de estudios que prestaban atención particular a este aspecto de su narrativa. «Un hombre, un paisaje, una pasión», fue la fórmula con que alguna vez Miguel Delibes definió las claves que fundamentaban su escritura, y la lectura de sus libros demuestra cuán difícil es, con frecuencia, separar estos tres elementos: hasta tal punto aparecen imbricados entre sí, como demostración evidente de que el espacio no tiene por qué ser mero telón de fondo de una historia. Nuestro proyecto, desde luego, no podía pasar por alto la obra particular de Delibes, sus aportaciones personales y su magisterio sobre escritores más jóvenes, y en otras publicaciones y actividades tratamos de acercarnos, por diversos flancos, a un tema tan amplio como el espacio en la obra del autor castellano.

A esta visión se sumaron las aportadas por las experiencias viajeras del propio Delibes, de Julián Marías o de Rosa Chacel, que entran tempranamente (durante los 50 y 60) en contacto con un entorno geográfico, político y social radicalmente diferente, los Estados Unidos, y se ven obligados a redefinir su propia concepción del espacio y a poner en tela de juicio la «universalidad» o la inmutabilidad del espacio que hasta entonces habían conocido. Incluso, a raíz de estos viajes, los autores mencionados llegan a vislumbrar nociones que la posmodernidad ha convertido en cruciales, como los espacios deshumanizados, los no-lugares, etc.

Con posterioridad, las tierras leonesas se incorporaron a la geografía literaria. Esto ocurrió, primeramente –y en un plano de significación marcadamente mítica– de la mano de Juan Benet, creador de *Región*, y algo más tarde gracias a autores como Luis Mateo Díez, José María Merino, Juan Pedro Aparicio o Julio Llamazares. Actualmente, estos autores, y otros como J. Á. González Sainz o Gustavo Martín Garzo, permiten adivinar en sus obras la convicción de que una presencia alerta sobre lo inmediato y local es una vía hacia lo universal trascendente. Diversos estudios lo han comprobado, circunscribiéndose a la novelística de algunos de ellos, o en alguna de sus obras en particular. Incluso la ciudad de

León, en la literatura, ha merecido una monografía de José Enrique Martínez (*La ciudad inventada*, León, Diputación Provincial, 1994).

Como ya adelantábamos anteriormente, no es sólo la descripción del paisaje la que interesa en un estudio de carácter global y comprensivo como el que propusimos al comenzar la andadura de nuestro proyecto. Antes bien, se trata de incardinar el objeto de estudio (la representación del espacio en nuestras letras) en el marco de lo universal, atendiendo a nociones presentes en todas las literaturas occidentales, como la de cronotopo (Bajtin), y de manera especial a algunas singularmente rentables para la literatura de las últimas décadas, tales como los «no-lugares» (Augé), el espacio en la «era del vacío» (Lipovetsky), la «holocubierta» (Murray), la interacción entre espacio virtual y espacio real en la literatura reciente, etc.

A este respecto, creemos que la literatura de los últimos años en Castilla y León se revela como un campo especialmente interesante, porque sus autores reúnen el bagaje más tradicional y local, un rico acerbo mítico-legendario, un importante caudal de pensamiento político sobre la tierra (generación del 98, Delibes), precedentes cosmopolitas (Julián Marías, Rosa Chacel), y la puesta al día en las tendencias de literaturas en otras lenguas (en inglés, especialmente), donde la deshumanización del espacio y la colisión entre el espacio tecnológico y los espacios naturales se perfilan como algunas de las preocupaciones centrales (manifiestas, por ejemplo, en el reciente libro de José María Merino, *Las puertas de lo posible*).

Los estudios que a continuación presentamos tratan de dar cuenta de esta diversidad de espacios y enfoques, pero también de su conexión con las tierras castellanas y leonesas. Conexión que funciona, creemos, incluso en aquellos casos en que se evita toda referencia a ellas, como en el citado libro de Merino (pues el autor es bien consciente de la inmediata vinculación de su nombre al León legendario y mágico-realista del filandón, y por tanto, de la sorpresa e incluso el desconcierto que producirá en algunos lectores encontrarle construyendo algo con tan poca tradición en nuestras letras como es una distopía de ciencia-ficción). Los mapas fabulados rebasan siempre la geografía física y política. En las páginas siguientes podrá comprobarse como el «aquí» de un territorio concreto –alguno de los que conforman Castilla y León– es la atalaya desde la que contemplar lo más general, lo más universal. La recreación más localista en apariencia puede contener una invitación a la lectura simbólica, una puerta a un espacio fantástico, o sorprendentes coincidencias con lugares literarios de la tradición o el mito.

Nuestro trabajo, en el Proyecto de Investigación citado y en el presente libro, ha sido como ir poniendo cruces en un mapa de geografías fabuladas. Al cabo, una certeza nos queda: que no hemos dado con el *finis terrae* de estos mundos literarios.

Mª Pilar Celma Valero
Carmen Morán Rodríguez

La dimensión espacial en la narrativa de Elena Santiago

Natalia Álvarez Méndez
Universidad de León

Elena Santiago pertenece a la *Generación del 68*, al grupo de los reconocidos escritores nacidos entre 1939 y 1950 en el ambiente de posguerra franquista. Su singular y polifacética obra literaria ha sido objeto de múltiples reconocimientos, entre ellos el galardón «Rosa Chacel» por el conjunto de su obra en el año 1998, el premio «Provincia de Valladolid a la Trayectoria Literaria» concedido en el año 1999, y el premio «Castilla y León de las Letras 2002».

Su continuada labor tiene como resultado una destacada obra en la que resaltan tanto los motivos argumentales y la exquisitez de su estructura y de su lenguaje, como la fuerza de sus personajes y espacios. No hay que olvidar que el espacio es una de las categorías narrativas esenciales. No se trata de un simple decorado en el que situar las acciones de estos últimos, sino que puede alcanzar un gran protagonismo y es susceptible de ser recreado mediante técnicas y recursos muy variados. Asimismo, en muchos casos puede convertirse en un símbolo de la psicología de los caracteres y de su comportamiento (Garrido Domínguez 211, 216-17), reflejando el estado de ánimo de un personaje, influyendo en su conducta, o funcionando como metáfora o proyección del mismo (Wellek y Warren 265).

En esa línea, la obra de Elena Santiago muestra con gran originalidad la riqueza de la dimensión espacial narrativa. De tal modo, esculpe con emoción unas situaciones y unos seres «de lágrimas y realidad» intensamente vinculados a los paisajes del pensamiento. Presenta motivos como la incomunicación, el vacío, la soledad, las ausencias, el amor no correspondido, etc. Por ello, en gran parte de sus textos, realiza una denuncia de la situación de represión y censura a la que se someten las tierras y sus gentes en la posguerra franquista. En líneas generales, el espacio se concreta en lugares depresivos en los que los personajes sufren una vida rutinaria que les aboca a la desolación y a la soledad. Surgen así «personajes envueltos en algunas nieblas», transitando por rincones oscuros, ámbitos insospechados y atmósferas inesperadas, y cruzando mundos, caminos, puertas…

> Elena Santiago escribe siempre de dentro afuera, y desde esta óptica resulta ser clave la palabra «puerta» que aparece en el título de algún cuento y en el montaje de la mayoría de los párrafos de todas sus novelas; se trata de una puerta entreabierta, no desveladora de todo lo que dentro ocurre, pero sugeridora poética y narrativamente en un grado altamente ambiguo, es decir, plenamente estético (Martínez García 1122-23).

La cita anterior es un indicio claro de la peculiaridad del empleo del espacio en la narrativa de Elena Santiago. No nos encontramos con escenarios muy detallados o con extensas descripciones, ya que el espacio, que es para la escritora tan importante como las experiencias y sensaciones sufridas por los personajes, se perfila a medida que la trama lo vaya precisando:

> A mí al escribir me interesa con letras grandes LA VIDA y los personajes vivos. Por lo tanto, ese lugar que sin duda es necesario para colocar a los protagonistas me interesa en una medida, para que los personajes vivan lo que realmente vaya ocurriendo en ellos. Me pasa entonces que a veces tardo en definir o llego a no definir realmente el lugar (Muncy 138).

Como muestra de lo dicho, las breves descripciones ambientales que habitualmente introducen las numerosas escenas breves que componen la novela titulada *Gente oscura*, remarcando el carácter de asfixia de dicho marco, han suscitado que los estudiosos comparen la recreación que Elena Santiago realiza de un pueblo castellano con la del gran escritor vallisoletano Miguel Delibes: «Eso supone un enraizamiento, no casticismo costumbrista. No hay aquí pintura realista, minuciosa, sino toques ligeros, como de acuarela, que van creando, en su conjunto, una imagen fresca y viva».

Dichas pinceladas paisajísticas están fuertemente vinculadas a la mirada de la entidad narradora o de los personajes. Desde una distancia próxima, emocional e íntima, se personalizan las descripciones mediante el cultivo de la sensación y la sugerencia, ya que es la mirada la que logra humanizar el paisaje contemplado y vivido, otorgándole así un significado concreto (Álvarez Méndez, «Hacia una...» 564). En el caso de Elena Santiago este proceso se intensifica hasta sus cotas más álgidas, pues gran parte del sentido último de las historias se alcanza gracias al cultivo de la sensación, de la tonalidad impresionista y de la mitificación lírica de la realidad, en concreto de espacios y objetos que reflejan o transmiten la vida y emociones de los distintos personajes. De tal manera, los diferentes elementos que rodean a las figuras de las historias se van transformando poco a poco en símbolos, algunos de los cuales se desarrollan hasta desplegar en el texto significativas alegorías. Emplea para ello variadas figuras retóricas:

> [...] prosopopeyas, metáforas, metonimias y sinestesias que dan lugar a una prosa que, en muchos casos, puede definirse como poética y, siempre, como vital y expresiva. [...] A todo ello se suma la tonalidad impresionista que surca su prosa, con imágenes cromáticas que desvelan estados de ánimo y la conciencia perceptiva de los protagonistas (Álvarez Méndez, *Elena Santiago... 26*).

Sin olvidar la técnica concreta empleada por Elena Santiago para presentar el espacio, conviene advertir que éste es susceptible de desplegar en cualquier ficción tanto una funcionalidad sintáctica como semántica. No en vano es un signo constituido por varias dimensiones que dan lugar a que no desempeñe solo una función estructural y referencial sino también simbólica. Son esenciales, en esa línea, la dimensión propia del diseño discursivo, la situacional con la localización de los acontecimientos y los personajes, y la del ámbito de actuación en el que se une a las acciones, los caracteres y el tiempo narrativo (Camarero 92-3, Zumthor 347, Álvarez Méndez, *Espacios... 67-162*).

Si se centra la atención en primer lugar en los relatos de Elena Santiago, se manifiesta con claridad la vertiente sintáctica, pues el espacio –ligado a una temporalidad definida, que se adecua al discurrir de los hechos y a la evolución de los personajes–, contribuye a situar a las figuras narrativas en ámbitos concretos aportando coherencia a la ficción. Se trata de unos marcos escénicos que, en líneas generales, se pueden circunscribir al medio rural y al medio íntimo y privado de los hogares. El hecho de que la autora utilice como espacio de sus historias el territorio rural es significativo si se tiene en cuenta que la mayor parte de la narrativa reciente adopta la urbe como gran soporte escénico. La opción de Elena Santiago está vinculada a su vertiente ética, a su convicción de que, para mostrar lo que ocurre en la vida, el mundo rural puede ser tan paradigmático y universal como el de la ciudad. Refleja así ambientes rurales cerrados con una destacada significación en el seno de cada historia y con sus tópicos motivos como la soledad, el amor, la muerte, la incomprensión, la infancia, el recuerdo, la memoria, el paso del tiempo, etc.

Pero no menos relevante es la vertiente semántica del espacio que, presentado de modo nada objetivo y pormenorizado, se concreta en pequeños subespacios o en determinados objetos de los mismos que proyectan la psicología y vivencias de los personajes. Cierto es que no hay extensas descripciones de los escenarios en sus cuentos, elaborados con un cuidado lenguaje poético que muestra el hilo de conciencia de los protagonistas, y repletos de recurrencias lingüísticas y de elementos simbólicos. No obstante, a pesar de su escasez, que podría soslayar la carga semántica del espacio, se produce un proceso peculiar que la aumenta. El hecho es que no se enfrenta el lector a un simple decorado situacional de los acontecimientos y los personajes, sino que se muestra un escenario más lírico que se convierte en un acertado y sugerente espejo de cada uno de los caracteres de la historia.

Son interesantes las siguientes declaraciones que ponen de relieve esa ausencia de un paisaje objetivo y externo al personaje: «No existe siquiera el "paisaje psicológico", dado que aparece reducido a puro escenario lírico, reflejo, en muchos casos, de los estados de ánimo» (Miñambres, «Los relatos…» 411). Si se observan las historias del libro *Relato con lluvia y otros cuentos* (1986), son varios los ejemplos que pueden ilustrar dicho mecanismo. Así se descubre en «Paca, mujer…» cómo el ámbito desolado que acompaña al personaje tras la muerte de su esposa se convierte en una proyección de su estado de ánimo: «Que aquí estoy, el silencio nieva que nieva. La noche nieva que nieva. Y en los cristales, un lloro» (*Relato con lluvia…* 16). Así como en el inicio del volumen *Cuentos* (1997), se advierte en el titulado «Ella (A mamá)» la simbología del espacio que integra la atmósfera de la casa natal en relación con las vivencias anímicas de la protagonista: «La noche de este día da comienzo en mí. Es verano pero el calor y las golondrinas, hoy mudas, se han vaciado en la soledad. Estoy en ese lugar de tantas noches, veranos, vidas, y la oscuridad más absoluta, el vacío más patético, comienza también en mí» (*Relato con lluvia...* 23).

La claridad con que el espacio identifica a los personajes, a su ser más íntimo, en las situaciones límite que éstos experimentan, se trasluce en el proceso de simbolización que se mencionaba líneas atrás. El espacio está constituido por todos los elementos y objetos que integran cada marco escénico, y no se debe olvidar la intensa relación que se establece entre el objeto y la persona que lo posee. Los personajes de la autora leonesa se muestran fetichistas hasta el punto de que se llega a poetizar la imagen de determinados objetos convirtiéndolos en símbolos. Gracias a ese mecanismo las descripciones espaciales se ponen en todo momento al servicio de la gran carga psicológica de los personajes. Como muestra se aprecia en el ya citado cuento «Paca, mujer...» cómo los recuerdos llevan a la mente del personaje la imagen continua de la puerta chirriando al abrirla cuando aún vivía su mujer, para después decir al definir su dolor: «Yo, pura puerta, Paca, gimiendo» (14). De tal modo lo confirma la propia Elena Santiago cuando se le plantea la ausencia de un paisaje objetivo y real en su obra: «No es intencionada esa ausencia. En el fondo, el paisaje es el que está en la pared que tiene esa persona de la novela. El paisaje es un reloj, un ruido, un ventanal..., el techo, que deja de serlo, porque hay mil cielos por encima» (Miñambres, «Entrevista...» 11).

En algunos casos, la identificación entre el espacio constituido por determinados objetos y el personaje poseedor de los mismos llega a ser tan fuerte que provoca el desconcierto de las figuras narrativas. Sucede, por ejemplo, con la protagonista de «Pequeña meditación» cuando regresa al hogar de la madre tras su muerte, como expone la voz relatora infantil: «repitió: no puedo tocar nada. Y yo la entendía muy bien. La casa de la abuela hoy daba calambre. [...] La abuela había dicho en una ocasión: no toques mis cosas, mis cosas soy yo. Ella hoy, aunque no estaba, daba calambre» (113). Es necesario, por lo tanto, destacar la importancia de los objetos, también poetizados, que surcan tales tramas y permiten que se acceda a una visión más profunda de la vida salvando las meras apariencias. Por poner un ejemplo concreto, en el relato «Cada invierno», la mecedora vacía del padre fallecido se convierte en el único objeto que Tina puede utilizar para rescatar la infancia y el aliento que ésta le procura, por lo que, antes de dejar todo en manos de sus familiares, se sienta con nostalgia en la mecedora decidiendo llevarla consigo. En el mismo sentido respiran una clara proyección simbólica las botas de goma que calzaba Tina en su infancia repleta de frío y soledad.

La propia Elena Santiago reconoce cómo en el proceso de simbolización que se desarrolla en su narrativa la realidad deja de ser un conjunto de objetos inertes:

> Sin duda. Existe una especie de fetichismo doméstico en mi obra, aunque tratado desde una perspectiva que pretende ser poética. Los muebles, los utensilios van acumulando tal cantidad de imágenes, recuerdos y vivencias que, llegado un momento […] en el perchero se cuelga la soledad, la tristeza, la ternura… (Miñambres, «Entrevista…» 11).

En suma, como bien ha advertido la crítica: «De forma casi constante y sistemática, estos objetos se convierten en el «pretexto afectivo-literario» para llevar al personaje –y al lector, por tanto– al conocimiento de un pasado feliz que da forma y consistencia al presente en que se sitúa el relato» (Miñambres, «Los relatos…» 412).

No hay que olvidar, además, que a la técnica mencionada se une la tonalidad impresionista ya citada con anterioridad. Sobresale, por ejemplo, en el relato «Lo tuyo soy yo», de su último libro de cuentos publicado en el año 2003, el empleo de una variada gama cromática. En él, el impresionismo derivado de colores como oro, cobre, negro, blanco, verde, dorado o malva, no solo proporciona gran belleza estética, sino que va acompañado de una clara proyección significativa en el plano del contenido. Ese valor semántico se multiplica, además, al recrearse la percepción de lo expuesto a través no únicamente del sentido de la vista, sino también de otros como el del gusto o el tacto. Otro cuento ilustrativo es «Empujando las sombras», en el que son constantes las alusiones a la oscuridad y a la necesidad de buscar la luz del sol, y en el que, a su vez, cobra importancia el color amarillo: «A Coimbra la recorren tranvías amarillos y a mi vida también, porque hay en ella un ajetreo de otoño amarillo, como un tranvía trepidante. Otoño en los días, en el pensamiento y en la piel» (*Lo tuyo soy yo*, 43).

Esa técnica de la insinuación es empleada también por la escritora en todas sus novelas. Por ejemplo en *Asomada al invierno*, en la que no hace una mera copia o un reflejo superficial de la realidad, sino que profundiza en la dimensión más honda de la misma para acceder al sentido verdadero y último de los designios que acompañan inexorablemente a los habitantes de ese mundo dibujado y desdibujado por la humedad y por la niebla. Los recursos utilizados para revestir al discurso de tal poder de proyección mítica no son otros que los trazos impresionistas, las sinestesias, metáforas, metonimias, imágenes, símbolos, etc. Los colores son también esenciales para la pintura sugerente de ese marco escénico:

> Amparó septiembre un otoño de sol adormecido. Comenzaba a bajar por el monte un murmullo que crujía seco. Sin prisa las hojas, sin prisa los amarillos. Los membrillos en la parte de atrás de la casa robaban lo dorado. Y en el mar irradiaban otros amarillos cegados, como si el otoño también se consumara en el agua (*Asomada al invierno* 36).

De igual manera, los sentidos son fundamentales en la percepción que humaniza el paisaje descrito. Además de la vista, sobresalen los olores: «Todo sucede en un rincón de Galicia donde el mar y su olor impregnan el paisaje y maceran la piel, y el rostro no es más que una prolongación de sal y de niebla, y es entonces cuando crece el verdín en el latido del corazón y ahoga cualquier aliento» (Obiol). Es intenso, asimismo, el contenido semántico de cualquier sonido:

> Hay en ella cosas que son casi símbolos, la música del afilador, el viento entre los castaños, la niebla. Son los sonidos que los personajes escuchan como la mejor melodía del mundo. Pequeños detalles simbólicos que tienen su papel en la novela y que construyen ese paisaje verdadero que quiero para ella (Viloria).

Pero, al margen de esas técnicas de diseño espacial en la narrativa breve, se puede establecer una clasificación de los espacios que integran las diferentes historias narradas por Elena Santiago. El más significativo sería el del ámbito rural, rutinario, rígido y monótono, asociado en la mayor parte de los casos al deterioro de los personajes y al mundo de la infancia, que pone de relieve la incomprensión de los pequeños ante el mundo adulto que esconde noches, puertas y miedos[1].

---

[1] Tal y como se revela en el relato «Un mundo detrás de la puerta», del año 1977.

El marco en el que se encuadran sus personajes suele ser rural, suele ser un pueblo, o unos pueblos en los que se respira un ambiente depresivo en todos los órdenes, tanto que la gente se quiere marchar. Allí no hay medios de vida. Allí se masca la tragedia de la emigración y del abandono por parte de los políticos de determinadas zonas rurales de España que van quedando, poco a poco, relegadas a cotos de caza, de votos y de codornices (Fernández Gutiérrez 125).

La explicación de la elección de dicho marco es que Elena Santiago, natural de la localidad leonesa Veguellina de Órbigo, se muestra intensamente vinculada a la tierra de la infancia que se convierte en el espacio esencial de muchas de sus narraciones, a la vez que se erige también en el eje ambiental de gran parte de sus versos y artículos. En ese marco de la niñez inicia el más certero aprendizaje de la vida en el seno de una situación sociopolítica, cultural e ideológica marcada por la restricción y la censura franquista, y por la falta de alicientes existentes en las pequeñas provincias:

Veguellina es la infancia. Soy obsesiva de la infancia, de Veguellina, desde donde ha sido inevitable escribir. Todas las primeras novelas reflejan ese mundo rural, de gentes que yo he vivido. Tenía que darle salida a ese mundo, porque lo llevaba muy dentro. Siempre que escribo estoy en mi casa de Veguellina, con sus luces, su olor, las escaleras, las puertas… (Miñambres, «Entrevista…»).

Los marcos geográficos vitales de la escritora se convierten, mediante la imaginación, en un trasunto literario, en el reflejo de esos mundos oscuros que le obsesionan. Una ingente parte de sus novelas y cuentos reflejan los pequeños ámbitos rurales en que transcurrió su infancia y juventud, propios, en su mayoría, de Veguellina de Órbigo y de León. Tales paisajes vitales, recuperados a través del recuerdo y la memoria, se configuran en constantes de su obra con una funcionalidad muy determinada. Se recrean a partir de ellos atmósferas envolventes, descritas mediante datos poco neutros, que acompañan anímicamente a los personajes.

En esa línea, se muestra en *Ángeles oscuros* (1997) el despertar de unos niños a la realidad de la vida en Veguellina de Órbigo. No es de extrañar la impronta del citado ámbito en el libro, pues ese pueblo leonés, territorio natal de la escritora, se traslada a las páginas de muchas otras de sus obras. La razón es que el espacio de la infancia, sobre todo el de las infancias felices, encierra todo aquello a lo que, ya de adulto, el hombre desea regresar:

> Para mí resulta imprescindible el frecuente reencuentro con mi pueblo, con Veguellina de Órbigo. Necesito venir a la casa pues yo para ser verdaderamente yo necesito estar en esta casa y en este pueblo [...] Es un mundo especial, el relacionado con el nacimiento, con la infancia, con la memoria; es algo muy especial. Necesito ver los chopos de mi tierra, no sé explicar la calma que me produce. (Fernández, «Llegué...»).

Veguellina, con su río y sus calles, mostrados a través de datos que en ningún caso se pueden definir como neutros, ya que conllevan una gran carga de la subjetividad de la que participan los seres que los habitan, es recreada a través de un hondo lirismo que refleja las hondas tragedias sufridas por los seres de su entorno y que se presenta con matices cromáticos destacados. Por ejemplo en el siguiente pasaje:

> El jardín, al sol o umbrío, era el lugar en el que el tiempo reposaba en sombras de lilas, sombra de enredaderas. La glicina en racimos azules o la de largas ramas y apiñados capullos en un llamativo naranja. Una parra cubriendo los bancos de madera, descansada sobre horcones, descolgaba uvas como canicas doradas (*Ángeles...* 21).

Con tal técnica estilística se ofrecen todas las experiencias relevantes de la infancia de la autora, con la casa como centro, recreando la historia de los habitantes del lugar que conforman ese mundo: «Navegábamos todos en aquel mismo barco que era el pueblo, en un mar que nos sostenía y amparaba a todos. Aunque siempre había algún ahogado» (*Ángeles...* 156).

En un pequeño libro titulado *Un susto azul*, también se accede al mundo de la infancia de Elena Santiago y a muchos de los sentimientos que la autora experimentó con su traslado de Veguellina de Órbigo a la capital leonesa. La protagonista, Nina Zayas, teme inicialmente perder su mundo y perderse ella misma al trasladarse desde su pueblo a León con nueve años. Pero, al igual que Elena Santiago, aprende a amar esa ciudad al vivir entre las campanas de Santa Marina y las del convento de las Siervas de Jesús, frente a la Basílica de San Isidoro. Madura, así, en el

seno de un «susto azul» o una sorpresa agradable: «Recuerdo sobre todo
mi casa en la Plaza de San Isidoro. Vivir allí sí que fue un auténtico lujo,
ver mientras estudias la basílica, vivir casi en ella. Creo que todas estas
cosas conforman una personalidad y acaban saliendo a la luz de alguna
manera, crean una sensibilidad que estará en mis libros, en algunos personajes, en algún lugar» (Fernández, «Pasión…» 69). Allí ubica el nacimiento de una pasión, la de escribir: «Fue en aquella casa, tristísima-
mente desaparecida pues era muy literaria. Yo sentía que era la vida la
que escribía sobre mí y yo tenía que sujetar aquello, manejarlo, con imaginación aunque hubiera una base real en aquel mundo que vivía» (Fernández, «Pasión…» 69).

En el caso de las novelas, el marco rural en el que se ubican con frecuencia las tramas desempeña no una mera función de decorado locali-
zador de los hechos, sino de proyección simbólica de una atmósfera asfi-
xiante y alienante. Algunos estudiosos han reseñado la pretensión de la
escritora de dejar constancia de las hondas tragedias que puede provocar la conversión de los pequeños pueblos de provincia en un ambiente
depresivo en el que se conjuga el olvido de la tradición con unas formas
de vida erróneas y repetidas sin cesar. Así se expone en una crítica a
Ácidos días (1980), una de sus novelas más destacadas:

> […] aparecen los pueblos de León que se van quedando vacíos porque las
> gentes no encuentran aliciente en seguir repitiendo una forma de vida gasta-
> da y en cambiar sólo en lo externo, o en lo que puede servir para robar a los
> habitantes su único sustento, el de una tradición que, aunque gastada, es
> muy suya […] El contraste entre un pueblo con una cultura literaria pujante,
> pero con pocas posibilidades de progreso se hace aún más hiriente y se com-
> prende mejor la asfixia que se refleja en muchos de los personajes de *Ácidos
> días* si se tiene en cuenta lo absurdo que es que un pueblo culto tenga que
> desaparecer con todas sus tradiciones y costumbres incluidas. Por eso pode-
> mos anticipar ya que *Ácidos días* es, en cierto modo, un proyecto de recupe-
> ración del tiempo pasado con todas sus cosas (Fernández Gutiérrez 119).

Ya Dámaso Santos, en el prólogo a la novela, constataba las implicaciones significativas derivadas del ámbito plasmado en la obra:

> De la circunstancia ambiental de nacimiento y residencia –no se puede
> escapar, si se es auténtico, de la circunstancia para afirmar la identidad,

como pensaba Ortega– hay en la novela galardonada, *Ácidos días*: aroma, luz, color, problemática convivencial y raíces lingüísticas de la misma manera que hay este vivencialismo comarcal en Gabriel Miró, Miguel Delibes, Vargas Llosa y aun el fantástico García Márquez. El campo, la organización social y esquemas mentales de la convivencia rural establecen el marco en que la novela se desarrolla. Pero en ningún modo, aun trasparenciendo la realidad de ello, se motiva el relato en la crítica social o el arrobo idílico sobre el lugar y las costumbres que ni siquiera es concedido a ese encuentro del protagonista, personaje narrador, a la vez, con la infancia, o más bien denotación de su pervivencia (*Ácidos días* 9).

En sus últimas novelas se aleja sutilmente de esos paisajes vitales autobiográficos propios de la provincia de León. De tal modo, en *Asomada al invierno* (2001) –narración en la que Elena Santiago «ha producido una simbiosis tal entre paisaje y estilo, entre naturaleza e imaginación, que toda su fabulación tiende a dotar de misterio o de atmósfera lírica cada uno de los diálogos, de las situaciones, que describe o narra» (Pozuelo Yvancos)–, el espacio en el que se desarrollan los acontecimientos es un ámbito geográfico reconocible, la Galicia de la Costa da morte:

Hay datos concretos que lo dibujan, pero en ningún caso se plasman como aspectos objetivos. Las pinceladas con las que se va descubriendo esa tierra marinera de naufragios se acercan y se alejan del lector ofreciendo subjetivamente la imagen fragmentaria de los diferentes lugares en los que se sitúan los personajes. Se muestran los escenarios de la trama envueltos en el misterio propio de la típica neblina gallega a través de una arquitectura de sutilezas, emociones y sugerencias. Ese peculiar mecanismo convierte dicho ámbito en un mundo mítico en el que el relato de una intensa historia de amor, de destinos trágicos, de soledades y de incomunicación, configura un peculiar microcosmos repleto de leyendas, cuentos fantasmales, supersticiones, misterios y creencias antiguas (Álvarez Méndez, *Elena Santiago...* 71).

En la segunda parte de la novela se produce un quiebro en la historia con el traslado de la protagonista a Santiago de Compostela, hecho que provoca el desvanecimiento de ese fascinante mundo misterioso y mítico. Sin ninguna duda, la ciudad de Santiago se opone totalmente al espacio legendario de la Costa da morte, a pesar de la belleza con la que se describe y recrea la urbe. Es tan solo un marco útil para la huida y la evasión a la que arrastra la tragedia. De manera similar, en su última novela, titulada *La muerte y las cerezas* (2009), la trama ofrece el contraste entre el espacio natal del protagonista y su devenir existencial en la ciudad de Coimbra.

Existirán, sin embargo, excepciones más destacadas a esa recreación de ámbitos rurales. En su último libro de cuentos, titulado *Lo tuyo soy yo* (2003), sobresale como mayor novedad la constituida por el proceso de construcción del espacio. Quizá la desaparición del mundo infantil explique en cierto modo la introducción en los relatos de espacios narrativos diferentes a los recurrentes en su obra. Ya no se reconoce aquel medio rural, rígido y cerrado, asociado a la infancia, al recuerdo, a la memoria y al paso del tiempo. Por el contrario, las historias se inscriben en algunas ocasiones en urbes distantes del recurrente espacio natal de la escritora, como Praga en el cuento «Estremecida memoria». O se inspiran, en parte, en detalles de viajes realizados a otras ciudades como, por ejemplo Roma, lugar donde la escritora queda conmovida por la tumba bellísima de una niña llamada Caterina, nombre que designa tiempo después a la protagonista de su cuento «Empujando las sombras».

Sí se intuye ese espacio rural en relatos como «Lo tuyo soy yo», a través de la alusión al campo o a la vendimia, pero en ningún momento se trata de un mundo rígido o desolador. En otros cuentos, como «Cuando apenas queda nada», «Un adiós miserable», «La corrosión», «La llegada» o «El frío de la vida fue llegando», el ámbito fundamental de la historia es el marco íntimo del hogar, pero éste no está expresamente vinculado a un medio rural reconocible. Mientras que algunos relatos, como «Tras el suceso» o «La madre de Antonio», remiten a un espacio exterior, concretamente a ciudades específicas o a calles innominadas de las mismas.

Junto a los citados ámbitos rurales en su mayor parte y urbanos en determinadas ocasiones, sobresale en la narrativa de Elena Santiago el foco espacial de la casa. En la literatura actual ésta es empleada simbólicamente para reflejar la intimidad de los personajes, sus vivencias, sueños o recuerdos (Bachelard 35-6). Se trata de un marco escénico muy significativo en todas las novelas de la escritora objeto de estudio. El poder semántico del espacio está supeditado a la relevancia de la vida de los personajes. Por ello, aunque no abundan las descripciones espaciales detalladas al uso, cuando éstas aparecen reflejan también la carga negativa de ese ambiente depresivo, pero sin una pretensión de crítica social desaforada como *Leitmotiv* primordial. Así, por ejemplo, la morada que habita el protagonista de *Ácidos días* y que recibe el simbólico nombre de «la Casa Grande», contiene un valor conceptual reseñable. En la propia visión de la casa en su totalidad se vislumbra una fuerza significativa desmedida. En determinados pasajes se identifica incluso con el devenir del propio protagonista, como cuando éste afirma: «Soy la casa cobijando un ser con memoria llena de ventanas donde asomarse él mismo, ser de ficción, caricatura de recuerdo, remedo de instantes de otros días» (*Ácidos días* 157). Una gran proyección metafórica tiene la asimilación de su propia persona con la casa y con el pueblo entero, simbolizando ambos espacios el baldío y, por lo tanto, la soledad de la que el personaje no puede escapar una vez que se ha perdido en ese mundo:

> Nino pensó que no algunas tierras, las que él designó, sino toda la tierra se había quedado de baldío, arruinada. Y la tierra era aquel pueblo y el pueblo había girado alrededor de la Casa Grande y la Casa Grande era aquel mismo baldío que era la tierra [...]
> Yo soy la tierra. No soy Nino. Soy esa tierra de baldío (*Ácidos días* 236).

De modo semejante, en *Gente oscura* (1981), trama en la que se refleja que los seres que más padecen a causa de la marginación en el contexto rural son los niños, determinadas afirmaciones de Tona, la pequeña protagonista, revelan no solo el sufrimiento ocasionado por ese medio depresivo en el que falta el calor del contacto humano, sino también la opresión que se experimenta en el propio hogar. De ahí que la imagen de la casa adquiera un valor semántico negativo que se proyecta hacia su experiencia vital: «La vida fue muchas veces como la casa: sin hueco para ella» (177).

En *Manuela y el mundo* (1985) resalta el pasaje en el que la protagonista lucha consigo misma intentando hacer que desaparezca en su mente la existencia real de la casa de Rosa y, por lo tanto, de la figura del hermano de ésta y la posibilidad del encuentro sexual con el mismo:

Desde siempre era un hueco sin construir.
Era una casa algo triste.
No, nunca estuvo.
Era una casa algo enferma.
No, nunca estuvo.
Era una casa que se agitaba.
No.
Que se masturbaba.
No, no.
Que era inútil envolver en papel de plata.
[...]
(*Manuela...* 190).

Entre todos los espacios que constituyen el conjunto del dibujo de la Galicia marinera de *Asomada al invierno,* uno de los escenarios fundamentales es el de la casa. Resalta tanto la del personaje principal como la del hogar vecino, que parecen compartir soledades y tragedias:

Se abrían paso la lluvia y la melancolía. Anubarrada la calle y la casa ensombrecida hasta hacerse oscuridad, escondiendo un poco la mesa y las sillas, la cómoda de Mae y su jarrón lleno de flores del monte. Afuera, revueltos agua y aire y la bruma subida del mar mientras estrecho se tornaba el pueblo ablandado y goterón, encerrado en un bulto nebuloso de formas engañosas. Y vago. Que se encerraban sus gentes en casa, sin pasos para aquel día de agua (*Asomada...* 14).

Pero el ámbito del hogar natal no siempre queda envuelto en un dibujo negativo. De tal modo se refleja en la citada novela cuando se resalta el valor emocional de la casa de la costa frente a las anodinas calles de la ciudad. A pesar de las dificultades y sinsabores experimentados en ese espacio, la protagonista considera que vender la casa sería vender la historia familiar y el propio tiempo, por lo que rechaza la idea de llevar a cabo tal acción: «Vender la casa sería vender el sonido del faro, la niña abriendo nieblas y días con las manos, el murmullo de castaños, los acantilados abiertos, los caminos anchos o las trochas entre el arbolado» (*Asomada...* 176).

En ese marco escénico, cerrado, interior y privado, existen determinados rincones y subespacios que de modo individual alcanzan, a su vez, protagonismo narrativo proyectando un contenido importante para el desarrollo de la trama. En relación con los rincones y su posible significado en las tramas, se puede apreciar cómo en la residencia de ancianos en la que vive la protagonista de *Una mujer malva* (1981), éstos reflejan la negatividad con la que la mujer percibe ese ámbito: «Los rincones dormían con la boca abierta, ensombrecidos» (16).

En cuanto a subespacios como el de la alcoba o habitación de los personajes, destaca, por ejemplo, la recreación del cuarto de la criada Pura tras el despido de la misma en *Ácidos días*. Es ésta una imagen de la salvación, una de las pocas personas que no ofrece a Nino un mundo vacío y sin alicientes. El mencionado cuarto, descrito con datos aparentemente neutros, simboliza la falta de afecto, de ternura y comprensión de que el muchacho adolece a causa de la ausencia de tal mujer. Esa estancia convertida en un mundo de oscuridad desvela en gran medida el sufrimiento vivido por la falta de comunicación con los seres de su entorno, así como la obsesión por la carencia de una relación materno-filial satisfactoria:

> La cama era de hierro negro, antigua. El espejo pequeño, frío y pequeño, sobre la pared despojada, tenía una esquina rota. La palangana y el jarro en el rincón apresando el reflejo de luz de una rendija de la ventana entornada. Allí también se podía decir: de ayer a hoy… ¡vaya un cambio! De aquel tiempo a este tiempo. De antes con Pura a ahora sin Pura. De antes con toda la luz en la ventana a ahora apretada en una rendija (*Ácidos días* 130).

Son muchos los subespacios concretos del hogar, ámbitos fronterizos en los que se incidirá más adelante, por ejemplo las escaleras, las puertas o las ventanas, que adquieren un gran protagonismo y que reflejan la desesperación y la soledad de las figuras narrativas. Se trata de lugares de tránsito que unen y separan al mismo tiempo. Así, por ejemplo, se refleja a través de la puerta la negatividad de la casa que habita la protagonista de *Gente oscura*: «La hermana Rosa cerró la puerta. Cerró la calle y el sol» (20). Las escaleras, por otro lado, se muestran habitualmente como un ámbito que pone de relieve la dificultad de la existencia. En *Una mujer malva* son escasas las asociaciones del espacio de la infancia con una imagen negativa, y en esos casos siempre está unida esa visión al misterio y al miedo con el que los ojos infantiles perciben los hechos vividos. Tal es el caso del temor de la protagonista cuando debe ascender por el molino para contemplar a una enferma, a una mujer sin hora:

> Ella continuaba clavada en el mismo lugar comprobando que aquella habitación comenzaba a despertarse: los rincones parecían respirar. Mina los oía. […] Era una escalera en voladora, sucia, abiertos los escalones como dientes, como bocas asombradas, oscura la garganta, y tal como contó José: muy para arriba (*Una mujer malva* 36).

Por otra parte, el medio hostil que suele rodear esas casas y rincones concretos de las mismas, se pone de manifiesto de manera recurrente en novelas como *Veva* (1988), en la que la joven protagonista, a pesar de los intentos obsesivos de la madre de taparle los ojos para que no vea la guerra y la realidad de lo que acontece en el hogar, es consciente de cómo su mundo se derrumba. Percibe la angustia de su progenitora cuando, al temer que alguien pretenda vengarse de su familia, la arrastra enloquecida por las calles. El resultado será vano y lo único que consigue con su histeria es que Veva nazca al miedo: «La calle era un hueco de hechos perdidos, de un presente asediado, tembloroso o cerrado. Me sabía de alambre. Mamá lo decía, esta niña está demasiado delgada, parece de alambre» (*Veva* 31).

Además, es preciso tener en cuenta la semiotización del espacio, es decir, el valor semántico que adquiere por oposición a otro (Bal 52, Valles Calatrava 21-3, Álvarez Méndez, «Hacia una…» 561). Si se confronta el significado del espacio interior de la casa con el espacio exterior del pueblo, el lector descubre que en muchas ocasiones la visión del entorno como un medio hostil no conduce, como parecería lógico, a percibir el hogar como un refugio, ya que éste se convierte también en un marco negativo. Así lo ilustra su novela *La oscuridad somos nosotros* (1977), en la que sobresale el ambiente tenso que va envolviendo a los personajes, miembros de una familia rural amenazada por la guerra, en una soledad que los encierra en sí mismos. Es importante la simbología de lo «oscuro», término que surca toda la narrativa de la autora reflejando el conjunto de seres egoístas e indiferentes que propician la falta de comunicación humana. La niña protagonista «se refugia, en consecuencia, en un mundo particular integrado por el detalle, por determinados objetos y pequeños espacios de la casa en los que proyecta la ternura que ella no encuentra en su hogar, en ese ambiente depresivo y opaco en el que aprende la lección más dura de la vida» (Álvarez Méndez, *Elena Santiago... 33-4*).

A su vez, destaca la importancia de otra semiotización, la del espacio del presente y del pasado. En *Una mujer malva* la narración se inicia con una escueta descripción espacial aparentemente objetiva de la ciudad, aunque las alusiones a dicho ámbito poseen un contenido significativo subjetivo, relacionado con la opresión sufrida por los protagonistas ancianos. De tal manera se confronta, a través de los recuerdos de doña Maxi, el marco rural de sol y caminos, propio de la libertad y del misterio de la época infantil, y el escenario urbano del asilo con un techo, no de estrellas, sino de piedra, símbolo de la reclusión que parece ahogar la felicidad de la mujer. En líneas generales, el ámbito de la infancia es generalmente positivo en contraposición al presente. Por ello tiene como fijación recuperar ese espacio perdido en el que trató, junto a sus amigos, de obtener un mundo propio durante su aprendizaje vital.

Existen, asimismo, otros espacios que adquieren relevancia en las tramas de Elena Santiago. En *Amor quieto* (1977), sobresalen varios subespacios con una clara proyección simbólica y significativa, pero entre ellos resalta el río, ámbito que une y separa en su fluir, en el que fallecen personajes importantes y cuya imagen se asocia continuamente a la idea de la muerte. Ya en las primeras líneas de la novela la voz narradora masculina incide en tal contenido asociativo:

> Estoy en este mundo de quejido y quemazón, porque nadie me ha hablado de otro. Este mundo que tiene partidas las injusticias por un río, ese río que dice Gela que pasa por encima de cada muerto, dejándolo desvelado a la palidez, tan níveo como solamente las aguas frías y en sombras son capaces de conseguirlo. Deja los rostros y las manos, como aguas estancadas; pasmados en lo absoluto. A este mundo de quejido y quemazón solamente lo parte el río, la muerte. En todo lo demás, subsiste (*Amor quieto* 9).

No en todos los casos, sin embargo, el río es caracterizado como un ámbito negativo. En *El amante asombrado* (1994), en un entorno de provincias, el protagonista es un hombre que parece ser un instrumento en manos de las mujeres. Primero, durante su infancia, de las lavanderas que lo pervierten en el río, lugar al que desea regresar o cuyas aguas precisa oír para huir de la cruda realidad, del dolor que le causa la existencia. En cualquier caso, en líneas generales, en la narrativa de Elena Santiago, tanto el río como el mar suelen relacionarse con el peligro y con la pérdida de seres queridos. Son espacios, por lo tanto, que enseñan el dolor a los habitantes de esas tierras, incluidos los más pequeños. Es muy significativo, en este sentido, alguno de los pasajes finales de su última novela, *La muerte y las cerezas*, en los que el personaje desea poner fin a su sufrimiento en el río Mondego:

> Amanecía toda la belleza. La belleza de Coimbra se iba abriendo y el agua la retuvo. Amanecía Coimbra en el río y se quedaba. Nada de ella escapaba. No más allá de las orillas. […]
> En el río, agua adentro. En su cintura un temblor de luces desvirtuadas, con ventanas y puertas de Coimbra en sus manos, a la altura de su cuello y de su pelo. La ciudad se rompía flotando en el río.
> Sintió que sobre él y la luminosidad se urdía una noche precipitadamente. Oscilaban pequeñas olas. Se hundía el resplandor. En la superficie vacilante un sol casi rojo, casi cereza. Y la tristeza diáfana.
> Antonino Alejo, ya no veía. Yendo al fondo del silencio con una furtiva lágrima en los ojos, en la boca. Abajo, contra el lodo.
> Tal vez llegaran los seres invisibles a rescatarlo del agua, alzándolo al aire y al beso de Rosa Dias (*La muerte...* 251, 253).

BIBLIOGRAFÍA

ÁLVAREZ MÉNDEZ, N. *Espacios narrativos*. León: Universidad de León, 2002.
— «Hacia una teoría del signo espacial en la ficción narrativa contemporánea». *Signa* 12 (2003): 549-70.
— *Elena Santiago. Premio Provincia de Valladolid 1999 a la trayectoria literaria*. Valladolid: Diputación Provincial, 2008.
BACHELARD, G. *La poética del espacio*. México: FCE, 1965.
BAL, M. *Teoría de la narrativa*. Madrid: Cátedra, 1985.
CAMARERO, J. «Escritura, espacio, arquitectura: una tipología del espacio literario». *Signa* 3 (1994): 89-101.
FERNÁNDEZ, F. «Llegué a estar enferma de melancolía». *El Mundo/La Crónica de León*, 16 de mayo de 1998.

— «Pasión por el Órbigo». *El Mundo/La Crónica de León*, 22 de marzo de 2003.

FERNÁNDEZ GUTIÉRREZ, J. Mª. «Cinco libros de Elena Santiago». *Tierras de León* XXIV 54 (1984): 119-36.

GARRIDO DOMÍNGUEZ, A. *El texto narrativo*. Madrid: Síntesis, 1993.

MARTÍNEZ GARCÍA, F. *Historia de la Literatura Leonesa*. León: Everest, 1982.

MIÑAMBRES, N. «Los relatos de Elena Santiago: Claves líricas de la soledad». *Literatura Contemporánea en Castilla y León*. Valladolid: Junta de Castilla y León, Consejería de Educación y Cultura, 1986: 410-15.

— «Entrevista con Elena Santiago. Escribo lo que dice el personaje en cada instante». *Diario de León, Filandón* 152 (1988).

MUNCY, M. «Conversaciones con Michèle Muncy». *Hispanic Journal* 2.2. (1981): 133-40.

OBIOL, Mª. J. «La fortuna del tiempo lento». *El País*, s. d.

POZUELO YVANCOS, J. Mª. «Naufragios de amor». *ABC Cultural*, 29 de diciembre de 1981.

SANTIAGO, E. *La oscuridad somos nosotros*. San Sebastián: Caja de Ahorros de Guipúzcoa, 1977.

— *Un mundo derás de la puerta*. Valladolid: Caja de Ahorros Provincial, 1977.

— *Ácidos días*. Madrid: Magisterio Español, 1980.

— *Gente oscura*. Barcelona: Planeta, 1981.

— *Una mujer malva*. Barcelona: Bruguera, 1981.

— *Manuela y el mundo*. Badajoz: Universitas Editorial, 1985.

— *Relato con lluvia y otros cuentos*. Valladolid: Junta de Castilla y León, 1986.

— *Vera*. Barcelona: Lumen, 1994.

— *El amante asombrado*. Barcelona: Lumen, 1994.

— *Amor quieto*. Barcelona: Lumen, 1977.

— *Cuentos*. Valladolid: Junta de Castilla y León, 1997.

— *Un susto azul*. León: Edilesa, 1998.

— *Asomada al invierno*. Madrid: Espasa Calpe, 2001.

— *Lo tuyo soy yo*. Valladolid: Junta de Castilla y León, 2003.

— *La muerte y las cerezas*. Palencia: Menoscuarto, 2009.

VALLES CALATRAVA, J. R. *El espacio en la novela. El papel del espacio narrativo en La ciudad de los prodigios de Eduardo Mendoza*. Almería: Universidad de Almería, 1999.

VILORIA, Mª. A. «El amor y la pasión dan en el libro sentido a la vida». *El Norte de Castilla*, 3 diciembre de 2001.

WELLEK, R.; WARREN, A. *Teoría literaria* [1953] Madrid: Gredos, 1965.

ZUMTHOR, P. *La medida del mundo. Representación del espacio en la Edad Media*. Madrid: Cátedra, 1994.

El Merino atópico de *La sima*

Antonio Candau
Case Western Reserve University

¿Dónde situar *La sima* dentro de la producción narrativa de su autor? ¿Dónde encaja *La sima* en el contexto de la novela española reciente? ¿Dónde está José María Merino en *La sima*? Aprovechando el pie que nos ofrece este volumen dedicado al espacio en la narrativa castellana y leonesa contemporánea, podemos organizar nuestra reflexión en torno a estas tres cuestiones de ubicación.

Para responder a la primera, en su reseña de *La sima*, Ángel Basanta utiliza una taxonomía del propio Merino, quien distribuye sus obras en tres casillas: metaliterarias, del mito e históricas. Según la clasificación, esta última novela pertenece a las históricas. Basanta también hace uso del término «novela-ensayo» para perfilar algo más su personal ubicación. En el mismo texto de *La sima* se utiliza aun otro término para hablar, e ironizar, sobre la naturaleza y las posibles deficiencias o virtudes de la novela. Puesto que su protagonista, Fidel, es un historiador embarcado en la redacción de una tesis sobre la Primera Guerra Carlista, y puesto que esa tesis sufre de los conocidos bloqueos, dispersiones y desvíos que han aquejado a tantos redactores de tesis, el texto de *La sima* es una tesis mal definida, en curso pero con poca energía, tesis que quizá devenga novela y, puesto que para los lectores es desde luego una novela en la que se habla de una tesis doctoral, *La sima* es por todo ello, una «novela de tesis». Falta decidir si este calificativo, con el que el narrador juega en el tramo final de la obra, significa lo mismo para él que para Basanta el término de «novela-ensayo». Resultaría muy largo indagar en la historia de ese subgénero, «novela de tesis», de fulgurante éxito y escasa longevidad tras su introducción por Zola, pero baste recordar que entre las directrices de la misma y sus ejemplos concretos, existe una distancia notable. La aspiración a una narración objetiva, científica, de experimento y diagnóstico precisos, produjo un puñado de buenas novelas enriquecidas por estrategias más literarias que científicas, entre ellas el carácter figurativo del lenguaje y la tendencia de la novela a enlazar con otros textos y a activar reservas simbólicas y míticas muy alejadas de cualquier objetivismo cientificista.

Hay en *La sima* algo de ensayo, hay –ya se ha dicho– una tesis, y hay literatura narrativa. Todo ello cabe en una «novela-novela» y quizá lo más prudente sea no aventurarse con etiquetas innecesarias. En *La sima* hay también metaficción, otra de las categorías citadas por Basanta. Entre sus temas, además del central –el multisecular enfrentamiento caínita entre españoles– y de la metaficción, se hallan algunos de los más frecuentes en Merino, enunciados por el propio novelista en abril de 2009 en *Ficción de verdad*, su discurso de entrada en la Real Academia Española: «lo borroso de la identidad, la amenaza del doble, lo relativo del espacio y del tiempo en los que creemos encontrarnos instalados con tanta certeza, las trampas de la memoria, la peculiar relación que en sus bordes se establece entre la vigilia y el sueño» (*Ficción de verdad* 36).

En lo que respecta al espacio, ya desde algunos de sus títulos es evidente el interés de Merino por profundizar narrativamente en las complejas relaciones que mantenemos con nuestro entorno: las novelas *La orilla oscura, El centro del aire, El lugar sin culpa*; los volúmenes de cuentos *Cuentos del reino secreto, Cuentos del barrio del refugio*, e incluso su aproximación a la escritura autobiográfica, *Intramuros*. En todos ellos la geografía se complica con nuestra experiencia vital, con nuestras lecturas, memoria e imaginaciones, además de con percepciones pre-racionales del espacio. También en los casos de novelas sin título espacial –desde *Novela de Andrés Choz* hasta *El heredero*– y en numerosos relatos, esta parcela de la realidad realiza funciones narrativas importantes en el texto. El que aquí nos ocupa sí lleva encabezamiento alusivo al espacio. «Sima» es palabra para accidente topográfico que, como es común en el amplio repertorio de términos espaciales, se utiliza a menudo figurativamente para expresar conceptos y realidades de otros órdenes. En este sentido, *La sima* conviene al tema de la especial ferocidad del enfrentamiento secular entre españoles, ya que aparece con frecuencia para ilustrar la intensidad y longevidad de sentimientos, especialmente negativos. Al mismo tiempo, el término enclava la novela en la realidad contemporánea ya que las fosas comunes de la Guerra Civil –objeto de debate en la actualidad española– buscaron con frecuencia simas o accidentes geográficos semejantes.

La tradición crítica en español no ha explorado la tajante –quizá inocente– división entre espacios reales e imaginados de «topografías» frente a «topotesias» que, heredada de los clásicos, aparece en nuestros primeros críticos literarios, como en los comentarios de Fernando de Herrera sobre Garcilaso: «Si es topografía, es verdadera descripción del lugar, y si topotesia, fingida». Pese a ello, podrían repasarse con ese criterio los textos de Merino en los que aparece un espacio destacado ya desde el título, resultando la «orilla oscura» y «el centro del aire» como lugares claramente imaginarios, esto es, topotesias, mientras que la isla de *El lugar sin culpa* y «la sima» de nuestra novela representan espacios existentes o posibles en la geografía real, es decir, topografías.

Merino suele plantear sus narraciones centrándolas en un personaje protagonista que, extraído por razones diversas de su entorno habitual, llega a un lugar cargado de fuertes connotaciones, simbolismos o recuerdos. La peripecia del personaje, y la trama de la novela, suelen arrancar del influjo producido por ese espacio privilegiado en el protagonista. En los casos más complejos –*La orilla oscura*– la situación se multiplica en diversos espacios. En otros, como en las tres últimas novelas –*El heredero*, *El lugar sin culpa*, *La sima*–, el lugar privilegiado mantiene una posición de protagonismo a lo largo de casi todo el relato. Esto es así, con algún matiz, por lo que atañe a la mansión Isclacerta de *El heredero*, a la que acude Pablo Tomás Villacé. Incluso su huida de la misma subraya la importancia para el relato de esa morada construida por su antepasado indiano. Menos complejo resulta el caso de *El lugar sin culpa*, en donde la isla –lugar ficticio con características que recuerdan mucho a la Cabrera balear– es durante toda la narración catalizadora de experiencias para la protagonista, la doctora Gracia, quien escapa a la isla agobiada por las conflictivas relaciones con su madre y hermana, y tras la desaparición de su hija. Se trata de una huida a un lugar desconectado de su vida, es más, desconectado casi por completo del resto del mundo. Ese aislamiento y desconexión se unen a la fascinante vida animal y vegetal del entorno –que la bióloga percibe con especial agudeza–, y todo ello hace que la doctora Gracia considere la isla un lugar utópico. Su costumbre de referirse a los escasos habitantes de la isla mediante denominadores genéricos –el Hombre de los Tesoros, el Apuesto Oficial, el Chico Taciturno, el Intrépido Buceador, el Poeta Suicida, la Rubia Cantinera, el Pescador Tradicional, etc.– acentúa ese carácter de lugar ficticio, creado a la medida del escape personal de la protagonista. El nombre del chiringuito «El lugar sin nombre» y los dos apelativos que se dan a la isla –El lugar sin culpa, El lugar sin tiempo– también contribuyen, desde la topografía, a borrar las señas de identidad, de historia y de conciencia de este espacio utópico:

> Una isla diminuta perdida en el mar, un enorme peñasco reseco [...] El mejor cobijo para quien no busca sino el aislamiento, la desmemoria, un silencio que cubre hasta los mínimos rumores de la conciencia [...] para vivir cada día con el seguro automatismo intuitivo de las lagartijas, con su misma vivacidad inconsciente (*El lugar...* 11).

Junto a las dificultades personales de las que huye la doctora Gracia, *El lugar sin culpa* insiste en aludir a esa brecha que separa la experiencia animal y natural de la humana, en la que la conciencia del tiempo nos proyecta hacia atrás y hacia adelante y nos proporciona una relación problemática con el presente, teñido siempre de fugacidad. La personal letanía de la doctora Gracia apunta en la misma dirección: «arbolízate, matorralízate, petrifícate, lagartízate» (*El lugar...* 10). La clave para la interpretación final de la novela es una ambigua escena en la que la realidad y la imaginación conviven y compiten en las reflexiones de la doctora, y también de los lectores. Queda la duda de si la protagonista se halla, y si sigue, y si ha estado, en ese espacio privilegiado o si «la isla anunciada como la Tierra Prometida en una fotografía aérea es un destino imposible, una ficción, una novela, un consuelo de la imaginación» (*El lugar...* 166). Más segura parece, en las últimas líneas, una posibilidad algo distinta: la de que esa ficción, novela o consuelo de la imaginación sean en efecto posibles, y, a su modo, reales; que la imaginación, una novela, la ficción, sean capaces de hacernos vivir en tales lugares. Este parece el mensaje final sobre utopías como la mediterránea isla de *El lugar sin culpa*. Ello convendría a lo expresado por Merino en el mencionado discurso de entrada a la Academia de 2009: «Si logro llevar a cabo mi relato, conseguiré acaso no solo representar de alguna forma una parcela de la realidad en su nódulo profundo de extrañeza y delirio, sino establecer otro espacio posible, paralelo, alternativo, que es precisamente ese espacio de la ficción» (*Ficción de verdad* 36).

Sin embargo, entre esa visión idealizada de las primeras páginas y las ambiguas reflexiones finales, el narrador y su protagonista ya habían cuestionado la condición utópica del lugar. La posible muerte de la hija sobrevuela las peripecias de la doctora desde que el cadáver de una joven es recogido en las aguas próximas a la isla. Además, la armonía existente entre los escasos habitantes se ve perturbada por los celos y la lucha entre el militar y el cantinero de la que la doctora es testigo. Por último –alusión a la historia verdadera de la isla de Cabrera tras la batalla de Bailén en la Guerra de la Independencia– la isla alberga una lacra histórica de especial crueldad, al haber servido de lugar de destierro o prisión de miles de soldados franceses hechos prisioneros tras la batalla. Abandonados a su suerte, la mayoría acabaron muriendo tras padecer enormes privaciones y sufrimientos. El lugar privilegiado de esa historia es la llamada Cova del Amic, donde se practicaba la antropofagia: «amontonaban a los muertos aquí, para controlar la pestilencia, eran tantos que ya no había ni donde enterrarlos, en un sitio tan rocoso además como éste. Los metieron aquí y adiós, ahí os las arregléis, la historia del mundo es sobre todo despiadada» (*El lugar...* 25). La condición armónica de la isla resulta evidentemente frágil, y se aleja del carácter utópico anunciado en las páginas iniciales.

Así, al atisbo de utopía de la isla hay que contraponer los repetidos avisos de su negación o sus contrarios, muy presentes en el texto. En términos espaciales quizá podamos recurrir a la heterotopía, como término que cierta tradición crítica ha utilizado para marcar una oposición con la utopía.

En su famosa conferencia *Of Other Spaces*, Michel Foucault diagnosticaba y proponía para el momento en el que hablaba –finales de los años sesenta–, el fin de la decimonónica preocupación por la historia y un nuevo interés por lo espacial. En el texto, de enunciados y pronósticos muy generales, se oponían las utopías –espacios irreales– a las heterotopías, reconociendo una amplia franja intermedia de experiencias y lugares mixtos. El artículo es breve y muy sugerente, aunque su falta de límites y definiciones precisas haya producido quizá una innecesaria proliferación de espacios etiquetados como «heterotopías» en un punto de llegada del análisis espacial, en vez de servir de punto de partida del mismo.

El riesgo está implícito en el texto de Foucault, que renuncia a dar una lista y taxonomía exhaustiva ya que, precisamente, insiste en la necesaria evolución y transformación de las heterotopías. De su definicióndescripción, y pese a tratarse de espacios «enteramente contrarios» cabe resaltar la proximidad de las operaciones y funciones que se busca llevar a cabo en utopías y heterotopías. La diferencia fundamental es que estas últimas existen, mientras que las primeras son creaciones ficticias: «una especie de utopías efectivamente verificadas en las que [...] todos los demás espacios reales que pueden hallarse en el seno de una cultura están a un tiempo representados, impugnados o invertidos, una suerte de espacios que están fuera de todos los espacios, aunque no obstante sea posible su localización» (*Of Other Spaces* 24).

Para concluir con *El lugar sin culpa*, podemos repetir nuestra descripción anterior de su itinerario argumental: de la utopía percibida por la doctora Gracia inicialmente se pasa a una heterotopía, un espacio acotado, en el que varios personajes –separados de su circunstancia cotidiana por motivos diversos– se relacionan –conversan, se acuestan, se pelean– de manera cuasi-anónima, o, más bien, ocupando identidades ligera o sustancialmente distintas a las de su vida anterior. En este sentido, lo que desea la doctora Gracia –dentro de la realidad de la narración– es que la isla sea un lugar real y, por ello, no puede ser utopía; si lo es no será real. No un espacio armónico pero inexistente –utopía–, sí un espacio donde es posible lo imposible en otros espacios, pero un espacio real, como ellos. Por supuesto, el impulso hacia un espacio armónico y ácrono simplifica y falsifica la realidad compleja del espacio, incluso un espacio como el de esta isla de belleza y carácter únicos. Un año antes de la conferencia que hemos mencionado, Foucault había establecido la oposición entre los dos términos de utopía y heterotopía de manera distinta, utilizándolos en un sentido más amplio, no exclusivamente espacial. En el prefacio a *Les mots et les choses*, a partir de un texto de Borges, Foucault contrasta los dos conceptos basándose en sus efectos sobre las culturas, y los sistemas, que recurren a ellas: «Las utopías consuelan [...] Las heterotopías inquietan… las utopías permiten las fábulas y los discursos [...] las heterotopías [...] contestan, desde su raíz, toda posibilidad de gramática; desatan los mitos y esterilizan el lirismo de las frases» (*Les mots...* 9-10). La oposición, así, no acaba con una clasificación de ciertos espacios como heterotopías, sino en la intención y efectos que conlleva el eludirlos o el confundirlos con utopías simplificando, interesada y falsamente, su complejidad. En la ficción y la fantasía caben utopías y heterotopías; en la realidad, solo las segundas.

El espacio de la cueva –fosa común– es de especial interés, así como las reflexiones sobre la crueldad humana que el narrador atribuye a la doctora Gracia:

> [...] los humanos somos mucho más sanguinarios y crueles que las lagartijas, porque estamos acosados por la inclemencia de sentirnos tiempo, algo que se extingue enseguida.
>
> De la rabia de saberse tiempo sale toda la furia, el odio es tiempo, el hambre es tiempo, el ser humano concibe el infinito en forma de tiempo que transcurre sin concluir, como el infierno para nosotros es tiempo, tiempo de sufrimiento que no se agota, somos incapaces de imaginarnos fuera del tiempo, las pasiones son tiempo, de puro tiempo están hechas tanto la esperanza como la desesperación, la avaricia, la crueldad (*El lugar...* 25).

El lugar y las ideas conectan *El lugar sin culpa* con *La sima* pero, si en el primer texto la cueva ominosa es un ingrediente más del relato, en el segundo, la sima de Montiecho encabeza el texto y colorea gran parte de la narración. *La sima*, bastante más extensa que la escueta novela anterior, comparte sin embargo con ella ciertos temas, motivos y técnicas que ya habían aparecido en otros momentos en Merino pero que hermanan de manera especial estas dos obras, al parecer pertenecientes a una trilogía en marcha sobre espacios naturales. En declaraciones a Carolina Ethel a raíz de la publicación de *El lugar sin culpa*, en 2007, el autor explica este proyecto narrativo en curso comentando que la siguiente novela «será en una montaña. Creo que será alguien que regresa a un lugar donde sucedió algo y empieza a descubrir las claves del misterio. Más que una huida será un regreso». Además de este anticipo del esqueleto narrativo de *La sima*, el autor ya había anunciado el tema clave de la misma varios años antes, en entrevista con Miguel Mora, esta vez tras la publicación de *El heredero*:

> Cuando acabé la novela [*El heredero*], en 2001, estaban abriendo fosas comunes en la comarca donde transcurre. Las mentiras y las medias verdades, los silencios de los testigos, el dolor y la sangre y el sufrimiento de la guerra son un gran nutriente de la novela. La guerra sigue ahí, las fosas también. Es lógico que eso siga estando en las novelas, lo usan incluso las nuevas generaciones.

El arranque de *La sima* concuerda con esa estructura esbozada más arriba. Fidel, el protagonista y narrador, regresa efectivamente a un lugar de la montaña leonesa donde pasó parte de su infancia, en la casa de sus abuelos. Fidel sale de sus espacios habituales y se ubica en un lugar en el que se desarrollará la acción condicionada de manera señalada por lo espacial. Inicialmente, ese espacio de la casa de los abuelos –que conversa intertextualmente con el de *El caldero de oro*– se nos presenta como especialmente apropiado a los influjos de la ensoñación y la reflexión. Fidel guarda, sin embargo, sus distancias con respecto a ese espacio, alojándose en un hostal desde el que puede observar la casa de sus abuelos. Nuestro narrador, así, observa los escenarios de su infancia con cautela o, tal vez, aprensión. La propia casa de los abuelos es definida por Fidel como un lugar intermedio, mal definido, un «emplazamiento especial, privilegiado, donde el valle empieza a ensancharse, a la vez en el pueblo y fuera del pueblo» (38). A pesar de no ser la casa donde convivió con sus padres, la percibirá como algo suyo y sentirá un sentimiento de «desposesión» cuando sepa que su primo José Antonio se ha instalado en ella con sus amigos. Dirigiéndose a su psicoanalista, Fidel describe la casa como un hogar que le pertenecía y ahora es algo «apetecible y perdido» (278). La conclusión de la novela apunta a que, en este aspecto concreto de su personalidad, Fidel podrá por fin encontrarse a sí mismo, enraizarse.

En cierto sentido, lo espacial es, así, en *La sima*, no solo el activador de tramas y giros argumentales, sino también un elemento importante en la caracterización del protagonista y narrador. Fidel resume su vida como una experiencia de «sucesivos exilios» (*La sima* 277) y subraya que se encuentra en un hotel en esos días de finales de año en vez de, como buena parte de la gente, «en hogares verdaderos» (*La sima* 141).

Tras la muerte de sus padres, acontecida cuando era niño, Fidel se traslada a vivir con sus primos, que le adjudican como cuarto una habitación de condición espacial mal definida; es un espacio que él percibe como trastero aunque sus primos lo denominan el «apartamento». En él, nuestro narrador se nos presenta como alguien fuera de lugar, desplazado y desarraigado, y en él se generan el episodio y dos de los personajes clave para el desenlace de la narración: su prima Puri, objeto del deseo de Fidel, y su primo José Antonio, antagonista perpetuo de nuestro narrador. A raíz del incidente con su prima, Fidel es trasladado a la casa de sus abuelos en la ciudad y, pese a que describe su nuevo cuarto como el «reverso» del de la casa de sus primos, por su mayor extensión, añade que se encuentra en un «aislamiento carcelario» (*La sima* 100).

Durante la estancia en el pueblo en los días que dura la novela, Fidel visita otros dos espacios emblemáticos en los que la intervención humana ha producido unos lugares desvirtuados, en un saqueo injusto de la naturaleza y de quienes habitaban esos entornos. Uno es la mina de carbón a cielo abierto, descrita como «un paraje espantosamente destripado [...] un sitio indefinido, un lugar sin lugar, una inmensa herida terrosa en mitad de las montañas» (*La sima* 88). El segundo es el embalse de Luna, que lleva a Fidel a denunciar el episodio del pantano de Riaño, embarcándose en un análisis de política territorial y de vencedores y vencidos, que nuestro protagonista enmarca también en su conocida tesis sobre el instinto fratricida de los españoles. Con esta visita a un lugar emblemático, en el centro de la novela, nuestro narrador establece un enclave en el que confluyen las distintas preocupaciones temáticas de *La sima*, la política, la espacial, la histórica y la literaria:

> [...] me acerqué hasta la orilla pisando la nieve en el reclamo de mi sueño de aguas claras, pululantes de vida. Las del embalse están oscuras, como corresponde a estos pantanos, aunque unos patos alzaron súbitamente el vuelo delante de mí. Un embalse como éste es también una especie de sima a la que se ha arrojado vida e historia, en éste hay muchos pueblos sumergidos, innumerables fantasmas de asuntos que nunca nadie recordará. Un embalse es una forma de tiempo humano que ha destruido otro tiempo sin convertirse en tiempo cósmico (*La sima* 206).

En las proximidades del pueblo se encuentra la sima del título, de la que se dice sirvió de fosa común para la ejecución de civiles durante la Guerra Civil. Pese a encontrarnos en pleno invierno, en los últimos días del año, un grupo de voluntarios se dispone a investigar la sima, revelar su verdadera historia y rescatar los restos de las víctimas, de existir éstas. Embarcado en la redacción de su tesis, Fidel insiste en buscar continuidades entre la situación del presente español con ese período del siglo XIX y muchos otros momentos de la historia nacional, en los que se aprecia la polarización violenta de la sociedad. La sima sirve, así, también, de encrucijada de su preocupación intelectual, de su papel como ciudadano de una España presente que debate con vehemencia cuestiones como la de la llamada memoria histórica, así como de su historia personal ya que, desde niño, Fidel ha escuchado historias, acusaciones y desmentidos sobre la participación de su abuelo en la matanza. La narración está estructurada como un diario en el que Fidel recoge sus actividades, así como numerosas miradas a su vida pasada y a las abundantes notas y citas recogidas para su tesis doctoral. *La sima* es, en este sentido, una buena antología de textos históricos sobre los enfrentamientos cainitas de los españoles a lo largo de su historia, no solo en el territorio peninsular, sino también en la etapa americana. Fidel establece también numerosos enlaces entre los eventos del pasado histórico y los de la España actual, con numerosas referencias a noticias del día, desde las discusiones del Estatut, a la Guerra de Irak, el Archivo de Salamanca o el 11-M, entre muchas otras. En el texto aparecen ocasionalmente tres narratarios a los que Fidel dirige su texto: un profesor de bachillerato, don Cándido; su psiquiatra, la doctora Valverde; y su director de tesis, el profesor Verástegui.

De entre los primeros recuerdos anotados en el diario, la visita iniciática de los niños a la sima es narrada con gran detalle topográfico por el Fidel adulto (*La sima* 42-3), quien menciona numerosos términos espaciales o topográficos: brañas, senda, paraje, borde del camino, oquedades, ramal, sendero, claros, peñascos, cuestas, saledizo, peñas salientes, abertura, terraplén, rampa, pozo. Una vez llegados a la entrada lo que se acumula son los símiles, como si la topografía dejara paso a la *topotesia*: murallón rocoso, ceja pétrea, oscura boca, vestíbulo, pórtico, boca real y traicionera. En este conseguido pasaje descriptivo el narrador contrasta hábilmente la minuciosidad topográfica del camino hasta la sima con el oscuro y misterioso interior de la misma, ante cuya entrada los niños se detienen y se limitan a lanzar piedrecillas. El paso del lenguaje denotativo al figurativo también indica que el interior de la sima guarda sus oscuros secretos envueltos en narraciones y acusaciones oídas y repetidas, negadas o silenciadas. Fidel se resiste al principio a aceptar la participación de su abuelo en los crímenes escondidos en las fauces de la sima, pero esos posibles asesinados pueblan sus sueños de voces fantasmagóricas y le llevarán a preguntar a su abuelo acerca de los rumores que le ligan a la matanza. Esos muertos ignorados, sin identidad ni rostro, contrastan, por cierto, con varios cadáveres que aparecen en distintos momentos de la narración, cuyas facciones y expresiones póstumas Fidel anota con una precisión notable: los de sus padres (*La sima* 34), el de su amigo Vicen (130), y el de su primo Ricardito (168).

Tras preguntar directamente a su abuelo, quien no niega ni confirma la versión de los hechos expuesta por los niños, Fidel parece ir inclinándose por aceptar esa versión, especialmente tras recibir el adoctrinamiento político de su padre, quien define a su familia como «rojos». Fidel sí expresa claramente el derecho de los familiares a identificar a las posibles víctimas y darles una sepultura digna. También distingue la represión franquista tras la Guerra Civil con lo sucedido en esa Guerra Carlista objeto de su estudio, especialmente tras su visita a otra fosa común, en la que se reencuentra con Fausti, el niño que le había identificado como nieto del culpable de la matanza de Montiecho (200-04). Sin embargo, la realidad de las historias sobre fusilados y fosas comunes, por lo que hace a esa sima de Montiecho en concreto, sigue envuelta en la oscuridad y la incertidumbre hasta el momento presente de la novela: del 28 de diciembre de 2005 al día de Reyes de 2006. Es en esos días cuando la partida de voluntarios encabezada por Fausti intentará acceder a la gruta, mientras el primo de Fidel y su grupo intentan impedírselo.

Si el narrador de *La sima* postula que la crueldad manifestada en las fosas comunes es rasgo especialmente marcado en los españoles, recordemos que la doctora Gracia, protagonista de *El lugar sin culpa*, la consideraba característica esencial de toda la humanidad, y que los dantescos episodios de la Cova del Amic eran extensibles a muchos otros lugares y culturas. Conviene señalar que en nuestra novela, junto a la abundante colección de textos y referencias a la historia española, Fidel no escatima reflexiones muy próximas a las de la doctora Gracia en torno al desgarro de la conciencia por el paso del tiempo y nuestra fundamental diferencia con otros seres vivos. De manera semejante a como la doctora aspira a identificarse con la lagartija y los matorrales, Fidel abre su novela comparándose con la geología terrestre mediante un poema y referencias a un amigo geólogo y al tiempo no humano. Más adelante, cuando se rememora el viaje a Perú de Fidel, aparece un espacio concreto que guarda alguna semejanza con la isla imaginada o vivida por la doctora Gracia. Tras viajar de Quito a Puno, Fidel y su compañera Marisa llegan a una pequeña isla, «único enclave quechua en un entorno aymará, no venía ni en los grandes atlas, y eso le daba un encanto de lugar imaginario» (*La sima* 230). En este lugar cuasi-imaginario, en este espacio al margen, Fidel mantiene una relación sexual con Marisa y una relación con el entorno natural que lo aproximan a una conciencia sin culpa, a la envidiada inmediatez sin tensiones temporales del mundo natural. También en Perú, con Marisa, Fidel visita Inti Punku, Wayna

Picchu y sus alrededores (*La sima* 283-87), y experimenta la naturaleza y el tiempo cósmico alejado de la reducida conciencia espacio-temporal de los seres humanos, conciencia que se le aparece como algo claramente superfluo en el gran orden del universo. Especulando un tanto en las posibilidades narrativas de esa posible trilogía en curso a la que pertenecen sus dos últimas novelas, parece que los espacios naturales se ven como un gran repertorio de la radical diferencia en las experiencias temporales del ser humano y su entorno. Por lo que hace al texto que nos ocupa, junto a los pasajes ya mencionados, Fidel opone expresamente la historia de la humanidad –en este caso, la historia de los españoles– con el mundo natural en la mencionada visita previa a una fosa común de la zona, cuando se encuentra con Fausti:

> [...] la comarca estaba en todo su esplendor veraniego, olorosa a hierba, brillantes las praderas donde las vacas pacían mansamente, las corrientes de agua murmurando su frescor sonoro, los arbolados cuajados de follaje, en la caliza de las cresta innumerables un fulgor de plata, un escenario bucólico que marcaba con firmeza esa indiferencia de los espacios naturales ante nuestra miserable condición de seres ensimismados en la cárcel del tiempo (*La sima* 200).

Los dos espacios privilegiados del viaje a Perú se recuerdan y sirven de antecedente narrativo a otro espacio que, poco a poco, va cobrando especial relevancia en la historia de Fidel, ya que, aunque esa sima ocupa desde luego el centro de la novela, nuestro narrador se refiere también a otro lugar importante de su infancia, que pasará a suplantar a la sima como lugar clave para el desenlace de la novela. Se trata de las llamadas brañas de las Carras, prados altos con cabañas donde algunos vaqueros y pastores pasaban buena parte del año encargados de sus labores, un espacio característico de la montaña asturleonesa:

> El camino de las brañas es un paraje admirable. En pocos pasos se entra en el tiempo no humano, ni siquiera las chozas que se van dispersando muy escasamente a lo largo de la ruta dan la impresión de construcciones históricas, es como si perteneciesen a ese momento original e inmóvil de los mitos o de los cuentos... Los prados quedan acotados por masas arbustivas, al terminar una cuesta, después de muchas subidas y revueltas, aparece ese bosque de tejos donde se encuentra algún ejemplar milenario, a menudo

corrientes de agua que salvan los desniveles con súbitas cascadas, y más allá del bosque, a la derecha, en el mismo macizo que la sima de Montiecho, después de una subida entre peñascos, otras simas que llaman de Carras, a las que nunca me acerqué (*La sima* 280).

La excursión infantil a una cabaña de las brañas con sus primos y su madre quedará en la memoria de Fidel como una visita a un lugar especial, aderezado por las reflexiones de Puri sobre la magia del entorno, «aquí es donde viven las hadas» (283). En el presente de la narración, Fidel se referirá a las brañas como «lugar del tiempo no humano, o sin tiempo, luego lo comprendí con claridad» (283). El enclave pasa a ocupar protagonismo en el tramo final de la novela, ya que es escenario del reencuentro con dos personajes esenciales en la peripecia de Fidel: Puri, de su historia amorosa, y José Antonio, de su peripecia de enfrentamientos y violencia. Fidel narra ahora una nueva visita a las brañas con su tía y el reencuentro con su prima, y también la escena fundamental del enfrentamiento con su primo y la ayuda de Puri, episodio utilizado para la sorprendente pirueta narrativa con que Fidel cierra el relato.

No se establece una oposición explícita entre los espacios de la sima de Montiecho y las brañas, pero su yuxtaposición geográfica –anotada en la descripción del segundo lugar– debe ser mencionada, no solo como un contraste entre un *locus amoenus* que acoge una relación sentimental y un «campo de Agramante» donde se ventilan diferencias a puñetazos. Es más, la contienda final entre protagonista y antagonista, se da precisamente en las brañas, ese lugar mágico, reino de la imaginación, de las hadas y, para el Fidel adulto, del amor y el sexo. Sí es evidente, me parece, que en ese espacio único pero de doble cara, de sima y braña, es donde la novela da el salto –pirueta hemos dicho– para dilucidar literariamente el contraste entre historia y ficción que recorre este último texto narrativo de Merino.

Realidad y ficción convivían y competían en las últimas páginas de *El lugar sin culpa* y lo hacen también, como vemos, en las de *La sima*. En esta última novela, sin embargo, la oposición entre lo que es real y lo que es imaginado está coloreada por otra cuestión muy presente en la narrativa española de los últimos años.

Y es que, si es indudable que debemos leer la novela de Merino a la luz de la obra anterior de su autor, resulta impensable no hacerlo en el contexto de la producción narrativa coetánea, en especial tratándose de un texto en el que la Guerra Civil y el desvelamiento de sus ocultaciones o enigmas se narran con ingredientes, más o menos definidos, de prosa documental, con elementos de metaficción, y en el que el narrador es un miembro de una generación de la democracia. En esta producción confluyen modalidades variadas como la autobiografía, los diarios, la denominada autoficción, y la historia-ficción o ficción histórica, y en ella es frecuente la autoconciencia narrativa. En algunos casos, los que intentan mantener cierta objetividad histórica, se trata de reflexiones sobre posibles lagunas documentales, o sobre los compromisos y convenciones que amenazan la veracidad u objetividad de toda puesta en escrito del pasado, ya sea propio o ajeno. En otros textos, más novelescos, ante esas posibles lagunas documentales u otras dificultades para la redacción del proyecto, se asume la superioridad de la ficción para comunicar, si no la historia de los hechos auténticos, sí una verdad distinta, superior en cierto sentido, por sintética, simbólica o, en algunos casos, por ejemplarizante. En el centro de este grupo de narraciones, por su especial difusión y éxito de público, hay que situar *Soldados de Salamina*, de Javier Cercas. En las páginas de esta novela hayamos otro término, «relato real», para describir el cruce de historia y ficción, y aparece lo que podemos denominar escena clave para este grupo novelesco, una escena en la que el narrador decide apostar por la opción ficticia, en este caso mediante la intervención de la autoridad de Roberto Bolaño, quien propone y defiende que se invente al elusivo soldado cuya huella persigue el narrador:

> [...] telefoneé a Bolaño. Le puse al corriente de mis pesquisas, le pregunté si se le ocurría alguna otra pista por donde seguir buscando. No se le ocurría ninguna.
> –Tendrás que inventártela– dijo.
> –¿Qué cosa?
> –La entrevista con Miralles. Es la única forma de que puedas terminar la novela
> (*Soldados de Salamina* 109).

La falsificación de la historia en aras de la composición de un relato y la definición de «relato real» de Javier Cercas abundan en la antiquísima diferenciación aristotélica entre historia y poesía. La clave, desde luego, es la perspectiva, y las intenciones, que sustentan ese «como deberían o podrían haber sucedido» las cosas que cierra el enunciado. Es sin duda una imposición retrospectiva, por decreto, ya sea ético –o al menos de justicia poética–, político –de corrección o de censura– o simplemente de coherencia o exigencia estética. Cabe también explorar una variante, un posible «como deberían *de* haber sido», que incidiría precisamente en la duda, la incertidumbre, la falta de resolución de ciertos acontecimientos. Esta última opción parece precisamente la adoptada por el omnisciente narrador de la novela de Luis Goytisolo, *Oído atento a los pájaros*, en la que se presentan también asuntos de exhumación de cadáveres de la Guerra Civil y de la actualidad, así como cuestiones de representación memorialística del yo y de la historia española. Las alusiones a la necesaria amplitud de miras y agudeza mental, ejemplificadas por la «visión cenital» del indiano, no hacen sino destacar las grietas e incertidumbres de nuestras versiones de la experiencia.

La fosa común es seguramente el enclave espacial por excelencia de los debates políticos, académicos y sociales en torno a la denominada memoria histórica. *La sima* declara explícitamente la necesidad de aclarar episodios, exhumar y enterrar dignamente a las víctimas, pero advierte del peligro de las simplificaciones, especialmente las fraguadas amparándose en la tendencia a reducir al adversario político a una entidad deshumanizada, extraña y a la que hay que destruir a toda costa. La peripecia y caracterización del narrador y las numerosas citas reproducidas proyectan una visión más matizada, y más documentada, del debate actual, centrado en torno a la Guerra Civil, en buenos y malos, y que suele incorporar una visión negativa sobre la Transición y el pacto alcanzado para olvidar diferencias y allanar el camino hacia un régimen distinto.

Ya ha habido algunos intentos valiosos de acotar críticamente parte de estos momentos históricos y de esta producción literaria con la que *La sima* guarda algunas semejanzas. Isabel Cuñado utiliza el término de Marianne Hirsch de «postmemoria» para adentrarse en los juegos de ficción y realidad que abundan en los textos elegidos en su estudio, ya que todos sus autores –Javier Cercas, Javier Marías, José María Merino (en *El heredero*) e Isaac Rosa– son españoles nacidos después de los acontecimientos discutidos. Nuestro narrador, Fidel, y nuestro autor, Merino, pertenecen por edad a ese grupo al que podríamos denominar «postmemoriosos», aunque en mi opinión la «postmemoria» que interesa en este texto se refiere de manera especial no tanto a la Guerra Civil, como al franquismo y, en especial, a la Transición. El «postmemorioso», pues, será ese narrador joven, apenas testigo infantil del inicio de la democracia en España.

El volumen colectivo sobre posibles «lugares de la memoria» en la España actual utiliza las investigaciones de Pierre Nora e incluye algunas propuestas valiosas. Como se sabe, la noción de «lugar de la memoria» opera con una oposición muy sugerente y ciertamente arriesgada entre una relación con el pasado descrita como historicista, de archivo y cuadrícula, y otra –menos falseada por las categorías de la modernidad para ordenar el tiempo– basada en la rememoración activa y comunitaria de objetos, espacios, eventos con más realidad, más tangible y menos sujeta a la dirección de distintos poderes normativos. Nora y sus colaboradores aplican su propuesta a un país, Francia, de una composición nacional y una tradición nacionalista sólida y secular. El volumen de Resina y Winter aplicado a la España actual, incluye ensayos de valor desigual pero acierta, a mi juicio, al describir el presente sentimiento nacional español como de baja intensidad, lo que dificulta de manera notable el proyecto acometido basándose en el concepto de Nora. Winter, en su estudio sobre fosas y enterramientos, propone una posible distinción entre lugares como sitio de reconocimiento y lugares como sitio de confrontación, que buscan deshumanizar y destruir al otro. En *La sima*, a la posible fosa común de Montiecho habría que calificarla como lugar de confrontación al que Fidel –intermediario entre dos ramas familiares y dos familias políticas– pretende convertir en lugar de reconocimiento. Sin embargo, analizando el conjunto del texto de Merino, y especialmente su final, creo posible también posible una interpretación menos tajante. Y es que, entre los mecanismos y argumentos menos acertados de la llamada memoria histórica están las mencionadas simplificaciones que, en buena parte de sus defensores, afectan también al proceso de Transición, entendido, por unos, como una invitación a ignorar todo lo sucedido, y, por otros, como una rendición ante un supuesto bando de la Guerra Civil, el franquista, perfectamente identificable en el siglo XXI, que parecería haber sobrevivido inmutable a casi medio siglo de historia. El narrador de *La sima* destaca la Transición, en cambio, como un momento privilegiado, memorable, en el que las seculares ten-

dencias fratricidas de los españoles dieron paso al respeto y al reconocimiento del otro, así como a una conciencia clara de esa historia de
enfrentamientos. Por su parte, la memoria histórica mal entendida proyecta una serie de visiones utópicas, perfectamente ensambladas, sobre
unos hechos, unos muertos y unas personas que se resisten a esa visión
utópica. Como los accidentados eventos de las exhumaciones van con-
firmando, se trata, en efecto, de una situación de heterotopía, que aglutina lo heteróclito, se resiste al orden, la gramática y los mitos. Es un
proceso necesario, pero que no va a restaurar o producir un paisaje
–político o social– ordenado y perfectamente comprensible y racional.
Esta heterotopía, como todas, inquieta y perturba; complica y compromete. Unos lugares de memoria en los que se den responsabilidades perfectamente marcadas, o perfectamente simétricas, son solo posibles en
el orden ficticio de las utopías. La exhumación de los cadáveres y la
identificación de los desaparecidos es una cosa. La reescritura utópica
de una historia de trazos gruesos, recargando las tintas con esos cadáveres es otra, y hay buenos argumentos en su contra, como los expuestos,
entre otros, por Santos Juliá o Ángel Loureiro. El propio narrador de *La
sima* alude a los aspectos menos históricos, racionales, lógicos, incluso
imaginativos, de las tensiones que afloran en torno a algunos de esos
lugares de la memoria en el presente español: «Acaso nuestra democracia sufre aún el odio de un enfrentamiento que no acaba de perder sus
arquetipos originales, con la rabia acumulada de alternativos vencedores
y vencidos que siguen enfrascados en el sueño de una confrontación originaria, mítica, insuperable» (*La sima* 198). En mi opinión, con el desenlace final, Fidel da fe de que su tesis está equivocada, de que esa tesis
sobre la inevitabilidad de una dinámica de enfrentamiento cainita que
supera momentos históricos, territorios, alternativas políticas y regiona-
les, es una tesis amparada en pretensiones cientificistas que hacen agua
debido a su apoyo en nociones míticas, metafóricas y arquetípicas; es,
así, una auténtica novela de tesis, un «sueño», más literatura que otra
cosa, aunque sea una literatura que se finge historia o documento. Creo
que, en este sentido, *La sima* se desvía de la trayectoria novelesca esbozada por Friedrich Wolfzettel en su ensayo sobre la novela histórica
española, en el que los protagonistas aparecen impotentes ante la autoridad, potencia, o inevitabilidad del devenir histórico, por muy injusto
que parezca.

Volviendo a las cuestiones de la realidad y la ficción, Fidel, el narrador de *La sima*, cuyo nombre connota rectitud narrativa y verosimilitud documental, recurre también en cierto modo a la escena de encrucijada entre cómo sucedieron las cosas y cómo deberían haber sucedido, que hemos ilustrado con la cita de Cercas. Las últimas palabras del texto sugieren, en mi opinión, que este narrador, incapaz de manejar la historia, acusado por su director de tesis de desnaturalizar el decurso nacional de los españoles, opta en cambio por asirse al presente, al instante prometido por esa mano hacia la que tiende la suya. Y es que a Fidel –al igual que a la doctora Gracia de *El lugar sin culpa*– le aqueja una debilidad más universal que el idiosincrásico cainismo de los españoles: su dificultad de gestionar, anotar, interpretar y estar en el presente, en ese cronotopo utópico que ha incorporado en algunos momentos de su narración, esto es, el espacio desconectado de los tirones de la historia y el tiempo humanos. Es un espacio asociado a una sensibilidad sublimada y conectada con la comunión física alcanzada en la relación sexual.

La decisión de Fidel de asir el momento presente implica, narrativamente, esa pirueta, desdoblamiento o ironía con las que operan las escenas finales de *La sima*, una opción ciertamente precaria pero brillante, como ese chispazo o iluminación súbita de la que habla Fidel. Pero no solo en el tramo final.

Además de la preocupación por el presente como cuestión cosmológica –que enfrenta a la naturaleza y al ser humano–, y del presente como cuestión socio-política –discusiones sobre la memoria histórica–, hay en esta novela de Merino un aroma de otro presente que podemos, quizá, remontar a textos híbridos del autor, como *Días imaginarios*. *La sima* tiene una ajustada conexión con el calendario forjada por el enclave temporal de la narración, su estructura temporal reducida y por el uso del diario, que combina los hechos, las acciones, los eventos –la «épica»– del día, con actos más prosaicos, como el clima, las comidas, las impresiones, los gestos y los objetos. Fidel nos presenta las noticias de los periódicos y la televisión, y también los movimientos, acciones e impresiones que apenas llegan a componer sus hábitos en esos días pasados en la provincia de León. El registro y la reflexión de lo que pudiera parecer intrascendente forma parte de todo un corpus de prácticas textuales y vitales que, como en el caso de los «lugares de la memoria», han sido estudiadas y acotadas a partir de diferentes realidades espaciales

–especialmente la urbana– y contrapuestas al análisis empobrecedor de distintas disciplinas históricas. Gran parte de las preocupaciones teóricas por el espacio –Augé, de Certeau, Delgado, Lefebvre– de las últimas décadas van precisamente en esta línea de «lo cotidiano», tal como explica en su interesante síntesis Michael Sheringham. Sin querer identificarlas con la oposición que hemos descrito al hablar de Pierre Nora, subyace en gran parte de estos intentos de acercamiento a lo cotidiano una desconfianza u oposición abierta a las exactitudes de la estadística y la historia, y una aspiración a conectar el dato a la realidad, a la práctica. Esto lleva a dos de las características clave de lo cotidiano enunciadas por Sheringham: «lo cotidiano implica comunidad [...] lo cotidiano no es el lugar del evento (siempre excepcional) y está por ello en tensión con la historia, tiene una historicidad que está encarnada, es compartida y en constante cambio» (Sheringham 360). Fidel sumerge estos aspectos de la comunidad y de la tensión entre lo cotidiano y la historia en su personal visión de la realidad española y, en el espacio reducido de su León natal, aprecia cómo la construcción de otro enemigo pasa por anular nuestra cotidianeidad con él: «se aprovechaba un momento subversivo para eliminarlo, para borrarlo de la existencia, ignorando la vecindad, la cotidianeidad compartida de las calles, de los paseos, de las tiendas, de los cines, de los cafés, de los lugares que formaban el escenario habitual de la vida» (*La sima* 106).

Resulta, así, que esta novela «de tesis» sobre la historia española acoge una multitud de reflexiones y escenarios en los que se desarrolla nuestra relación con el presente. Y las relaciones de *La sima* con el presente –entendido más como actualidad, eventos del día, que como cuestión metafísica o existencial— son, al parecer, el pie del que cojea la última novela de Merino.

Simplificando el contenido de las reseñas que he leído a fin de establecer algunos parámetros para este cierre de mi comentario, puede decirse que la novela de Merino brilla cuando se la ubica como una obra más en la distinguida trayectoria de un narrador consolidado, reconocido explorador de territorios ficticios, de la fantasía, de los borrosos límites entre sueño y realidad, imaginación y razón, hábil artesano de la técnica narrativa, con un gran dominio del lenguaje, etc. *La sima* recibe críticas menos favorables, sin embargo, por lo que hace a su relación con la actualidad presente, con los debates coetáneos sobre la historia y

la política histórica. Parece que se le dice a nuestro autor: «¿Qué hace
un novelista como tú en un sitio como éste?». Merino, sugieren varias
críticas, se ha salido de su espacio propio y definido y, en su exploración
del territorio contemporáneo de auto-ficciones, ficciones documentales
y relatos reales, comete errores de principiante, impropios de su pericia
novelística. El presente, la realidad española actual, chirrían en el, por
otra parte, bien engrasado texto de Merino. En palabras de Ayala-Dip:
«La prosa sigue segura y construida para la evocación de buena ley. Pero
el presente resulta por momentos demasiado cercano. Como si en su
aspiración a novela se hubiera empantanado en una crónica». La favora-
ble lectura del cuidadoso Eduardo Larequi comparte el juicio de Ayala-
Dip. Ricardo Senabre, por su parte, concluye su elogiosa reseña en *El
Cultural* con la misma matización:

> Pocas objeciones cabe presentar a esta obra de Merino, aunque tal vez las
> referencias en la parte final a hechos y personajes políticos coetáneos tendrían
> que haber sido aligeradas –porque no tienen el mismo peso que los datos del
> pasado extraídos de historiadores como Cieza de León o Pirala–, a fin de elimi-
> nar del texto componentes que sólo pueden inocularle cierta dosis de caduci-
> dad.

Senabre alude a la falta de peso de los acontecimientos del momento,
probablemente en la misma línea de Ayala-Dip, para quien la falta de
perspectiva, la cercanía a los hechos, hace que los tramos conectados
con el presente político no pasen de una ligereza. Como bien señala
Eduardo Larequi, es tentador extender la fiabilidad de Fidel a sus relaciones con un autor implícito que ha declarado opiniones en torno a la
política actual, a la Transición y a la memoria histórica muy semejantes a
las que aparecen en *La sima*. A la fallida tesis histórica de Fidel, torpe-
mente trabada, hay que añadir la mal acabada construcción textual de
Merino.
    Hemos calificado la decisión de Fidel como una pirueta para cerrar
su tesis –y su conexión con el pasado– y para entrar en el presente que le
promete la mano extendida de Puri. Y es que la interacción con el presente es siempre problemática, advenediza, impulsiva, hasta adolescente
si se quiere –frente a los resabios de una desengañada madurez–, y la
ironía es un arma para intentar derrotar a ese presente. Que un novelista

tan académico y maduro empuñe esa arma y se la juegue con el presente –en todas las modalidades mencionadas– en un duelo feroz, en un lugar tan ameno, resulta algo poco frecuente, quizá mal visto. Aparece en tensión en este «campo de Agramante» novelístico que es *La sima* el presente «presentado» desde varias perspectivas, en la mayoría de las cuales subyace cierta raíz antagónica y que merecen más atención por separado. Son cuestiones de otro lugar y otro momento, pero sin duda José María Merino vuelve a transitar a contracorriente y añade otro interesante capítulo a su distinguida carrera novelesca. Como vemos, este último texto no encaja del todo en las ubicaciones que le hemos aplicado: dentro de la producción del autor, dentro de la narrativa española del momento y dentro las relaciones de autor y narrador. Cabe por ello, para definir al Merino de *La sima,* recurrir al imaginativo uso que del término atópico hace Unamuno al reflexionar sobre la apacible Plaza Mayor más famosa de Castilla y León, comparándola con lo que sucede en su Bilbao natal, en *Andanzas y visiones españolas*: «estos motines callejeros serían una discordancia. En esta plaza, en la que la muchedumbre discurre rítmicamente, una refriega sería algo estridente y atópico (Atópico, acaso tenga que decirlo, dice en la relación de espacio, lo que anacrónico en la de tiempo)» (*Andanzas...* 424).

BIBLIOGRAFÍA

AUGÉ, Marc. *Los no-lugares. Espacios del anonimato.* Barcelona: Gedisa, 1994.

AYALA-DIP, Ernesto. «Pesquisas de la Guerra Civil». *El País,* 6 de junio de 2009, <http://www.elpais.com/articulo/narrativa/Pesquisas/Guerra/Civil/elpepuculbab/20090606elpbabnar_1/Tes>.

BASANTA, Ángel. «Triunfo de la novela». *Revista de Libros,* 30 de junio de 2009.

CERCAS, Javier. *Soldados de Salamina.* Barcelona: Tusquests, 2001.

CERTEAU, Michel de. *L'invention du quotidien. 1. Arts de faire.* Paris: Gallimard, 1992.

CUÑADO, Isabel. «Despertar tras la amnesia: Guerra Civil y postmemoria en la novela española del siglo XXI», <http://www.dissidences.org/guerracivilypostmemoria.html>.

DELGADO, Manuel. *El animal público.* Barcelona: Anagrama, 1999.

— *Sociedades movedizas. Pasos hacia una antropología de las calles.* Barcelona: Anagrama, 2007.

ETHEL, Carolina. «Una isla inocente». *El País*, 19 de julio de 2007, <http://
www.elpais.com/articulo/revista/agosto/isla/inocente/elpepirdv/
20070719elpepirdv_2/Tes>.

FOUCAULT, Michel. *Les mots et les choses. Une archéologie des sciences humaines.*
Paris: Gallimard, 1966.

— «Of Other Spaces». *Diacritics.* Spring (1986): 22-7.

GOYTISOLO, Luis. *Oído atento a los pájaros.* Madrid: Alfaguara, 2006.

JULIÁ, Santos. «Lugares de la memoria histórica». *El País*, 30 de noviembre de
2008, <http://www.elpais.com/articulo/opinion/Lugares/memoria/historica/
elpepusocdgm/20081130elpdmgpan_2/Tes>.

LAREQUI, Eduardo. «*La sima*, de José María Merino». 11 de junio de 2009,
<http://www.labitacoradeltigre.com/author/elarequi/>.

LEFEBVRE, Henri. *The Production of Space.* Oxford: Blackwell, 1991.

LOUREIRO, Ángel G. «Pathetic Arguments». *Journal of Spanish Cultural Studies*
9:2 (2008): 225-37.

MERINO, José María. *Días imaginarios.* Barcelona: Seix Barral, 2002.

— *El heredero.* Madrid: Alfaguara, 2003.

— *El lugar sin culpa.* Madrid: Alfaguara, 2007.

— *La sima.* Barcelona: Seix Barral, 2009.

— *Ficción de verdad.* Discurso de ingreso en la RAE, abril de 2009, <http://
www.rae.es/rae/gestores/gespub000028.nsf/(voanexos)/arch0CDD6D4FB
1918DCDC12575AC003A9747/$FILE/Discurso_RAEJMMerino.pdf>.

MORA, Miguel. «Ojalá me haya salido una novela galdosiana como "La deshe-
redada"». *El País*, 4 de marzo de 2003, <http://www.elpais.com/solotexto/
articulo.html?xref=20030304elpepicul_4&type=Tes>.

SENABRE, Ricardo. «*La sima*. José María Merino». *El Cultural*, 29 de mayo
de 2009, <http://www.elcultural.es/version_papel/LETRAS/25348/La_
sima>.

SHERINGHAM, Michael. *Everyday Life. Theories and Practices from Surrealism to
the Present.* Oxford/New York: Oxford University Press, 2006.

UNAMUNO, Miguel de. *Obras completas.* I. Madrid: A. Aguado, 1950.

VEGA, Garcilaso de la. *Obras de Garci Lasso de la Vega con anotaciones de Fernando de Herrera.* Sevilla, Alonso de la Barrera, 1580. Ed. facsimile,
<http://www.cervantesvirtual.com/servlet/SirveObras/0133838641191516
1644680/notaprevia.htm>.

WINTER, Ulrich. «"Localizar a los muertos" y "reconocer al Otro": *Lugares de
memoria(s)* en la cultura española contemporánea». Juan Ramon Resina y
Ulrich Winter (eds.). *Casa encantada. Lugares de memoria en la España cons-
titucional (1978-2004).* Madrid/Frankfurt: Iberoamericana/Vervuert, 2005:
17-39.

WOLFZETTEL, Friedrich. «El yo impotente ante la historia: una constante de la novela histórica española desde el romanticismo». Wolfgang Matzat (ed.). *Espacios y discursos en la novela española del realismo a la actualidad.* Madrid/Frankfurt: Iberoamericana/Vervuert, 2007: 17-36.

EL LUGAR IDENTIFICATORIO: UN ESPACIO LIMINAL EN *EL HEREDERO* DE JOSÉ MARÍA MERINO

Cheng Chan Lee
National Chi Nan University

En *El heredero* (2003) se destaca la presencia de la casa familiar, llamada Isclacerta, y de la casa de muñecas, que juntas forman un paralelismo en la búsqueda de la identidad por parte del protagonista, Pablo Tomás. Me interesa aquí indagar la relación del espacio con la identidad en esta novela. Al analizar el tema de la identidad en la narrativa de Merino, Asunción Castro Díez dice: «El espacio contribuye, pues, a fijar la personalidad, a identificar a los individuos que lo habitan» (228). Se reconoce la función identificadora del espacio; no obstante, nos proponemos matizar las características y el funcionamiento del espacio para profundizar nuestro análisis de la novela en cuestión, atendiendo particularmente a lo simbolizado por los lugares en la narración, la práctica y la producción espaciales, y el espacio liminal.

Antes de nada, nos detendremos un momento para esclarecer el uso de los dos términos: lugar y espacio. Según Michel de Certeau, el espacio es un lugar practicado (117), mientras que un lugar es «an instantaneous configuration of positions. It implies an indication of stability» (117). Para Marc Augé, el lugar es «el lugar del sentido inscripto y simbolizado, el lugar antropológico» (86), y el espacio se refiere a «un acontecimiento», a «un mito», o a «una historia», mientras que «se aplica indiferentemente a una extensión, a una distancia entre dos cosas o dos puntos […] o a una dimensión temporal» (87). El lugar que define Augé se basa en De Certeau y Merleau Ponty, y explica mejor el tema en cuestión en *El heredero* por la cualidad de símbolo del lugar antropológico. Asimismo, suscribimos su uso del espacio, que resulta más abstracto que el de lugar (Augé 87). El sentido inscripto y simbolizado del lugar hace posible la formación de la identidad, y a través del movimiento se produce una abstracción del lugar que lo convierte en un espacio. En este sentido, el espacio es inestable y cambiante debido al movimiento continuo. Concluimos, por tanto, que la identidad oscila en el espacio liminal.

Pablo Tomás Villacé se presenta como un hombre apático, desinteresado y desapasionado, hasta que vuelve a la mansión familiar Isclacerta, donde su abuela, conocida como la Buli, se está muriendo; allí el narrador llega a encontrar una resonancia de su identidad y de su vida en las historias del bisabuelo fundador, Pablo Lamas, un indiano vuelto de Puerto Rico. En forma de una saga familiar o novela de formación escrita por el protagonista, *El heredero* desarrolla la recuperación y metamorfosis de la identidad por parte de Pablo Tomás, a través del arraigo en el lugar de fundación de su linaje. Por lo tanto, la casa familiar Isclacerta ocupa un papel central, lo cual se puede apreciar en la división de la novela en dos partes: la primera, Isclacerta, y la segunda, «True Island», que forman un paralelismo entre el pasado y el presente. Isclacerta se convierte en un pivote espacial en el que gira la identidad del protagonista: incluso una casa de muñecas, herencia familiar que pasa desde los bisabuelos hasta Pablo Tomás, reemplaza a la mansión familiar con su forma en miniatura, y sigue erigida en la nueva casa estadounidense del narrador.

La búsqueda de identidad de Pablo Tomás arranca con un viaje, de Madrid a Lisboa, y luego de Lisboa a Isclacerta, casa que visitó por primera vez a los ocho años de edad y de la que, en poco tiempo, sentía que formaba parte. Su breve estancia, durante la que murió su abuela, le acerca de nuevo al pasado y renueva su experiencia de la infancia. El contacto con Isclacerta lo lanza a otro viaje: dejar su trabajo en la galería de arte de su madre y marcharse a los Estados Unidos para cursar estudios de doctorado en literatura española. En palabras de Michel de Certeau, toda historia es una historia de viaje (115), y no es sino la repetición del primer viaje diferenciador del nacimiento, consistente en la separación del cuerpo de la madre (109). Para De Certeau, practicar el espacio consiste en repetir «the joyful and silent experience of childhood: it is, in a place, *to be other and to move toward the other*» (110). En este sentido, el protagonista busca su identidad, que es otra y que se va realizando en el movimiento espacial, en el viaje. Pablo Tomás describe su primera experiencia infantil en Isclacerta, su feliz pertenencia al lugar, libre de sus padres (60). También relata su trabajo desapasionado bajo la tutela de su madre, quien al saber el plan de su hijo de irse a América intenta disuadirlo. El último contacto con la mansión familiar convence al hijo para realizar el viaje pendiente. Visto a la luz del razonamiento de

De Certeau, el relato sobre Isclacerta que escribe Pablo Tomás es, en realidad, un relato de viaje que atraviesa y organiza los lugares que a su vez constituyen la escritura del relato. Todos estos viajes significan ser otro y conllevan un movimiento hacia el otro, que aquí viene a ser una identidad distinta. Sin embargo, como es un movimiento continuo, este otro resulta inestable y cambiante.

Ahora bien, basándose en el pensamiento de De Certeau, Marc Augé postula que en el viaje se produce una «pluralidad de lugares, el exceso que ella impone a la mirada y a la descripción [...] y el efecto de "desarraigo"» (Augé 89). Al poner el viaje por escrito, «la mirada se funde en el paisaje y se vuelve el objeto de una mirada segunda e inasignable: la misma, otra» (Augé 97). En efecto, *El heredero* es una crónica que Pablo Tomás escribe, obsesionado por la historia familiar y su identidad. Cuando aún estudia en EE. UU., llega a recorrer Ponce, en Puerto Rico, en busca de las huellas que pueden indicarle la vivencia de su antepasado en aquella ciudad. Le parece encontrar personajes y leyendas que confirman la historia de su bisabuelo, e incluso encuentra un chalet suizo (344) parecido a Isclacerta. La pluralidad y el exceso de lugares, en vez de ofrecerle el sentido de pertenencia a una estirpe, causa en el narrador una sensación de desarraigo, y Pablo Tomás deja de investigar el asunto: «declaré cerradas todas las leyendas del Puertorriqueño y decidí quedarme solamente con las que habían llegado hasta mí a través de la Buli, Noelia y mi padre» (358). La crónica de Pablo Tomás registra, precisamente, esa segunda mirada de la que habla Augé. La identidad vacila entre el pasado y el presente, entre la mirada y el paisaje, y no encuentra arraigo en ningún lugar.

En su investigación sobre los no lugares de la sobremodernidad, Marc Augé también demuestra una teoría de los lugares, sobre todo el lugar antropológico, basado en los escritos de Merleau Ponty. Para Augé, el lugar antropológico es «al mismo tiempo principio de sentido para aquellos que lo habitan y principio de inteligibilidad para aquel que lo observa» (58), es aquel «del sentido inscrito y simbolizado» (86), y tiene tres rasgos comunes: «identificatorios, relacionales e históricos» (58). Con el rasgo identificador, Augé se refiere al lugar de nacimiento, como algo «constitutivo de la identidad individual» (59). Es el lugar propio. El narrador Pablo Tomás, cuya madre es francesa, nació en París, donde pasó los primeros años de su infancia (143-44). Sin

embargo, desde su primera visita a Isclacerta, se siente «incorporado a
la casa» (61). Además, Pablo Tomás se imaginaba desde niño que fue
robado de pequeño por una de las hadas acuáticas que aparecen en la
novela, la cual dejó a cambio a su propio hijo (145). Esta imaginación
sirve no sólo para explicar el desarraigo de la identidad que el narrador
experimenta, sino también para dar luz a un Pablo Tomás nuevo después de conocer los secretos e historias de la familia en su última estancia en Isclacerta. Pablo Tomás renace metafóricamente en la mansión
familiar, porque ha sido «repuesto, devuelto» a su ser (297). Este renacimiento simbólico en Isclacerta establece la identidad individual del protagonista, quien puede decir que «este nuevo Pablo Tomás encontró su
arraigo no en un lugar real, no en una estirpe física, sino en esa Isclacerta que se erige en mis sueños y va conmigo a donde voy» (298). Esta
confesión eleva a Isclacerta a un sentido simbolizado del lugar, una abstracción, en definitiva, un espacio.

El segundo rasgo relacional de Augé viene de las definiciones de De
Certeau sobre el lugar, y destaca «el orden "según el cual los elementos
son distribuidos en sus relaciones de coexistencia"», por lo que el lugar
se define como una «configuración instantánea de posiciones» (Augé
59). Es decir, dos cosas no pueden ocupar el mismo lugar, pero en un
mismo lugar pueden coexistir elementos diferentes y singulares. El lugar
propio puede ser un lugar común donde comparten, unos con otros, la
identidad y las relaciones. En el caso de Pablo Tomás, las relaciones
entre las cosas diversas de Isclacerta, le acercan a su identidad y le hacen
ver su lugar propio: su estancia en la mansión familiar, en sus propias
palabras, le lleva a «cumplir un designio, el que alcanzases a conocer
datos de un pasado que te comprometía, al ser tú el resultado de tantas
relaciones y mixturas» (240).

El lugar antropológico, por último, es histórico, así como el lugar
construido por los antepasados. Los habitantes del lugar antropológico
«pueden reconocer allí señales que no serán objetos de conocimiento»,
y este lugar «escapa a la historia como ciencia» (Augé 60). Es decir, el
lugar antropológico transmite signos y sentido simbolizados para aquellos que saben observar e interpretar. El protagonista de *El heredero*
padece de una «aparente apatía» que le ha marcado desde pequeño
(145) y antes de volver a Isclacerta, confiesa: «yo no tenía aún un pasado
capaz de dar sentido a mi presente» (86). La mansión familiar fundada

por su legendario antepasado le ofrece «signos e indicios significativos» para entenderse mejor a sí mismo (178). Al bañarse en la poza donde su bisabuelo, el Puertorriqueño, solía hacerlo, Pablo Tomás, envuelto por el agua fría reconoce en el acto «la búsqueda de una respuesta, más un acto mental que físico» (85), y llega a conectarse con su antepasado. Expresa su idea de arraigo: «todos intentamos encontrar un punto al que sujetarnos, una forma de anclaje» (144), algo que encuentra, finalmente, en la historia de su antepasado y en Isclacerta. Por eso, afirma: «aquellos días en Isclacerta fueron para mí como iluminaciones, respuestas, y permanecía siempre en mi memoria con la misma claridad de cosa revelada» (207); y: «siento como si fuese adquiriendo una corporeidad que antes no tenía, como si conductas que antes me parecían ajenas y sin relación sensible conmigo se me mostrasen igual que piezas de un rompecabezas que en mí va ajustando la verdadera forma de su conjunto» (246).

Ahora bien, Augé también comenta: «El habitante del lugar antropológico vive en la historia, no hace historia» (60). El lugar se mira «como un pedazo de historia» y los habitantes son «espectadores de sí mismos» y «turistas de lo íntimo» (61). *El heredero* se divide en dos partes paralelas, Isclacerta y «True Island». En la primera, Pablo Tomás contempla Isclacerta, junto con sus personajes y leyendas, como un pedazo de historia, un lugar antropológico, mientras que hilvana el relato familiar con frecuencia a través del punto de vista de la segunda persona. Utiliza el «tú» para hablar consigo mismo; se mira como a un espectador. Al recuperar su identidad en la raíz familiar, el narrador se transforma y dice: «sintiéndome cada vez más fuera de mí, cada vez menos yo y más tú» (296). Inmediatamente, la persona narrativa cambia de la primera a la segunda. El viejo 'yo' es reemplazado para renacer en el nuevo «tú»: «sentiste que tú eras de pronto más completo, que dentro de ti se ajustaban partes antes sueltas y deslavazadas» (297). Sin embargo, no se queda a vivir en Isclacerta. Después de la muerte de su abuela, emigra a EE. UU. para estudiar y trabajar, llevando consigo la herencia, la historia familiar y la identidad, simbolizadas en la casa de muñecas de su abuela. Pablo Tomás expresa su arraigo, no en el lugar material, sino en el sentido simbolizado del lugar antropológico, «en esa Isclacerta que se erige en mis sueños y va conmigo a donde yo voy» (298). En la mansión familiar vive en la historia, pero el protagonista quiere hacer historia, repetir

la aventura de su antepasado en América, y ser fundador de una familia.
Cree que:

> [...] no es preciso tener una etnia, una religión, un paraje ancestral, para que
> nuestra identidad sea vigorosa y esté cargada de historia y de leyenda, porque
> todas las historias y todas las leyendas, cualquiera que sea su procedencia, nos
> pertenecen con el mismo derecho a cada uno de nosotros, si queremos apro-
> piárnoslas (298).

De forma obsesiva, Pablo Tomás reproduce la aventura de su bisabuelo (327) y contrae matrimonio con una puertorriqueña, Patricia, con
quien vive en una casa parecida a Isclacerta. Se da cuenta de que «acaso
la fascinación por Isclacerta y sus leyendas me haya hecho buscar, sin
conciencia de hacerlo, esta otra Isla Verdadera en que he venido a
parar» (379). Su mujer, en un intento de hacerle olvidar Isclacerta, denomina la casa «True Island», que irónicamente forma paralelismo con el
nombre de la mansión familiar, ya que Isclacerta significa precisamente
«isla cierta/verdadera» (172).

Hasta aquí podemos ver cómo el lugar revela bajo el escrutinio del
narrador su sentido simbolizado y cómo se hace de los signos e indicios
de la historia familiar una identidad inteligible. Hace falta ahora descifrar
el lugar en sí, la mansión familiar Isclacerta, sobre todo su miniatura, una
casa de muñecas, herencia material del protagonista. Para entender este
espacio ancestral, recurrimos a la teoría de la producción de espacio de
Henri Lefebvre. En el libro *The Production of Space*, Lefebvre postula
que el espacio es un producto (26) y busca descifrar la producción y significación del espacio social. Sugiere una tríada, tres conceptos necesa-
rios, para analizar la producción espacial: la práctica espacial (lo percibido), las representaciones de espacio (lo concebido), y los espacios
representacionales (lo vivido) (Lefebvre 38-9). En *El heredero*, tenemos
un fundador, el bisabuelo Pablo Lamas. Es el creador-planeador de la
mansión familiar Isclacerta. La existencia de todo un linaje depende de
lo que se cuenta de los primeros antepasados con nombre y apellido, y
del espacio que éstos crean. Así habla el narrador de su historia familiar:
«Nada existe antes del Puertorriqueño y de la primera Soledad. Al
menos, no se cuenta nada de nadie, y ni siquiera parece haber estado allí
la comarca donde se iba a alzar Isclacerta». Nos dice después que con los

primeros antepasados «nacen también los escenarios y hasta los muebles y los cacharros de la costumbre, la idea del pasillo y paragüero, las singladuras entre el balcón y la galería» (9). Según Lefebvre, «The spatial practice of a society secretes that society's space» (38), es decir, la práctica espacial engendra el espacio. Para el narrador, no existe la comarca ni los objetos de la costumbre, hasta que sus antepasados producen el espacio a través de la construcción de Isclacerta y el diseño de los muebles y cacharros. En la narración del protagonista, sus antepasados se parecen a Adán y Eva e Isclacerta es «una especie de edén» (*El heredero* 43). La mansión familiar se sitúa en un sitio apartado de difícil acceso, entre las montañas. La arquitectura de la casa tiene un aire de chalet suizo o de casa nórdica que no se conoce por aquellos lugares: «los grandes muros de piedra, el tejado de pizarra a dos aguas, una escalinata que da paso a la puerta principal» (18). La verbalización de esta historia ancestral por parte del protagonista puede ser asociada al segundo concepto de Lefebvre, las representaciones de espacio. Éstas se refieren al espacio conceptualizado –inclinado por el sistema de los signos verbales–, que es el de los científicos, planeadores, urbanistas, ingenieros, etc., quienes «identify what is lived and what is perceived with what is conceived» (Lefebvre 38-9). Mientras que la casa causa estupor y asombro en la gente del pueblo, la localización y la construcción de Isclacerta manifiestan el estatus y la ambición del indiano, y su intención de fundador.

Sin embargo, para Pablo Tomás, Isclacerta es un espacio vivido atiborrado de signos y símbolos, tal como hemos visto en nuestra discusión sobre el lugar antropológico, entendido en su sentido simbolizado. En este aspecto, el espacio representacional de Lefebvre es relevante, porque es un espacio

> [...] directly *lived* through its associated images and symbols, and hence the space of «inhabitants» and «users» [...]. This is the dominated –and hence passively experienced– space which the imagination seeks to change and appropriate. It overlays physical space, making symbolic use of its objects. Thus representational spaces may be said [...] to tend towards more or less coherent systems of non-verbal symbols and signs (39).

Isclacerta, así entendida, es un espacio representacional con el que el narrador construye un sistema de símbolos y signos para poder apropiarse el espacio y recuperar su identidad personal. Además de recordar Isclacerta como una especie de edén, Pablo Tomás considera la alcoba de la abuela como «el corazón de la casa, el espacio íntimo y palpitante» (57). La alcoba, como el centro de la gran casa, tiene además «un centro en forma de casa», «el lugar más misterioso y venerable de su interior» (59); es la casa de muñecas, que «presidía su dormitorio como un altar» (10). Aquí tenemos «una Isclacerta en miniatura» (276), una miniatura del espacio representacional, y es donde se concentra, para el narrador, todo el valor simbólico e identificatorio de Isclacerta. El uso de la palabra «altar» dota a la casa de muñecas de una connotación histórica y casi religiosa. La casita fue adquirida por el Puertorriqueño y la primera Soledad, y al morirse la abuela, Pablo Tomás la hereda de ella y la lleva a EE. UU. para instalarla en su dormitorio de la casa «True Island». Siente que la casa de muñecas «es un talismán cargado de virtudes y de secretos, y que su propiedad me confiere muchos privilegios» (93). Se dedica a cuidarla y amueblarla, una manía que, junto con la composición de la crónica de Isclacerta, le parece «enfermiza» a su mujer (390). «Redolent with imaginary and symbolic elements», dice Lefebvre de los espacios representacionales:

> [...] they have their source in history –in the history of a people as well as in the history of each individual belonging to that people [...]. Representational space is alive: it speaks. It has an affective kernel or centre: Ego, bed, bedroom, dwelling, house; or: square, church, graveyard. It embraces the loci of passion, of action and of lived situations, and thus immediately implies time. Consequently, it may be qualified in various ways: it may be directional, situational or relational, because it is essentially qualitative, fluid and dynamic (41-2).

Isclacerta y su miniatura contienen la historia familiar del narrador como una estirpe, y su casa norteamericana, «True Island», es un mero trasunto de Isclacerta: «True Island era nuestro paraíso, éramos el Adán y la Eva de esta casita nuestra que parece una ampliación de la casa de muñecas erigida en nuestro dormitorio, la Isclacerta de todas las Isclacertas que en el mundo han sido» (381). La casa de muñecas conlleva una historia e identidad, y se convierte en el foco de obsesión de Pablo Tomás, porque como puntualiza el filósofo Gaston Bachelard en *The Poetics of Space*, «value becomes condensed and enriched in miniature» (150). La casa de muñecas adquiere la presencia de un altar o un talismán.

La abuela del protagonista también encuentra valores positivos en la casa de muñecas, ya que para ella «es mucho más que un juguete, es un cuento en forma de cosas, es una colección de recuerdos, es un sitio para esconderse sin tener que moverse ni agacharse, es una entrada a sitios que tú mismo puedes descubrir» (108). La casa de muñecas era «el espacio de toda Isclacerta donde ella se recluía para vivir más intensamente» (92); y solía vivir, de niña, otra vida paralela dentro de la casa de muñecas, lo cual es una manera de entender el mundo, como reflexiona:

> [...] quién sabe si en el fondo los humanos no vemos en las miniaturas una réplica de nuestro mundo más tranquilizadora que el verdadero, un empequeñecimiento en que se concentra una solidez que a nuestro tamaño no acabamos de comprender [...], tal vez las casas de muñecas nos ayudan a entendernos mejor (109).

Lo pequeño puede contener lo grande: «Miniature is one of the refuges of greatness» (Bachelard 155). Pablo Tomás también realiza esta práctica de espacio en la búsqueda de su identidad, para destrabarse del mundo externo y resistir la disolución del ambiente que le rodea (Bachelard 161). Llega a confundir Isclacerta con la casa de muñecas, incluso la nueva casa «True Island», le parece una ampliación de la de muñecas (381). Así imagina que «Isclacerta es una casa de muñecas, sólo un juguete, y un puro juego lo que nosotros, los muñequitos que la habitamos, estamos creyendo vivir» (146). Y más adelante:

> La fachada se abriría de par en par y tú descubrirías que la estructura del edificio era la misma que la de la casa de muñecas, y entrarías en él para adquirir la inmunidad de todos los fantasmas, y acaso descubrirías entonces que los cacharritos de juguete que el abuelo construyó se adaptaban con justeza a tu mano, y que Isclacerta era en realidad una casa de muñecas y tú el sueño de su infantil propietaria (299).

A pesar de haber emigrado a EE. UU., Pablo Tomás sigue viviendo suspendido dentro de una Isclacerta simbólica pero fantasmal. Se puede decir que pierde el equilibrio entre lo percibido, lo concebido y lo vivido, cuyas relaciones no son simples ni estables, ni siquiera son «'positive' in the sense in which this term might be opposed to 'negative,' to the indecipherable, the unsaid, the prohibited, or the unconscious» (Lefebvre 46). Por todo lo que ha contado sobre Isclacerta y la historia familiar a su mujer Patricia, ésta, al visitar durante el viaje de novios la mansión familiar –que ha sido vendida y convertida en un hotel–, siente que Isclacerta está «cargada de signos nefastos, como la casa de muñecas» (369-70). La mujer sufre pesadillas relacionadas con la casa de muñecas mientras está embarazada. Y la vida del protagonista da otra vuelta de tuerca: a causa de una niebla intensa, un gran barco ha destruido el puente y se ha cortado el tráfico de barcos en la isla, donde se sitúa la casa «True Island», mientras que la mujer se encuentra en un parto difícil. Se repite la historia, ya que al Puertorriqueño y a la primera Soledad les pasó algo parecido: una fuerte nevada aisló Isclacerta y Soledad murió en el parto, junto con el bebé. La ruptura en las dos historias paralelas se produce cuando un helicóptero por fin llega para llevar a Patricia al hospital. Este incidente, junto con la lectura del diario de su mujer, le hace comprender a Pablo Tomás que «ningún destino está escrito [...], que cada uno de nosotros tiene su propio tiempo. Quiero pensarlo y convencerme de que Isclacerta ya no existe» (401). Con un martillo, destroza la casa de muñecas. No conseguirá establecer con éxito su vida e identidad, y apropiarse el valor simbólico de Isclacerta y la casa de muñecas, hasta que se compre otra casa de muñecas nueva para estrenar «en ella nuestras propias historias y nuestros propios fantasmas» (402). Es el momento en el que el protagonista interioriza la práctica espacial de sus antepasados para producir su propio espacio mediante la representación del espacio y el espacio representacional. Por eso, puede concluir la crónica, diciendo: «Ya formo parte de este lugar con la seguridad de los fundadores, de los primeros habitantes» (402).

En nuestro análisis, la recuperación y transformación de la identidad del protagonista está ligada al espacio, que sirve para la transición de su yo a través de diferentes estados. El lugar identificatorio que hemos afirmado es un espacio liminal, en el sentido en el que Victor Turner, en *The Ritual Process: Structure and Anti-Structure*, ofrece sobre la «liminalidad» en la sociedad y cultura humana, mediante el proceso ritual. Todos los ritos de paso están compuestos por tres fases: separación, margen (o limen) y agregación. Turner expone así:

> The first phase (of separation) comprises symbolic behavior signifying the detachment of the individual or group either from an earlier fixed point in the social structure, from a set of cultural conditions (a «state»), or from both. During the intervening «liminal» period, the characteristics of the ritual subject (the

«passenger») are ambiguous; he passes through a cultural realm that has few or none of the attributes of the past or coming state. In the third phase (reaggregation or reincorporation), the passage is consummated. The ritual subject, individual or corporate, is in a relatively stable state once more and, by virtue of this, has rights and obligations vis-à-vis others of a clearly defined and «structural» type; he is expected to behave in accordance with certain customary norms and ethical standards [...] (94-5).

Al mirar *El heredero* de cerca, encontramos en Pablo Tomás pautas que encajan en las descripciones de Turner. El protagonista confiesa ser una persona apática y desinteresada en todo: no le ha «correspondido ningún protagonismo, ni el riesgo de tomar decisiones» (86). Su condición de desapego conforma la primera fase como «separación», ya que se encuentra desarraigado, separado de la estructura familiar. Durante su estancia en Isclacerta, Pablo Tomás entra en la segunda fase liminal pasando por un estado ambiguo e indeterminado en el que su identidad queda suspendida entre posiciones distintas. Por último, se reincorpora a la realidad de un modo definido y estructural al formar su propia familia en EE. UU.

Nos interesa en este trabajo sobre todo la fase liminal, por su relación con el espacio. Un limen es un umbral, una franja delgada, que no se encuentra ni dentro ni fuera de un edificio o cuarto, pero que conecta dos espacios; es un pasaje entre lugares (Schechner 58). Isclacerta es un espacio liminal en el hecho de que es un espacio-tiempo de paso. El protagonista llega a la mansión familiar como destino imprevisto, pero sale de allí con una meta en la vida, ir a estudiar a EE. UU. Pablo Tomás es consciente de su estado liminal:

> [...] estoy viviendo estos días en Isclacerta como uno de aquellos ritos de paso que servían para alcanzar la madurez de los habitantes en los pueblos primitivos. Antes me conformaba con no saber casi nada de los que me antecedieron [...], acomodado a mi propia experiencia como si fuese el centro mismo del universo, pero ahora comprendo que en todo lo que ellos vivieron hay partes, figuras, actitudes, que esperaban en mí un alvéolo familiar para incrustarse [...], que han debido de acabar prendiendo en la persona que yo soy (255).

Isclacerta es asimismo la conexión entre el pasado de la familia y el presente personal del narrador. Isclacerta, como un lugar antropológico, es el lugar ideal para los ritos de paso, porque «in specially marked space, transitions and transformations occur» (Schechner 57) y «what happens within a liminal time-space is "reinforced", emphasized» (58). En el estado liminal, el protagonista se transforma, a través del cambio de perspectiva narrativa y del leitmotiv del niño robado: «sentiste que no estabas en mitad de la pradera, sino en el *umbral* de un espacio acotado por señales que no podías ver, y un paso más te produjo otra sensación distinta, la de que eras sujeto de una imprevista transformación» (296; cursiva nuestra). En esta condición de ambigüedad, como una persona liminal, Pablo Tomás se siente abierto a otras posibilidades, aunque sean imprevistas. El umbral le sitúa en una posición a medias, ni aquí ni allí, como postula Turner que las personas liminales «are betwixt and between the positions assigned and arrayed by law, custom, convention, and ceremonial» (Turner 95). Sin embargo, durante esta indeterminación, el protagonista, vaciado de su identidad anterior y de su lugar asignado en el mundo, llega a ser inscrito con una identidad nueva e instalado en una realidad distinta (Schechner 58). Es de notar que la segunda parte de la novela, «True Island», empieza con un capítulo llamado «El otro». Después de la muerte de su abuela, el protagonista vuelve a Madrid. Declara que el otro, el verdadero Pablo Tomás, acaba por regresar a él: «el nuevo Pablo Tomás debió de ser el que llegó al final de aquel viaje» (308). Esta actitud concuerda con nuestro análisis de la fase liminal que ha sucedido en Isclacerta, y curiosamente coincide con el viaje diferenciador a través del movimiento espacial, hacia el otro (Certeau 110). Igual de interesante es el comentario del narrador acerca de las experiencias liminales que ha tenido en su vida y que se parecen a las salidas de sueños: «a largo de mi vida había ido atravesando espacios que parecían desembocar en una realidad más palpable y verosímil, como si yo hubiese ido experimentando las sucesivas salidas de sueños que se abrían a lo que al cabo venía a resultar también un sueño» (318). En la investigación del proceso ritual de Turner, los ritos de paso existen en diferentes situaciones, instituciones, sociedades, culturas, tiempos, etc. Con los cambios sociales, cambian también los rituales, e incluso pueden ser inventados para mantener el sentido de estabilidad (Turner 72-3). Lo que Pablo Tomás describe como salidas de sueños no deja de ser el estado ambiguo de la liminalidad que refuerza la transición o transformación de la identidad.

En conclusión, *El heredero* manifiesta el carácter fluido y cambiante de la identidad, que está ligada al lugar, sobre todo el de los antepasados. Este lugar se transforma, mediante el movimiento y la práctica espaciales, en una abstracción simbólica, que crea un espacio liminal donde el protagonista se reviste de una identidad nueva. Por lo tanto, en la novela de Merino, se puede apreciar el poder telúrico y su sentido simbolizado, aun en el narrador-emigrante, que se acomoda en un lugar nuevo heredando la práctica espacial de sus antepasados, y proclamando su propia identidad de fundador.

BIBLIOGRAFÍA

AUGÉ, Marc. *Los no lugares. Espacios del anonimato. Una antropología de la sobremodernidad*. Traducido del francés por Margarita Mizraji. Barcelona: Gedisa, 2004. [Ed. original en francés 1992.]

BACHELARD, Gaston. *The Poetics of Space*. Traducido del francés por María Jolas. Boston: Beacon Press, 1994. [Ed. original en francés 1958.]

CASTRO DÍEZ, Asunción. «La orilla oscura de la conciencia». *Aproximaciones críticas al mundo narrativo de José María Merino*. Eds. Ángeles Encinar y Kathleen M. Glenn. León: Edilesa, 2000: 225-43.

CERTEAU, Michel de. *The Practice of Everyday Life*. Traducido del francés por Steven Randall. Berkeley: University of California Press, 1984.

LEFEBVRE, Henri. *The Production of Space*. Traducido del francés por Donald Nicholson-Smith. Cambridge: Blackwell, 1991. [Ed. original en francés 1974.]

MERINO, José María. *El heredero*. Madrid: Alfaguara, 2003.

SCHECHNER, Richard. *Performance Studies*. London: Routledge, 2002.

TURNER, Victor. *The Ritual Process: Structure and Anti-Structure* [1969]. New York: Aldine de Gruyter, 1995.

Una inquietante suplantación en los espacios narrativos de José María Merino: del reino secreto de la memoria a los «no lugares» del ciberespacio

Teresa Gómez Trueba
Universidad de Valladolid

Introducción

En la vasta obra narrativa de José María Merino no es raro encontrarnos con una utilización del espacio que va más allá del mero decorado o telón de fondo sobre el que transcurren unas determinadas acciones. Tampoco se trata solamente de que el espacio funcione como la habitual metáfora del estado de ánimo del autor o de los personajes. Como bien vio Antonio Candau, muchas veces en la obra de este autor «los paisajes y lugares "hablan" narrativamente, generan la peripecia, guían la trama y mueven a los personajes» (Candau 53). Creo que ese protagonismo del espacio se mantiene a lo largo de toda su trayectoria, pero el tipo de escenario cambia sustancialmente en sus últimos cuentos.

En 1982 publicó Merino su primer libro de cuentos, *Cuentos del reino secreto*, especialmente valorado por el autor, y que ha sido reeditado en edición conmemorativa del 25 aniversario, en edición revisada y prologada por él mismo. En 1990 publicó otra colección de cuentos, bajo el título de *El viajero perdido* y, en 1994, los *Cuentos del Barrio del Refugio*. Sus cuentos publicados en libros entre 1982 y 1997, junto a otros textos, fueron posteriormente reunidos en *50 cuentos y una fábula* (1997). Más tarde el escritor leonés publicó los *Cuentos de los días raros* (2004). En la última década Merino ha cultivado el género del microrrelato en libros como *Días imaginarios* (2002) o *Cuentos del libro de la noche* (2005) que, junto con otros textos inéditos y dispersos hasta entonces, fueron recopilados en *La glorieta de los fugitivos* (2007), donde se contiene su «minificción completa». El último libro de cuentos publicado por Merino, al que dedicaremos especial atención, se titula *Las puertas de lo posible* (2008), y en él, al igual que en sus primeros libros, los cuentos tienen una mayor extensión. Mi intención en este trabajo es analizar la evolución del espacio en los cuentos de José María

Merino, haciendo especial hincapié en este último libro, donde encontramos una llamativa novedad en relación al tipo de espacio escogido como escenario.

En principio, su narrativa se ha tendido a relacionar con el paisaje leonés que el propio autor conoció en su infancia. José María Merino nació en La Coruña, el 5 de marzo de 1941, pero su familia se traslada pronto a León. Allí transcurre su infancia y juventud, y no es difícil descubrir el paisaje real de la provincia leonesa tras sus primeros cuentos. Con el tiempo, Merino amplia los escenarios utilizados en su narrativa, predominando la presencia de los espacios urbanos reales (mayoritariamente de Madrid). Asimismo, el entorno geográfico se amplía considerablemente en otras obras de madurez, como *Las crónicas mestizas* (1992) (*El oro de los sueños*, *La tierra del tiempo perdido* y *Las lágrimas del sol*), trilogía ambientada en América. Los cuentos de su último libro, *Las puertas de lo posible*, transcurren en un planeta post-apocalíptico, absolutamente desolado y donde ya no es posible encontrar ninguna huella de identidad regional o geográfica precisa. Es más, algunos de los personajes de los relatos que se contienen en este libro parecen habitar en una especie de «no lugar» del ciberespacio.

No es frecuente encontrarnos con la utilización de este tipo de escenarios futuristas en la obra de un autor de la generación a la que pertenece Merino, aunque como más adelante veremos, sí es cada vez más frecuente su utilización entre escritores más jóvenes. Más llamativo me parece incluso el uso de este tipo de escenarios por parte de un autor que ha tendido a ser identificado por la crítica con un grupo literario relacionado con un espacio geográfico determinado. José María Merino, junto a otros narradores como Juan Pedro Aparicio o Luis Mateo Díez, forman a decir de la crítica un grupo de escritores leoneses que se identifican, además de por la recuperación de ciertos procedimientos tradicionales para contar historias, por la presencia del paisaje de su tierra en sus obras. Un libro como *Las puertas de lo posible* sitúa a Merino muy lejos de ese escritor de sus inicios que apostaba por una obra literaria voluntariamente arraigada en una geografía concreta que se quería reivindicar, para hablarnos de un mundo en el que el proceso de globalización y vertiginosos avances tecnológicos han conducido al hombre a un estado de irremediable desarraigo y soledad. En las páginas que siguen intentaremos describir los pasos seguidos en ese proceso.

LA ÍNTIMA NECESIDAD DEL ARRAIGO ESPACIAL

Efectivamente, en un principio, lo más visible y destacado fue la utilización de espacios y escenarios teñidos de un tono convencional, de la ciudad o la provincia de León, con resonancias que cabe suponer en mayor o menor medida autobiográficas. No en vano, en sus inicios, José María Merino participó junto a algunos compañeros de generación, como Luis Mateo Díez o Juan Pedro Aparicio, en una especie de tarea reivindicadora de la geografía leonesa. Dicha actitud no se plasmó solamente en sus obras de ficción; la encontramos también y de forma más visible en el libro *Los caminos del Esla* (1980), realizado en colaboración con Juan Pedro Aparicio. En él se ofrece un recorrido por las localidades por las que circula el río, desde sus fuentes en las montañas del norte hasta su desembocadura en el Duero. En esta obra, ilustrada con fotografías del paisaje evocado, se denuncia el abandono de los pueblos a causa de la emigración, su aniquilación por culpa del progreso, la construcción de presas y pantanos, centrales hidroeléctricas o nucleares. La finalidad del libro era fundamentalmente la de denunciar los problemas de la tierra leonesa y señalar sus peculiaridades y el abandono e ignorancia que padece. Al mismo tiempo, el libro contiene una elegía y permanente alabanza de las bellezas del paisaje leonés. Antonio Candau advierte en este libro cierto aire noventayochista que pretende corregir el olvido de los del 98 con relación a León. Es decir, como antaño hicieron Unamuno, Baroja, Azorín o Machado con las tierras castellanas, encontramos en este libro la búsqueda «en ese paisaje del origen, del alma de lo que es León, la explicación de sus hombres y sus letras por la geografía» (Candau 40).

Como es lógico, tanto la geografía concreta de León, como esa preocupación «política», social o histórica del autor, presente en *Los caminos del Esla*, se traslada también a los cuentos escritos en aquella época, recogidos en los *Cuentos del reino secreto* (1982). En aquel momento la poética de Merino respecto al uso del paisaje parece clara y concisa. En varios de los artículos recogidos en *Las cenizas del fénix* (1985), Sabino Ordás, el apócrifo inventado por Merino, junto a Luis Mateo Díez y Juan Pedro Aparicio, expresa su preferencia por los novelistas que extraen paisajes y motivos de su propio entorno, de los lugares en los que han vivido y que han contribuido a formar su personalidad. En definitiva, expresa su predilección por la literatura que surge de la vida y no de la propia literatura. Concretamente, en el artículo titulado «Novela identidad», indica que la mejor forma de acceder a lo universal es narrando desde las propias raíces:

> Siempre preferí las obras que ahondando en lo particular nos llevan a lo universal. De las emociones pequeñas y cercanas uno pasa con más delectación a las grandes emociones que conmueven al mundo, como de los conocimientos de esa diminuta parcela geográfica que habitamos, al conocimiento del cosmos. [...] No es que uno se lance a la proclama banal del artista arraigado [...] Lo que quiero proclamar es el beneficio, para mí incuestionable, de la fidelidad a las propias identidades vitales y –por supuesto– culturales (Aparicio, Díez, Merino 85-6).

A partir de esta poética era de esperar que en los cuentos de Merino de aquella época el paisaje leonés adquiriera un protagonismo especial. Y aunque no podamos hablar de literatura comprometida, como bien vio Candau en su estudio del espacio en la narrativa de Merino, un libro como *El caldero de oro* (1981) adquiere mayor significado si tenemos en cuenta hechos como el del pantano de Riaño o los de otros embalses construidos que han transformado el paisaje (Candau 42). Lo mismo podría decirse respecto al cuento «La Torre del alemán» (*Cuentos del reino...*), en torno a un misterioso pueblo sumergido por la construcción de un embalse.

Fiel a la poética declarada por Sabino Ordás, y al igual que la novela *El caldero de oro*, los *Cuentos del reino secreto* se ubican en su totalidad en parajes leoneses, rurales y urbanos, de la infancia y adolescencia del autor. Es cierto que en las sucesivas entregas de cuentos, aunque no abandona por completo los paisajes del primero, encontramos una apertura geográfica hacia otras zonas de la Península, como Madrid en los *Cuentos del Barrio del Refugio,* todos ellos ambientados en un barrio madrileño semificticio. Pero, en cualquier caso, creo que en todos los libros de cuentos de Merino es una constante el tema del necesario arraigo del ser humano en un determinado lugar, generalmente, aunque no siempre, el paisaje de la infancia y la juventud. Es especialmente frecuente el motivo temático del personaje que después de un tiempo regresa a un escenario de su pasado, ocasionando con ello un reencuentro consigo mismo o con una parte recóndita y oculta del propio ser que había quedado sepultada con el paso de los años y la lejanía del lugar de origen. Así, por ejemplo, el narrador de «La noche más larga» (*Cuentos del reino...*) regresa a León, ciudad en la que transcurrieron algunos años de su juventud, para reencontrarse con un pasado que, aunque aparentemente había sido olvidado, moraba de forma extraña y problemática en su interior, con una necesidad imperiosa de volver a salir a flote. Similar situación encontramos en «Bifurcaciones» (*Cuentos del Barrio...*), en este caso con el regreso del protagonista al barrio madrileño en el que transcurrieron sus años universitarios y, al igual que en «La noche más larga», con el inesperado e imposible reencuentro con su primer amor, a través de una dimensión temporal desconocida y paralela a la de su vida cotidiana y familiar. En algunos casos, el anclaje en el propio paisaje responde más a una fuerza natural e incontrolable que a un deseo consciente del personaje. En «El museo», el narrador confiesa: «Mi designio en la vida era recorrer el mundo y escudriñarlo [...]. Nada más alejado de mi propósito que vincularme a un solo lugar, y menos a un lugar tan apartado de todos los caminos cosmopolitas como aquella casona» (*Cuentos del reino...* 151). Y, sin embargo, un poder incomprensible le llevó a permanecer durante más de 40 años en un viejo e insólito museo, sin fondos ni contempladores, creado por un antepasado suyo. También el protagonista de «El desertor» (*Cuentos del reino...*) necesita regresar a casa, en este caso para morir. La identificación del ser humano con el paisaje recibe incluso un tratamiento onírico en el texto que cierra los *Cuentos del reino secreto*, «El soñador», donde el protagonista sueña la extraña metamorfosis e integración de su propio cuerpo con el paisaje conocido y familiar.

En su segundo libro de cuentos, *El viajero perdido*, son frecuentes los personajes que, alejados de sus raíces, se ven abandonados en un espacio nuevo y desconocido, añorando los ámbitos domésticos que les son propios. Especialmente representativo es el relato que da título al volumen, «El viajero perdido», que puede ser incluso leído como una reflexión metaliteraria acerca del espacio en la narrativa. El narrador de este cuento, como tantos otros de Merino, es escritor y, a raíz de un fortuito encuentro en la calle con un hombre que estaba perdido, intenta escribir un relato sobre un viajero que no encuentra el camino de vuelta a casa: «teme que un día, en algunas de esas ciudades ajenas, no sepa

regresar al hotel e incluso se olvide de quién es. Acaso teme ser dominado por esos ámbitos en que suele moverse, siempre para él extraños y
hasta hoscos» (*Cuentos* 120). El tema reaparece de nuevo en algunos de
los textos de *Cuentos del Barrio de Refugio*, como «El derrocado»,
donde un hombre es suplantado en su vida por un doble, hasta quedar
absolutamente despojado de todas sus posesiones, incluido su espacio, y
condenado, como el viajero perdido, a un vagabundeo eterno y angus-
tioso.

También en algunos de los *Cuentos de los días raros* la configuración
del espacio resulta especialmente significativa. El cuento «Sinara, cúpu-
las malvas» nos habla de un hombre que, tras haber renunciado por
cobardía a la posibilidad de felicidad que le había ofrecido la vida, para
poder sobrevivir construye en su mente una maravillosa y utópica ciudad que se convierte en el paraíso al que regresar tras el penoso y duro
viaje de la existencia. El reino secreto de la infancia leonesa de José
María Merino ha sido aquí sustituido por una ciudad maravillosa e inexistente, la Sinara que da título al cuento, que solo adquiere forma en la
mente del protagonista, pero el tema sigue siendo el mismo: el necesario
arraigo del ser humano en un determinado lugar.

Llegados a este punto quiero advertir que no pretendo evidenciar
una simple evolución en el uso del espacio, en la narrativa corta de Merino, del escenario real de su biografía a otro más fantástico. Sería asimismo una interpretación errónea y demasiado simplista hablar en Merino
de una evolución del escritor regionalista a otro de miras más universa-
les. Ya para el Merino de *Los caminos del Esla,* el paisaje leonés que rei-
vindicaba estaba lleno de misterios y era especialmente propicio para
generar un relato fantástico. También por boca de Sabino Ordás declaró
Merino que en ese espacio del noroeste de España es fácil acceder a lo
mágico desde lo más cotidiano. En el relato «Valle del silencio», publicado en el primer libro de cuentos, leemos: «Aquí, el alma del paisaje es
activa, está como agitada, como pugnando por salir de sus cauces. Es
una vibración. Parece el pulso de un dios» (*Cuentos del reino...* 77). Lo
cierto es que si un rasgo nos permitiera englobar toda la obra de José
María Merino sería la íntima fusión que se da en ella entre lo fantástico y
lo familiar y cotidiano: «Confieso que en mi gusto literario –ha declarado el propio autor– están inextricablemente unidos lo sobrenatural de
lo cotidiano y lo doméstico de lo horrible, de modo que no escribo nada

que no se localice en esos territorios» («El cuento...» 21). Por supuesto, el «reino secreto» al que alude su primer libro de cuentos, aunque pueda ser fácilmente identificable con León, es ante todo un espacio que nace de la simbiosis entre el entorno cotidiano y la imaginación. A lo largo de los cuentos de este primer libro es muy frecuente que se perciba con mirada de extrañamiento el escenario que se suponía familiar y conocido. Lo que se pretende así es revelar las quiebras, los agujeros y fisuras que se esconden bajo la imperturbable y maciza apariencia de la realidad cotidiana, el «revés de lo real», en suma. Se trata de mostrar que el mundo en el que creemos vivir, tan sólido, plano y cotidiano, se halla en realidad presto a una maravillosa revelación.

Ahora bien, uno de los aspectos más fascinantes en la configuración de lo fantástico en los cuentos de Merino es su firme anclaje en la realidad habitual. Es decir, el paisaje familiar y conocido, bien sea León, Madrid o cualquier otro escenario más impreciso, es la puerta a través de la cual accedemos a ese otro reino secreto y escondido de la imaginación. En el prólogo a *50 cuentos y una fábula*, donde, en 1997, reúne todos los cuentos que había publicado hasta entonces, explica que al escribir *Cuentos del reino secreto* había tenido la intención de «naturalizar lo fantástico en mi experiencia», de tal forma que el libro fuera «un ejemplo de propósito de llevarme lo fantástico a mi ciudad, a mis aldeas, a mis primeros paisajes, para colorear con ello aquel mundo que, subyugándome en ciertos aspectos, me resultaba al tiempo tan adusto y hermético» (*Cuentos del reino...* 11). A lo largo de todos los libros de cuentos citados, Merino se esfuerza por resaltar lo convencional y familiar del escenario, muchas veces incluso echando mano de resonancias que cabe suponer autobiográficas, tales como viviendas familiares, pensiones, el metro, aulas universitarias, calles, bares y plazas de León, de Madrid, etc., de tal manera que el choque o contraste con lo insólito que se esconde debajo de esa apariencia de normalidad sea más fuerte e impactante. En «El acompañante», por ejemplo, se hace puntual referencia de las calles por las que transitan los personajes: «Caminamos un rato muy largo, dejando Pinilla, donde vivía Marisa, y recorriendo el Crucero, la calle Astorga, la estación, el puente, Guzmán, Papalaguinda y la plaza de toros. Habíamos pasado la Hispánica y nos acercábamos a la Venatoria» (*Cuentos del reino...* 121). No es raro encontrarnos con minuciosas ambientaciones que recurren a referencias geográficas o

urbanísticas, por ejemplo, del Madrid contemporáneo, fácilmente identificables para el lector. De continuo se incide en el contraste entre lo
convencional de un determinado escenario y la posibilidad de que en él
se produzcan sucesos extraordinarios: así, en «Mundo Baldería» (*Cuentos de los días...*), los personajes son capaces de trasladarse a los planetas
en que habitan sus héroes de ciencia ficción gracias a la intensidad de su
deseo y a la existencia de las apropiadas puertas dimensionales, que se
descubren en lugares tan inesperados o triviales como «la glorieta del
Ángel Caído, el espacio bajo la marquesina del cine Coliseum, los soportales ante la Casa de la Panadería y la entrada sur del Santiago Berna-
béu» (*Cuentos de los días...* 32). Asimismo, en «All you need is love»
(*Cuentos de los días...*), la interpretación de un insólito trío de instru-
mentistas consigue brevemente hacer visible el paraíso en un escenario
de fealdad tan emblemática como una estación del metro madrileño.

Creo que en el último libro de cuentos publicado por Merino, *Las
puertas de lo posible*, encontramos una diferencia sustancial respecto a
todo lo visto hasta aquí: ¿qué ocurre cuando el espacio real, familiar,
convencional ha desaparecido por completo?, ¿cuándo ya ni siquiera
existe un espacio reconocible a partir del cual poder fabular y construir
un mundo imaginario? Y no me refiero tan solo al consabido abandono
del paisaje familiar de la infancia con la obligada sensación de desarraigo que acompaña a tantos personajes de Merino. En *Las puertas de lo
posible* se habla de una pérdida mucho más radical e irreparable y de
unos seres humanos que se encuentran mucho más solos y perdidos de
lo que nunca antes estuvieron.

Para explicar el sustancial cambio operado en el último Merino, me
gustaría traer a colación una reflexión del escritor británico J. G.
Ballard, cuyas narraciones de ciencia ficción no están muy alejadas del
mundo que nos describe el escritor leonés en *Las puertas de los posible*:
«En el pasado siempre hemos supuesto que el mundo exterior que nos
rodea representa lo real, por muy confuso e inseguro que fuese. Y que el
mundo interior de nuestras mentes, con su contenido de sueños, ambi-
ciones o esperanzas, representaba el reino de la fantasía y de la imaginación. Me parece que estos papeles se han invertido» (Dery 296). Si el
paisaje de los anteriores cuentos de Merino parte de ese mundo exterior
que suponemos real y en el que posteriormente la fantasía del escritor
proyecta y descubre una dimensión imaginaria o fantástica, ahora nos

habla de un espacio exterior que se ha revelado como inexistente y falso, frente a unos personajes en cuyo interior solamente es posible encontrar ya la escasa autenticidad y realidad que queda en el mundo.

LA IRREPARABLE PÉRDIDA DEL ESPACIO PROPIO

En *Las puertas de lo posible,* es el profesor Souto, heterónimo del autor, quien presenta en el prólogo el viaje en el tiempo del que ha salido el encargo a Merino para que cuente estas historias. A partir de esta estrategia metaliteraria tan habitual en nuestro autor, se reúnen aquí 17 relatos que cabrían ser catalogados dentro del género de la ciencia ficción más clásica. Parte aquí Merino para su fabulación de la lógica de la ciencia contemporánea y de la atenta observación de la realidad presente, para profetizar las consecuencias previsibles en un futuro que se vislumbra casi a la vuelta de la esquina. Y como es habitual en las obras de ciencia ficción de esta naturaleza, su visión es pesimista.

El conjunto de cuentos está unificado por su temática futurista y también por personajes y motivos recurrentes. Se habla en ellos de seres humanos que viven en minúsculos apartamentos (30 metros cuadrados a lo sumo), entre ordenadores y robots, que se mueven por el ciberespacio, viajan en aeromotos y aeromóviles que cuentan con sus espaciopuertos y aeroestaciones, concebidas para el destino y amarre de las naves espaciales. Se trata de un mundo futuro regido por un gobierno totalitario que impone deberes religiosos y obliga a todos a vivir conectados a teleparedes por medio del necesario uso de telecascos, para recibir toda la información que precisan. Por si fuera poco, viven bajo la permanente amenaza de los «ecoterros» que atentan contra el sistema. Los protagonistas de estos cuentos se asemejan a autómatas condenados a una brutal alienación, cuyo mundo afectivo e intelectual queda totalmente controlado por absurdas normas externas que les son impuestas desde arriba. El libro se cierra con un Glosario del profesor Souto, donde se explica el significado de los neologismos empleados a lo largo de todos los cuentos; glosario que claramente pretende poner de manifiesto el irremediable empobrecimiento de nuestra lengua en el futuro. Un empobrecimiento lingüístico que funciona como metáfora de otras muchas pérdidas que tendrá que soportar el ser humano.

A lo largo de los 17 relatos, Merino pone especial énfasis en la descripción de los espacios y en un par de ocasiones, en los cuentos «El viaje inexplicable» y «Una leyenda», como venía siendo habitual en su trayectoria, incluye incluso referencias metaliterarias acerca de la importancia del espacio en la narración. En este último se confiere carácter mítico y legendario a los espacios futuristas del libro y el protagonista, que parece aquí un alter ego del propio autor, reflexiona en estos términos acerca de la importancia del espacio en la narración literaria:

> El último proyecto en el que he trabajado ha sido la recopilación de leyendas subsistentes en los lugares de tránsito y viaje, aeroestaciones, espaciopuertos, rutas… El viaje, por su incidencia en la percepción del tiempo, ha predispuesto siempre al ser humano a una relación peculiar con el espacio. Los especialistas conocemos muchísimas ficciones, casi arquetípicas, que en el pasado fueron elaboradas teniendo el viaje como tema central. Yo quise investigar lo que pudiese estar vigente en este tipo de historias y he ido recopilando bastantes: relatos que atribuyen a despoblados desnudos y desérticos un pasado de edificios y monumentos majestuosos o de maravillosos vergeles; la leyenda sobre ese viajero perdido y amnésico que recorre, errante e inmortal, las rutas del espacio; la leyenda sobre la nave fantasma cuyo avistamiento resulta funesto; esa otra muy divulgada sobre el satélite del tesoro (*Las puertas...* 209-10).

A partir de estas palabras, que bien podrían ser consideradas como una declaración de intenciones del propio autor, no me parece desacertado interpretar el conjunto del libro como una reflexión acerca de los cambios operados en la percepción de la realidad de los seres humanos, una vez que éstos hayan perdido todo contacto con un espacio geográfico reconocible.

Me gustaría detenerme ahora a analizar cuáles son esos espacios futuristas que aparecen descritos con minuciosidad en el libro y que parecen aspirar a adquirir esa categoría mítica que les confiere el protagonista de «Una leyenda». La recurrencia a través del conjunto del libro a motivos y personajes de la que hablaba más arriba es también extensible para los espacios. De hecho, la configuración del espacio en el que transcurren todas las historias podría quedar sintetizada en la descripción que se hace del planeta Tierra en el relato titulado «Terranoé»:

Tierra había llegado, hacía poco más de cien años, a su peor momento biológico: el oxígeno de la atmósfera se había enrarecido, en los mares, sólo algunos espacios conservaban la vida suficiente para asegurar cierta cantidad de cultivos piscícolas, las grandes selvas se habían convertido en espacios de vegetación rala, el agua de todos los ríos del mundo se recogía desde sus fuentes mediante complicados sistemas tubulares, los mares habían subido de nivel haciendo desaparecer todas las playas, y se podía decir que los parajes diversos que la memoria humana guardaba mediante los paisajes pintados en los museos, las fotografías y otros antiguos sistemas de reproducción química y electrónica, habían desaparecido […] Ahora, casi todos los lugares del mundo presentaban una perspectiva uniforme de tierras y montañas ocres y peladas, un aspecto desértico, y los espacios de verdor, dedicados a la producción de alimentos, estaban cubiertos de grandes bóvedas. Solamente en unos cuantos espacios muy escogidos y dispersos, se habían ido conservando los residuos del antiguo esplendor biológico (*Las puertas...* 104-5).

Se nos cuenta en este relato que fue entonces cuando se decidió escoger uno de los grandes satélites del sistema solar para reproducir en él, a modo de un Planeta Reserva, las condiciones de la Tierra en sus mejores momentos naturales. Solamente ese lugar conservaría la hermosura que la Tierra ya había perdido irremediablemente. A ese lugar se le llamó Terranoé y llegó a convertirse en un lugar mítico y legendario con el que soñaban los niños, quienes «coleccionaban las imágenes sonoras y en movimiento donde aparecían los animales salvajes viviendo en plena libertad […]» (*Las puertas...* 106). Los terroristas destruyen Terranoé, pero la gente necesita seguir creyendo en la existencia de este lugar, que se había convertido para los hombres en una especie de ámbito sagrado.

Pues en ese desolado y post-apocalíptico planeta es donde transcurren los relatos de este curioso libro. Todas las demarcaciones, forma arbitraria con la que se distribuía el territorio y por supuesto carentes de cualquier rasgo de identidad, cuentan con espacios expresamente dedicados a la diversión y el ocio, los llamados divertidores, y con espacios concebidos para retirar a los viejos cuando dejan de resultar útiles a la sociedad. Estos últimos son los llamados campos de viejos, que «se componían de diversos espacios para el ejercicio físico, jardines, salas terapéuticas, de oración, de juegos, de telepared, comedores, dormitorios con sus espacios higiénicos anexos: un conglomerado de edificaciones

oblongas, sucesivas, con apariencia de orden rígido» (*Las puertas...* 30).
En el mismo cuento, el titulado «Audaces», se nos describe también al
divertidor llamado Toledano, el cual tenía un gran anuncio repetido en
las paredes laterales: «Dicha puntual». Los divertidores, según se nos
explica en el glosario final que cierra el libro, son lugares expresamente
concebidos y diseñados para el pasatiempo, y en ellos pueden encontrarse baretos, tiendas de objetos superfluos, salas para telespectáculos,
salones para aventuras virtuales: caza, pesca, carreras, submarinismo,
alpinismo, guerra, asesinato en serie, y, en sus sótanos, discretamente
disimulados, los edenes, lugares concebidos para «los placeres sexuales
mercenarios» (*Las puertas...* 225).

Pero si parte de la vida de aquellas gentes transcurre en espacios artificiales construidos expresamente para una actividad, placentera o no,
absolutamente programada y dirigida desde las instancias del poder, el
resto de su existencia la pasan inmersos en una realidad virtual. Casi
siempre encerrados en minúsculos espacios cerrados, apenas tienen contacto directo con el mundo exterior, a excepción de aquella conexión
virtual que obtienen con sus telecascos o teleparedes. En la sociedad
descrita por Merino es una obligación llevar puesto un telecasco que
suministra y dosifica toda aquella experiencia de realidad que el ser
humano supuestamente necesita conocer. Cuando algún ser marginal
decide prescindir del telecasco, como el protagonista de «Poca cabeza»,
queda irremediablemente aislado de la sociedad, hasta el extremo de
que no comprende lo que los demás dicen. También de existencias virtuales nos habla «Tu rostro en la red», donde se cuenta la historia de un
hombre que se enriqueció gracias a un negocio muy próspero: por una
modesta cantidad mensual de créditos (el dinero ha desaparecido), un
periódico virtual incluía el rostro y el nombre de aquel que estuviera
sediento de fama, convirtiéndole así en auténtico héroe virtual. El protagonista de este relato nos ofrece un revelador recuerdo de su infancia:
«embelesado como todos los demás ante los episodios imaginarios, virtuales, que las telepantallas transmitían, en aquel laberinto de apartamentos minúsculos, encajonados entre las vías de tráfico de los aeromóviles y los coche patrulla, donde muy pocos espacios, todos lejanos,
permitían el juego al aire libre» (*Las puertas...* 181). En el relato que
abre el libro, «Ese Efe Can», la fabulación sobre las tremendas consecuencias de la expansión de la realidad virtual llega aún más lejos, pues

allí las personas son literalmente devoradas por los mismos ordenadores y llegan incluso a vivir en su interior.

En el exterior de esos minúsculos apartamentos o de esas zonas de retiro o diversión que semejan cárceles, solo quedaban «secarrales y zonas desérticas» (*Las puertas...* 33). Sin embargo, todavía queda gente que prefiere la vida en el exterior a aquella otra vida oculta bajo la simulación de sus telecascos: el anciano de «Audaces» añora el exterior y se escapa; también la doctora en biogenética que protagoniza «En la isla de Moró» abandona su trabajo seguro para «marcharse a los secarrales, a los páramos, a las montañas» (*Las puertas...* 149). Y ello a pesar de que en el exterior «el aire no olía y [...] les rodeaba un silencio que no estaba acostumbrado a percibir» (38). Un personaje de «Acuático» también adora «esos lugares salvajes, vacíos, las ruinas de antiguas granjas y viviendas, esas masas vegetales que surgen sin ayuda, esos bosquecillos que sólo pueden sobrevivir gracias a la lluvia» (*Las puertas...* 79).

Otros relatos nos hablan de granjas marinas donde se hacen experimentos genéticos («Lubines»), y en las que los animales creados, auténticos engendros monstruosos, acaban vengándose de los hombres. Y si no existen animales en libertad, tampoco hay ya agua en libertad: «Allí donde brotaba una fuente, se había incrustado un tubo conductor» (*Las puertas...* 71). El protagonista de «Acuático», cuya profesión consistía solamente en vigilar la seguridad de uno de esos conductos, «no podía comprender que el agua hubiese corrido alguna vez fuera de los tubos, le parecía una imagen propia de ese mundo salvaje, inhumano, en el que la naturaleza accesible aún no había sido domesticada» (*Las puertas...* 72).

Otros de los cuentos del libro trascurren en realidad fuera del planeta Tierra. En «El mejor terro» se nos habla de hombres que pasan sus vidas viajando en sus naves espaciales a través de la red planetaria. «Solysombra» se desarrolla en la terraza de la estación espacial de la Luna, punto de observación colgado sobre el abismo del universo. Desde la gran cristalera de ese privilegiado lugar se pueden observar las estrellas, los planetas del sistema, los juegos de luces y sombras que originan el Sol y la Tierra y cómo la terraza y el entorno quedan partidos en dos por el misterioso contraponerse de claridad y tiniebla. Es éste, para los personajes del cuento, un maravilloso fenómeno natural, y no expresamente por su belleza, sino porque «tiene los matices y las perspectivas de lo real, de lo que sucede en verdad, con certeza, resultando del juego planetario y no de los simulacros electrónicos» (*Las puertas...* 169-70).

Especialmente interesante para el tema que nos ocupa me ha parecido el relato titulado «Playa única». Se habla en él de la única playa natural que supuestamente queda en todo el mundo:

> Es una de las pocas que se salvaron cuando la Gran Marea anegó todas las costas [...] A unos quinientos metros de la orilla se alza el muro, una construcción de treinta metros de altura, cuyo espesor y solidez quedan disimulados por una transparencia que deja ver el nivel más alto del agua exterior, su azul rotundo, oscuro, salpicado por los infinitos cuerpecillos multicolores de las medusas, contrastando con el azul celeste de las aguas interiores, donde esos molestos celentéreos que infectan todos los mares del mundo no pueden entrar (*Las puertas...* 87).

Por la noche el muro sirve de soporte o pantalla para espectáculos y conciertos visuales y sonoros que se realizan para los turistas que los contemplan desde la arena de la playa. Pero al final del cuento se descubre que ese lugar es una ilusión óptica, es un paraíso inexistente: en realidad la playa única, como todas las otras playas del planeta, desapareció para siempre con la subida del nivel del agua. Lo que todos creen ver es una figuración, una ilusión: «Hace mucho tiempo que nuestros antecesores compraron el invento capaz de provocar en todos los cerebros la unánime percepción de esa imagen mental. Somos los únicos poseedores de esa técnica, y acordamos secretamente hacer uso de ella» (*Las puertas...* 93).

Las puertas de lo posible nos traslada a un extraño mundo post-apocalíptico en el que los hombres viven encerrados en una dimensión espacial virtual o simulada. Son los protagonistas de este libro personas tristes que añoran la vida en el exterior y el contacto real con un mundo que saben ya haber perdido irremediablemente. Podemos concluir que en este libro los espacios geográficos precisos que nos remitían a la infancia y juventud de Merino, a ese reino secreto de la memoria y la fantasía que podíamos ubicar en el paisaje leonés, han sido sustituidos por lugares virtuales o, mejor, por «no lugares».

LA FRECUENTE PRESENCIA DEL «NO LUGAR» EN LA ÚLTIMA NARRATIVA ESPAÑOLA

La crisis de la verdad de la era posmoderna ha coincidido, no casualmente, con el surgimiento de los no lugares virtuales del ciberespacio, que han trasformado las coordenadas del espacio y el tiempo. De ahí que no resulte extraño que un tema frecuente en el arte actual (quizá podríamos hablar de un «mito del arte posmoderno») sea la transformación de lo real por mundos posibles o virtuales, la reflexión sobre la suplantación del mundo por diferentes sistemas de representación. Si antiguamente la capacidad de capturar y duplicar el mundo automáticamente era un privilegio del espejo (motivo, por cierto, muy recurrente en la historia del arte y la literatura), ahora, «ese poder ha sido emulado por los medios tecnológicos –la fotografía, las películas, las grabaciones de audio, la televisión y los ordenadores– y el mundo se ha llenado de representaciones que comparten la virtualidad de la imagen especular» (Ryan 46). Por eso, si la playa de la que nos habla Merino en «Playa única» nos hubiera resultado un tanto incomprensible en uno de los cuentos que escribió por los años 80, ahora en cambio adquiere todo su significado.

Resulta un fenómeno interesante la tendencia cada vez más acusada de la ficción contemporánea a utilizar el mundo de la tecnología como referente temático. Me refiero a aquellas obras que incluyen de alguna manera en sus argumentos –a veces en forma de ciencia-ficción, otras de descripción realista– el protagonismo que las nuevas tecnologías tienen en nuestras vidas cotidianas. Cuando esa presencia es solo anecdótica o un tributo a la moda carece de interés. Sí lo tiene y mucho cuando dicha presencia parece un pretexto temático a partir del cual investigar acerca de la forma en la que estas nuevas tecnologías pueden modificar nuestra experiencia de la realidad. Pues, como bien advirtió el escritor norteamericano John Barth, «no hay razón para dudar que la experiencia de ser humanos seguirá siendo "refigurada" por cambios en la tecnología, como ha sido dramáticamente refigurada desde la revolución industrial, y que esta refiguración se verá reflejada –e incluso anticipada– en lo que será considerado como arte en el próximo siglo (por no ir más lejos)» (Barth 83).

Algunos pensadores contemporáneos han reflexionado profundamente acerca de la atracción posmoderna por lo hiperreal. Concretamente, gran parte de la obra de Jean Baudrillard se presenta como una meditación sobre el estatus de la imagen en una sociedad adicta a la duplicación de lo real mediante la tecnología. Los turistas que acudían entusiasmados a «playa única» en el cuento de Merino gozaban complacidos de la réplica de una playa, pues la auténtica había desparecido en la suplantación. Para Baudrillard la cultura contemporánea se caracteriza por una atracción fatal hacia los simulacros. Afirma que en la actualidad vivimos en un universo extrañamente parecido al original, en el que las cosas aparecen dobladas por su propia escenificación, pero este doblaje no significa una muerte inminente, pues las cosas están en él ya expurgadas de su muerte, mejor aún, más sonrientes, más auténticas bajo la luz de su modelo. Concluye Baudrillard que en la sociedad actual se ha cumplido la profecía anunciada o se ha cometido «el crimen perfecto»; es decir, no sólo se ha conseguido hacer desaparecer la realidad, sino que se ha enmascarado al mismo tiempo esa desaparición (como pretendían hacer aquellos que dirigían el próspero negocio de «playa única»). Y, en su opinión, esa desaparición, la consecución de ese crimen, ha sido posible precisamente gracias a los avances tecnológicos:

> El despliegue tecnológico significaría que el hombre ha dejado de creer en su existencia propia y se ha decantado por una existencia virtual, un destino por procuración [...] Vista desde esta perspectiva, la técnica se convierte en una aventura maravillosa, tan maravillosa como monstruosa se ve desde el lado contrario. Se convierte en un arte de desaparecer. Más que la transformación del mundo su finalidad sería la de un mundo autónomo, plenamente realizado, del que podríamos finalmente retirarnos (Baudrillard 60-1).

Creo que la visión del mundo que se desprende del libro de Merino tiene mucho que ver con esta idea y que además conecta con la estética del simulacro que caracteriza gran parte de la literatura contemporánea. El origen de dicha estética habría que buscarlo en la mejor narrativa norteamericana de las tres últimas décadas, con representantes tan ilustres como Thomas Pynchon o Don Delillo, seguidos por autores como Philip K. Dick, J. G. Ballard, Burroughs o William Gibson y el movimiento ciberpunk de los ochenta, que a su vez hunde sus raíces en la tradición de la moderna ciencia ficción popular escrita en los sesenta, con populares manifestaciones tanto en la literatura o el cómic como en el cine. La estética del simulacro tiene cada vez mayor número de adeptos entre los más jóvenes narradores españoles (aunque no tantos entre los escritores de la generación de Merino), pues lógicamente quien más ha dado cabida en sus narraciones a este asunto de la tecnología y la suplantación de lo real ha sido la primera generación de escritores para quienes las tecnologías de los reproductores y los grabadores de audio y vídeo, los juegos de ordenador y de realidad virtual no son en absoluto un elemento exótico, sino parte integrante de su realidad diaria. Me interesa conectar ahora la propuesta de Merino con la de otros narradores españoles contemporáneos que se sienten de igual modo fascinados por ese espacio virtual o simulacro de espacio que constituye el ciberespacio, pero también por esos otros tipos de «no lugares» que son las falsas ciudades creadas a imitación de las reales para el ocio o el descanso: los centros comerciales, los centros turísticos, las residencias de ancianos; otras formas, al fin y al cabo, de las sociedades contemporáneas de suplantar la vida auténtica por simulacros.

Antonio Masoliver Ródenas, en un artículo que pretende hacer un balance de las más importantes aportaciones de la narrativa española en el año 2008, habla de la aparición de un nuevo tipo de novela que distingue con la etiqueta de «novela apocalíptica». En ese grupo incluye títulos como *España* de Manuel Vilas, la trilogía *Nocilla* de Agustín Fernández Mallo, *Derrumbe* de Ricardo Menéndez Salmón o *El país del miedo*, de Isaac Rosa. Lo que tienen en común todos estos títulos es que nos trasladan a un mundo «en pleno proceso tecnológico, sin signos de heroísmo intelectual, donde los personajes lloran por su edad, por su tiempo. Un tiempo apocalíptico dominado por lo monstruoso» (Masoliver Ródenas 5). Efectivamente, en varios de los textos del inclasificable y extraordinario libro de Manuel Vilas, *España* (2008), y especialmente en el titulado «Breve historia del tiempo», se fabula, sin ningún tinte melodramático, acerca de un tiempo futuro en el que la historia llegará a desparecer, absorbida por la tecnología. En *El país del miedo* (2009) de Isaac Rosa, el protagonista, aterrado por el acoso constante de un joven delincuente, busca refugio y seguridad en uno de esos lugares tan frecuentados en nuestros días como son los centros comerciales. Es muy interesante la reflexión que se hace acerca de este lugar y lo que actualmente significa en nuestra sociedad:

> Nos retiramos a recintos seguros donde el miedo, al menos *ese* miedo, aún no logra tirar la puerta. Nos refugiamos en el interior protegido, frente

al exterior amenazado por la incertidumbre, por los otros, los desconocidos, los extraños. Buscamos techo y paredes, potente luz artificial, controles de acceso, derecho de admisión, vigilancia, cámaras. Así los centros comerciales, simulacro de calle a cubierto, de calle idealizada, donde encontrar todo lo que ofrece la vía pública –tiendas, bares, gente, entretenimiento, puntos de encuentro–, pero sin esas molestias que son propias del espacio urbano: sin pobres, por ejemplo, sin nadie que te suplique dinero o te espere a la salida de la boutique, sin mujeres con bebés en brazos que piden comida; y sin incertidumbre, sin desorden, allí todo está regulado, todo es previsible, hay unas escaleras que suben y otras que bajan, la entrada y la salida están diferenciadas, las limpiadoras barren la basura apenas toca el suelo, los escaparates brillan bajo los focos y los guardias evitan que nadie moleste, que nadie escandalice, no se puede gritar, cantar, correr, manifestarse, es una calle, ideal, aproblemática, limpia, limpiada (Rosa 110).

Similares escenarios aparecen en la novela *Derrumbe* (2008) de Ricardo Menéndez Salmón, parte de cuya trama gira en torno al parque temático Corporama que, al igual que el centro comercial que describe Isaac Rosa, adquiere un significado muy similar al que Merino confiere a sus divertidores o centros de retiro:

En el fin de los tiempos que llevamos viviendo hace años –había dicho aquella madrugada Menezes– hombres y mujeres nos congregamos en un espacio hasta hace poco desconocido. Ese espacio, que antaño pudo darse al amparo de un símbolo como la cruz o bajo el cobijo de una bandera, tiene en la actualidad aspecto de parque temático […] El único problema es que jamás estamos seguros de que lo que estamos aprendiendo sea real; el único problema […] es que a menudo nos asalta la sospecha de que nuestro mundo es una feria de simulacros, el parque temático de su propia sombra (Menéndez Salmón 73).

Todos los libros mencionados, cuyos autores son nacidos en las décadas de los sesenta y setenta, nos describen una sociedad que en muchos aspectos nos recuerda a la que aparece en el libro de Merino. Los escritores citados forman parte de lo que para algunos críticos puede considerarse ya como una nueva generación de narradores españoles (aun con la consabida polémica que arrastra el término «generación»), y que, haciendo referencia a la exitosa novela de Fernández Mallo, denominan generación *Nocilla*. Otros, aludiendo al título de una antología bastante representativa de la estética que supuestamente les unifica (*Mutantes*.

Narrativa española de última generación, Córdoba, Berenice, 2007), se han referido a ella como la generación de los *Mutantes*. Según afirma uno de los recopiladores de esta antología en el prólogo, uno de los criterios utilizados para seleccionar a los autores incluidos ha sido el de su contemporaneidad, en el sentido de que todos ellos practican una escritura firmemente instalada en el diálogo con el mundo contemporáneo, «un mundo en plena metamorfosis como consecuencia del Apocalipsis de la cultura humanista y la implantación de la lógica material y los procesos tecnológicos del capitalismo y el hiperconsumo como estilo de vida paradigmático» (Ferré 16). Por su parte, en una reseña de dicha antología, Antonio Gil González señalaba como rasgo diferencial más acusado del grupo cierta «conexión 'tecno-pop', de adecuación, por una parte, a los nuevos entornos tecnológicos de la cultura audiovisual, mediática o electrónica, y, por otra parte, a sus referentes e iconos de la cultura de masas absorbidos generacionalmente» (Gil González). Entre los relatos debidos a los integrantes de la llamada generación *Nocilla* o *Mutante* encontramos ficciones transcurridas en espacios muy similares a los que utiliza Merino en su libro; así, por ejemplo, el relato futurista de Carmen Velasco, «Spiroot» (seleccionado en la antología de Ferré), se desarrolla en un futuro lejano e hipertecnológico, habitado por extraños seres de extremada perfección corporal que ya no se reproducen a través del vientre materno. Estos seres humanos, cuya perfección les asemeja a las máquinas, al igual que los personajes de los cuentos de Merino (véanse, por ejemplo, «De ratones y princesas» o «Acuático»), apenas son ya capaces de amar o de sentir y cuando, excepcionalmente experimentan el amor o la atracción por otro ser humano, ello le parece al resto de la sociedad una anomalía monstruosa. Por su parte, Javier Fernández, en su novela *Cero absoluto* (de la que también se selecciona un extracto en *Mutantes…*), desarrolla el tan cinematográfico asunto de un mundo futuro donde la realidad virtual prácticamente ha sustituido al mundo real: todos están conectados y prácticamente nadie es capaz de soportar ese mundo real durante mucho tiempo sin drogas que atenúen el impacto de la luz natural, del contacto humano. Y, otra vez coincidiendo con nuestro autor, también en esta novela encontramos gentes que no quieren saber nada de esa realidad artificial y se refugian en reservas de realidad muy real, una de ellas llamada la Isla (como los robinsonarios en los cuentos de Merino, islas de los mares del sur que servían de refugio placentero a los millonarios), esperando encontrar una vida auténtica y natural. También la novela de Germán Sierra (otro de los autores seleccionado en *Mutantes*...), *Efectos secundarios* (2000), se ambienta en un futuro próximo en el que las corporaciones multinacionales han sustituido a los gobiernos. A lo largo de la novela algunos motivos temáticos muy afines a la estética posmoderna están reiteradamente presentes: la globalización, la tecnología, las obsesiones contemporáneas con el cuerpo y la farmacología. En la sociedad descrita por Sierra la publicidad ejerce un poder absoluto, hasta tal punto que las calles están esponsorizadas y los cuerpos humanos se han convertido en carteles publicitarios. Al igual que en los cuentos de Merino, se alude aquí a la posibilidad del clima artificial, y si en el cuento de éste «Tu rostro en la red» se reflexionaba acerca de la obsesión contemporánea por obtener una fama tan falsa como efímera, en la novela de Sierra también aparece este tema a través de un personaje que comercializa reproducciones de los famosos a escala real en muñecos de plástico (Sierra 187). Y de nuevo las ciudades artificiales, los centros comerciales o las residencias de jubilados, a las que parecen tan aficionados estos escritores, reaparecen como motivo recurrente en la novela de Sierra. Curiosa es la descripción de la ciudad de Cásena, «copia de sí misma, reconstruida según las directrices del cónclave de arquitectos reunidos por un alcalde con la intención de recuperar su esplendor medieval [...] un artificioso parque temático» (*Efectos secundarios* 93-4). Asimismo, muy similar al parque de retiro en el que vive el anciano protagonista del relato «Audaces» en el libro de Merino, es la descripción que se hace en la novela de Germán Sierra de la costa sur como un «gigantesco asilo de ancianos prematuros», como un «parque de atracciones» para prejubilados, como una de «esas reservas indias en Norteamérica» (Sierra 191-92).

CONCLUSIÓN

El motivo del simulacro, de la suplantación de la realidad por su réplica, debe resultar especialmente grato a Merino, si tenemos en cuenta que en uno de sus primeros cuentos, «El nacimiento en el desván» (el primero de *Cuentos del reino secreto*), toda la trama gira en torno a una maqueta que reproduce a pequeña escala, pero con total exactitud, el pueblo en el que se desarrollan los hechos. Pero creo que hasta su último libro de cuentos, *Las puertas de lo posible*, el tema no había adquirido toda la importancia que revela hoy, al poderse considerar como una llamada de atención sobre un fenómeno presente ya en nuestras vidas cotidianas, al tiempo que conecta con una estética, la del simulacro, absolutamente vigente. De lo que nos habla aquí Merino, coincidiendo en ello con otros jóvenes narradores con quienes los críticos nunca le han puesto en relación, es de la sustitución del lugar geográfico que nos conecta a nosotros mismos, a nuestra vida y a nuestra historia, por un simulacro, por una réplica perversa que ha sido diseñada con total exactitud, para que así pueda ser olvidado el modelo. Pérdida del espacio real, original, que conlleva irremediablemente la pérdida de la autenticidad.

En el título de este trabajo aludo a la evolución de los espacios de la narrativa de Merino hacia el «no lugar». Según Marc Augé, la posmodernidad es productora de lo que él entiende como «no lugares», es decir, espacios que se oponen a los lugares antropológicos. Los «no lugares» serían los espacios previamente concebidos y constituidos con relación específica a ciertos fines, como son el transporte o tránsito, el comercio, el ocio, etc. Augé se refiere en su estudio a la proliferación en nuestros días de determinados espacios de tránsito y de ocupación provisional (las grandes cadenas de hoteles, los *resorts* de vacaciones o las complejas redes de medios de transporte), a partir del hecho incuestionable de que una porción cada vez mayor de la humanidad vive buena parte del tiempo fuera de lo que cabría interpretar como su territorio. Recordemos ahora la vieja fascinación de Merino por el motivo del viajero perdido, que dio incluso título a uno de sus primeros libros de cuentos. Precisamente el espacio del viajero sería el arquetipo del «no lugar» y, aunque pueda parecer paradójico, el extranjero perdido en un país que no conoce (el extranjero «de paso») sólo se encuentra seguro en esos «no lugares», en el anonimato de las autopistas, de las estaciones de servicio, de los grandes supermercados o de las cadenas de hoteles. Pero mientras que los lugares antropológicos crean lo social orgánico, hoy la frecuentación habitual de los «no lugares», con la consecuente falta de mediación humana que hay en ellos (basta un cartel o una pantalla) entre el individuo y los poderes públicos, ofrece la posibilidad de una experiencia sin verdadero precedente histórico de individualidad solitaria (Augé 120). La experiencia del «no lugar» nos conduce, en suma, a la soledad más extrema, a lo provisional y a lo efímero, a un eterno estado de tránsito, quizá a una forma posmoderna de alienación.

Al mismo tiempo, tanto en sus modalidades más limitadas, como en sus expresiones más exuberantes, la experiencia del no lugar es indisociable de una percepción más o menos clara de la aceleración de la historia y del achicamiento del planeta (Augé 122). Si para el Merino de los *Cuentos del reino secreto* o de *El viajero perdido* era tan importante la vinculación y el anclaje personal con un determinado territorio, lo que le llevaba a citar con gran precisión el nombre real de calles, pueblos o ciudades conocidas y a describir con veracidad geográfica no exenta de nostalgia los escenarios de sus historias, en el planeta que nos describe ahora los personajes ya no atraviesan nunca ciudades o paisajes reales. En realidad, el mensaje que nos quiere comunicar Merino es que todos hemos dejado de hacerlo desde el momento en que ha dejado de ser posible o necesario. Y no es necesario hacerlo desde que los puntos notables o «de interés» de cualquier región están ya hoy debidamente señalizados en carteles y folletos que contienen toda la información que supuestamente prescindimos saber. Hemos perdido el espacio propio y auténtico y, al mismo tiempo, hemos perdido la historia. Si en la estética de la modernidad, el choque y la imbricación entre lo nuevo y lo antiguo fue una constante, los «no lugares» del posmodernismo no integran o absorben los lugares antiguos, sino que más bien éstos son catalogados, clasificados y convertidos en categoría de «lugares de memoria», para cumplir un fin preconcebido y específico. Recordemos que Sierra nos hablaba en su novela *Efectos secundarios* de una ciudad que ha sido reconstruida con la finalidad de recuperar su esplendor medieval, convirtiéndose así en una copia de sí misma, o en un artificioso parque temático. La denuncia de la conversión de la historia en un espectáculo turístico aparece también en los relatos de Merino (recordemos, por ejemplo, que en el divertidor Toledano, se ofrecía, entre otras atracciones, un museo replicante de los tiempos remotos). La posmodernidad ha convertido a lo antiguo (la historia), así como a cualquier tipo de exotismo o de particularismo local (tan característico del primer Merino), en un espectáculo específico para ser anunciado en los catálogos de las agencias de viaje.

El «leonismo» (si se me permite la expresión) de Merino ha cambiado en sus últimos libros publicados; si no ha desaparecido del todo, al menos sí ha ido atenuándose por el camino. No creo que esa pérdida haya que achacarla a un olvido o a una repentina falta de aprecio por lo que siempre fue para él el reino secreto de la infancia. Más bien creo que nuestro autor ha tomado conciencia de que cualquier tipo de exhibición de un determinado particularismo local, de la idiosincrasia de un determinado paisaje, en este caso el de la provincia de León, en los tiempos que corren corre el riesgo de convertirse en impostura, en espectáculo fácilmente vendible a un público que todavía anhela consumir un producto exótico extraído de los tiempos remotos.

BIBLIOGRAFÍA

APARICIO, Juan Pedro; MATEO DÍEZ, Luis, y MERINO, José María. *Las cenizas del Fénix, de Sabino Ordás*. Madrid: Calambur, 2002.

AUGÉ, Marc. *Los no lugares. Espacios del anonimato. Una antropología de la sobremodernidad*. Barcelona: Gedisa, 1993.

BARTH, John. «Visita al postmodernismo: reseña amateur de un novelista profesional». Cristina Garigós (ed.). *Textos sobre el postmodernismo*. León: Universidad de León, 2000: 67 y ss.

BAUDRILLARD, J. *El crimen perfecto* [1996]. Barcelona: Anagrama, 2000.

CANDAU, Antonio. *La obra narrativa de José María Merino*. León: Diputación Provincial de León, 1992.

DERY, Mark. *Velocidad de escape*. Madrid: Siruela, 1998.

FERRÉ, Juan Francisco. «La literatura del post. Instrucciones para leer narrativa española de última generación». *Mutantes. Narrativa española de última generación*. Córdoba: Berenice, 2007: 7-21.

GIL GONZÁLEZ, Antonio J. Reseña a *Mutantes. Narrativa española de última generación* (Córdoba, Berenice, 2007), <http://vicenteluismora.blogspot.com/2008/02/mutantes-firma-digital-invitada-antonio.html>.

MASOLIVER RÓDENAS, Antonio. «Puertas abiertas en la narrativa en lengua española». *Ínsula* (Almanaque 2008) 747 (marzo 2009): 2-6.

MENÉNDEZ SALMÓN, Ricardo. *Derrumbe*. Barcelona: Seix Barral, 2008.

MERINO, José María. «El cuento narración pura». *Ínsula* 495 (1988): 21.

— *El viajero perdido*. Madrid: Alfaguara, 1990.

— *Cuentos del Barrio del Refugio*. Madrid: Alfaguara, 1994.

— *Cuentos*. Madrid: Castalia, 2000.

— *Cuentos de los días raros*. Madrid: Alfaguara, 2004.

— *Cuentos del reino secreto* [1982]. Madrid: Alfaguara, 2007.

— *Las puertas de lo posible*. Madrid: Alfaguara, 2008.

ROSA, Isaac. *El país del miedo*. Barcelona: Seix Barral, 2009.

RYAN, M-L. *La narración como realidad virtual. La inmersión y la interactividad en la literatura y en los medios electrónicos*. Barcelona: Paidós, 2004.

SIERRA, Germán. *Efectos secundarios*. Madrid: Debate, 2000.

VILAS, Manuel. *España*. Barcelona: DVD, 2008.

ESPACIO Y MEMORIA EN *TIERRA MAL BAUTIZADA*, DE JESÚS TORBADO

Asunción Castro
Universidad de Castilla-La Mancha

Tierra mal bautizada (1968)[1] relata el viaje que Jesús Torbado hizo a finales del verano de 1966 por Tierra de Campos en un exhaustivo recorrido por los innumerables pueblos tanto del interior como de la periferia, y a lo largo de las provincias de León, Zamora, Valladolid y Palencia en que se reparte esta comarca geográfica natural. Jesús Torbado, que había pasado su infancia en San Pedro de Dueñas, en la parte leonesa de Campos, regresaba tras años de ausencia a su tierra para describirla desde la perspectiva ya del escritor adulto. El interés que me guía ahora no está solamente en la materia espacial en sí misma (algo que podemos encontrar en las guías, en los tratados geográficos e históricos), sino en la personal configuración literaria que el autor hizo de su recorrido por la zona de Campos.

Esto me lleva a una primera y necesaria consideración sobre el género del relato de viajes, tradicionalmente asociado a los géneros históricos o documentales, pero actualmente vinculado definitivamente con la invención literaria. En el libro de viajes, es cierto que interesa el espacio, la geografía concreta, los lugares recorridos, las costumbres de unas gentes, pero todo ello queda subsumido en una estructura mayor: el relato del viaje, y esa sí es una estructura ficcional en la que el autor ha integrado la realidad espacial en su complejo imaginario, combinada con sus vivencias particulares. De modo que el relato del viaje no es el registro fiel sin más de la realidad externa, por más objetivo que quiera ser. El autor, en la escritura, confiere un sentido a la experiencia del viaje y eso

---

[1] El libro apareció por primera vez en la editorial Seix Barral, Barcelona, 1968. Del interés por la obra da fe la espaciada pero ininterrumpida serie de reediciones que ha tenido hasta la actualidad: Círculo de Amigos de la Historia, Madrid, 1977; Emiliano Escolar editor, Madrid, 1981; y Ámbito, Valladolid, 1990, que ha seguido reeditando la obra al menos en seis ocasiones. Cito por esta última edición.

diferencia al libro de viajes de la guía, del registro puramente documental, y afirma la condición literaria del género.

En principio, *Tierra mal bautizada* se ajusta a la factura clásica del género; es el relato de un viaje real, donde el narrador es el propio viajero, y donde el tema y la estructura vienen determinados por un recorrido espacial concreto, en este caso por la Tierra de Campos. El relato del viaje asume las anécdotas del recorrido, incorpora diálogos con personas reales, deja abundante espacio para las descripciones que recrean espléndidamente el paisaje y se complementa con abundante documentación de índole sobre todo histórica, pero también antropológica, artística o geográfica. Pero además, en este libro hay una implicación fundamental de la memoria personal, y esto confiere a *Tierra mal bautizada* una particularidad esencial. Porque lo que recorre el viajero no es una geografía desconocida con ánimo de descubrirla y dejar testimonio de su experiencia, sin más. Lo que recorre es un lugar familiar para él, el territorio donde vivió su infancia, los caminos ya conocidos, las costumbres, gentes y paisajes recordados. De modo que en el libro del viaje se encuentran y confrontan el espacio presente del recorrido, con el espacio de la memoria de la infancia. Necesariamente el relato del viaje se carga de subjetividad. El viaje se interioriza; sobre el relato del recorrido efectivo se sobrepone otro viaje por la memoria personal del escritor y también, como veremos, por la memoria histórica. De modo que importa, sí, la geografía recorrida, pero interesa, sobre todo, cómo ésta es interpretada por el viajero-autor.

Predomina en el libro un marcado tono crítico y no pocas veces dolorido que opera desde el mismo título –*Tierra mal bautizada*– orientando al lector hacia una lectura subjetiva. Tierra de Campos no es lo que su nombre sugiere, sino un lugar seco y pobre y deshabitado y con escasas perspectivas de futuro para sus habitantes, donde los vestigios de un pasado heroico yacen desvencijados por el paso del tiempo, inútiles y olvidados para los habitantes de un presente siempre igual. Dos motivos recurrentes se alían a lo largo del libro para significar la denuncia: la miseria y el contraste entre el pasado histórico glorioso y el presente arruinado.

La intención manifiesta en el título se continúa expresamente apenas el lector pasa una hoja y posa la mirada en las citas preliminares que anoto a continuación:

Se planta un árbol, y se seca;
abrís una fuente, y se agota;
cuidáis un pájaro y se muere.
J. G. Garrido

Y este otro conocido fragmento de Antonio Machado:

...por donde cruza errante la sombra de Caín.

Aun antes de comenzar el relato del viaje propiamente dicho, el lector se topa con un «Prólogo sentimental», como el mismo autor lo define, escrito apenas concluido el viaje, y que le orienta inequívocamente en el sentido y la intención con que el libro ha sido escrito y, por tanto, debe ser interpretado. Comienza este prólogo con una larguísima cita tomada del libro de Don Julio Senador Gómez, *Castilla en escombros* (1915), donde este ilustre notario que fue de Frómista, entre exabruptos y expresiones airadas, se queja de la incuria en que los «politicastros de un régimen podrido» y los periodistas y literatos tienen a un pueblo antaño glorioso que «hoy, desquiciado y vencido, se pudre al sol como un cadáver insepulto» (*Tierra...* 18). A esta cita, con cuya intención Torbado se identifica al aplicarla a Tierra de Campos, se irán sumando a lo largo del libro otras referencias de voces críticas y eruditas que vienen a afirmar una y otra vez lo que el viajero va a constatar en su recorrido: el abandono secular de una tierra árida y progresivamente despoblada que languidece entre recurrentes promesas y planes de desarrollo y regadío que nunca se llevan a la práctica.

Pero el autor no se limita a la crítica más o menos erudita y documentada en fuentes bibliográficas. También se duele con su tierra y en el mismo prólogo, con un tono emotivo, casi rabiosamente dolorido, justifica la obra y ofrece sus claves en su declarada pertenencia a la tierra recorrida: «El viajero que uno es no fue a Tierra de Campos como turista a su patria, sino como emigrante arrepentido» (20). Y más aún, ofrece al lector una confesión personalísima no exenta de rabia:

Antes de que los pueblos quedaran totalmente vacíos, antes de que se calcinaran sus huesos roídos de cadáver insepulto, o antes de que las aguas que allí prometieron llevar arrastraran *tantas cosas que uno vivió durante los amargos días de la niñez*, cuando desayunaba sopas de ajo y pimentón y se

lanzaba al campo en busca de perdices, de espigas abandonadas, de men-
drugos, de leña para el fuego y de tiempo inútil que era preciso matar, *uno
ha vuelto con la mayor pureza y el más grande amor* (19; la cursiva, en esta
cita y en las siguientes, es mía).

Por lo tanto, el prólogo está orientando desde el principio el sentido
del recorrido. De un lado hacia la crítica y la denuncia. De otro, hacia el
reencuentro con la memoria personal. Cuando el lector comienza a leer
el relato propiamente dicho del viaje, ya conoce las claves fundamentales para su correcta interpretación.

La relación del viaje aparece continuamente salpicada por los breves
diálogos a que dan lugar los encuentros del camino, por retazos del
recuerdo, o por magníficas descripciones mediante las que el autor vuelve a fijar los paisajes que formaron parte de su infancia. Reiterativa es la
monotonía del paisaje árido, el repetido gesto en los pueblos –escasos en
turistas– de visitar el castillo o la iglesia a menudo abandonados a la
desidia, espléndidas joyas artísticas expoliadas por el abandono y la des-
población, y recuerdo polvoriento del forjarse de la historia de España.

De la repetición de unos mismos motivos a lo largo del camino, surge
como discurso crítico vertebrador fundamental del relato la continua
confrontación entre el pasado heroico y el presente arruinado, la consta-
tación de que la Historia es un lastre para el desarrollo industrioso del
presente de Campos. Esta tierra, que cuenta entre sus hijos a Jorge Manrique, a los pintores Berruguete, a tantos prohombres ilustres –guerre-
ros, nobles, arzobispos–, la tierra donde se escribieron las páginas fundamentales de la historia de España, es hoy solo un montón de barro
seco, cuna de campesinos pobres y desconfiados, escépticos, de parco
hablar, y resignados con su suerte. Por doquier se multiplican las imágenes del deterioro: monasterios convertidos en gallineros, iglesias arrum-
badas que sirven de refugio de palomas, tapias caídas, pueblos con la
población mermada que viven al margen del progreso y la industria,
calles con «olor a boñiga y cagajón», y todo del mismo color de la tierra
con la que se levantan las casas de adobe. Abundan las valoraciones críticas y las descripciones desmitificadoras. Los pueblos mejor considerados de la comarca no merecen más elogio que Melgar, del que se dice:
«es sólo un montón de barro trabajosamente levantado sobre otro
barro» (36). Mayorga «tiene mucha historia encima de su espalda encor-

vada y gris [...] pegada a sus huesos secos» (42). «Belver de los Montes es grande y destartalado como corresponde a uno de los más famosos despojos de la historia» (72). En cambio, de Villanueva del Campo se dice que «la falta de historia ha proporcionado al pueblo una especie de civilización moderna» (54). Como «un montón de miseria histórica» (52) califica el viajero a las ruinas ya irreconocibles de algo que pudo ser iglesia o castillo, en una tierra donde lo que hace falta es regadío, planes de desarrollo y dinero para limpiar de ruinas las calles y sacar a Campos del olvido en que lo ha dejado tanta Historia. En algunos fragmentos la queja y la denuncia se hacen más explícitas:

> La historia, el honor del Condestable, la victoria de Almanzor, el amor popular a la Virgen están enterrados por los bares sin retretes, las calles con olor a excrementos y las sillas de las comadres que tejen sus trapos al sol (80).

> Tapias derruidas, callejuelas, corrales, montículos como espasmos de tierra, excrementos de ovejas y de personas, cardos secos: todo este paisaje desolador habitual de los pueblos terracampinos, hollados por ínclitos guerreros, sabios obispos, gentes gloriosas, etc. (120).

> Y siempre ese Dios al que fueron levantadas por los campesinos iglesias como catedrales y castillos de piedra para defenderlos, mientras ellos viven en casas de barro defendidos sólo por la misma tierra de que están formados (73).

> Aquí todo lo hizo el pueblo y todo fue deshecho por los siglos (101).

Una historia que, como dice el viajero, «sólo habla de guerras, sangres, ruinas y traiciones. Y si acaso menciona un dulce hecho amoroso, lo envuelve enseguida con trágicas noticias invernales y bélicas» (93). La desmitificación alcanza a la propia literatura, inútil en el sardónico discurso que el viajero lanza desde las ruinas de uno de tantos castillos:

> Antes de dormirme yo, al pie del muro de barro, tumbado cara al cielo, quiero hablar con alguien, echar un discurso desde estos gloriosos vestigios, para descansar tranquilo, para verter un poco de puerca literatura sobre estos campos que sólo eso supieron conseguir de los hombres (73).

El tono es inequívocamente heredero del 98 –salvando las distancias, claro está–, cuyos autores tiene Jesús Torbado muy presentes. De modo que, al frente de todas estas páginas, podrían muy bien figurar aquellos versos de Antonio Machado que Torbado también cita: «Castilla miserable, ayer dominadora,/envuelta en sus andrajos desprecia cuanto ignora». El tono noventayochista preside todas las reflexiones. Los juicios se refieren siempre a Tierra de Campos, pero a veces se extrapolan al conjunto de Castilla: «Ella [Castilla], de todas maneras, ancha o estrecha, estaba de antemano condenada a vivir y a morir encerrada sobre sí misma, defendida por castillos en ruina y alcores de poco más de ochocientos metros de altura...» (90).

Este discurso crítico se va articulando a lo largo de todo el viaje mediante distintos procedimientos. Los juicios y las valoraciones surgen constantemente, como en los fragmentos antes citados, al hilo de lo visto y oído en el camino. Pero además, al relato del viaje se suman otras secuencias denominadas «Pasos», que se reparten intercaladas entre las leguas del camino interrumpiendo provisionalmente el relato. En estos «Pasos» incluye el autor reflexiones personales, junto con estadísticas, datos históricos, geográficos o antropológicos convenientemente documentados que aparecen redactados en forma de ensayo crítico y subjetivo y que apuntalan y confirman cuanto el viajero ha relatado en su observar a lo largo del camino.

Pero no sólo los pasajes redactados en forma de ensayo crítico o los juicios valorativos expresados a lo largo del camino se bastan para sustentar la denuncia dolorida de la tierra. También en los fragmentos que podríamos considerar como más estrictamente literarios se plasma abiertamente la intención del autor. Me refiero fundamentalmente a las descripciones, abundantísimas en *Tierra mal bautizada*, como el propio escritor justifica en uno de los «Pasos»:

> Las descripciones paisajísticas han pasado mucho de moda a partir del primer tercio de nuestro siglo. Parece ser en nuestros días un pecado que no se perdona al escritor. Un libro de viajes, sin embargo, como documento serio y no como un simple ejercicio de estilo, debe forzosamente retratar con fidelidad la región recorrida (142).

Efectivamente, la descripción parece imprescindible en la construcción del espacio, motivo ineludible en el género de viajes. Con un lenguaje preciso y muy rico en matices, Torbado va dibujando en pinceladas rápidas y sintéticas el paisaje terracampino. Las páginas se llenan de descripciones, en anotaciones sueltas o en sintaxis prolongada que fija largamente la mirada. Heredero del gran paisajista que fue Baroja, Torbado interrumpe constantemente el relato del viaje, atento a la sensación, para dibujar el espacio que lo rodea con mirada de pintor impresionista. Dibuja el espacio y la impresión suscitada:

> El río, a la derecha, hace un sesgo hacia el páramo, antes de meterse en el pueblo. Sobre las colinas de la izquierda, como una marquesina de sangre llegan los rayos del sol a estrellarse un poco más allá del río, iluminando las puntas de los chopos. Junto a la carretera crecen yerbas amarillas, cardos pálidos y espinos repletos de majoletos y tapaculos aún sin madurar. El viento de la mañana va templándose poco a poco, al mismo tiempo que la atmósfera pierde su diafanidad intensa y se llena de luz. Ha desaparecido el vaho producido por la evaporación del rocío. El suelo comienza a brillar por sí mismo, como un foco pálido, inmenso. La carretera tiene baches y dos franjas de polvo que la separan de las cunetas llenas de vegetación agostada (30).

La función de las descripciones es, evidentemente, y en primer lugar, la construcción del espacio. Pero también la expresión de la sensibilidad y, sobre todo, en *Tierra mal bautizada*, esto se relaciona con la intención dolorida y crítica del escritor. El paisaje se subjetiviza en la expresión del contemplador. La adjetivación sensorial se mezcla con otra de carácter valorativo que se carga mayoritariamente de connotaciones negativas relativas a lo seco, árido, decrépito. Los textos operan por acumulación de adjetivos, imágenes, asociaciones léxicas que inciden en lo mismo, de modo que sobre el lector se va imponiendo la desalentadora imagen de un espacio gris, polvoriento, monótono, de tierra sin apenas matices, tierra al fin de pobreza y miseria.

De modo que las descripciones enseguida dejan de ser sólo objetivas, o sólo sensoriales, para incorporarse al discurso crítico que quiere ser denuncia del deterioro y ruina de Campos. El autor se sirve de distintos recursos para enfatizar esta idea repetida.

Abundan los adjetivos, casi siempre sucesivos en series duales, ternarias, etc., que inciden en el mismo sentido: «paisaje *monótono, astral, vacío y magnífico*» (33); «un pueblo *apagado, triste, recogido sobre sí mismo, polvoriento*, cuya riqueza es un poco de trigo y algunos litros de vino *ácido y débil*» (36); «San Esteban tiene una *torre hueca y lamenta-*

ble, bandera de su miseria y decaimiento» (65); «[...] desolador *paisaje pelado, blanco y liso* como una noche sin sueños» (155).

Abundan las series acumulativas ternarias que matizan y prolongan el sentido de la frase: «[...] la iglesia hecha una miseria de *muros caídos, bóvedas hundidas, ventanales rasgados*» (79); «Las casas parecen cubrirse de seculares polvos para ocultar *sus tristezas, sus nostalgias y sus glorias*» (222).

Las series se alían también con reiteraciones léxicas, en secuencias paralelísticas, o en cadenas anafóricas gradativas que acentúan la sensación de hundimiento fatal que se impone sobre el lector: «Villacreces parece *más dormido, más triste* que Grajal. El Valderaduey es un río de Campos *más lento, más pobre, más criminal* que el Cea» (29); «En Galleguillos *ha envejecido* todo menos una cosa. *Han envejecido* las tapias que rodean huertos y corrales, *ha envejecido* la torre de ladrillo, el polvo de las calles y la corteza de los pocos frutales con vida» (31); «La tierra es tierra, una masa irregularmente extendida hasta el infinito, *gris, gris, gris...* Alguna sombra, *algún trozo más blanco, algún trozo más negro. Un gris amarillento, quemado, pálido*» (32).

A menudo, esta insistente idea de desolación aparece directamente asociada con la muerte en adjetivos e imágenes alusivas: «Alargado y blanco en medio de cuevas con puerta y jambas por única fachada, en medio de una pequeña *desolación ocre y muerta*» (31); «tierra *como un gran arcoiris muerto*» (32); «El paisaje que se abre desde allí es *desolador.* [...] Una *monotonía de cadáver habitual, un vacío blanco y pardo*, donde, sin embargo, la carretera continúa, su *lengua negra* cruzando campos y campos, donde viven mujeres vestidas también de *negro*, para ayudar a los ojos, donde viven hombres lentos y de parco hablar, porque el silencio es sagrado, porque su reino *es reino de silencio, de desolación y ruinas*» (52); «[...] van cayendo las *sombras lentas y pesadas como los párpados de un muerto*» (168); «[...] la catedral solitaria [...] es *un cadáver podrido y hermoso*» (189). Una asociación con la muerte que tendrá su colofón en la sentencia con la que se cierra el libro: «Porque es tierra para morir. Sólo para eso» (260).

Todos estos fragmentos citados son una pequeña muestra de la subjetividad autorial que impregna todas las páginas del libro. El viajero, a la vez que recorre la geografía de Campos interpreta, enjuicia, impone su visión al lector. El resultado es un largo y dolorido lamento por Campos. Inspirado por las *Coplas a la muerte de su padre*, de Jorge Manrique, entona el viajero un dolorido *Ubi sunt* («Qué se hicieron de las glorias de antaño»).

Esta manifiesta subjetividad, sin embargo, no se traduce apenas en presencia autobiográfica del viajero, más allá de la imprescindible para guiar el relato. Éste prefiere contener su proyección anecdótica personal supeditada a la narración del camino, y así aparecen tan sólo algunas pinceladas, retazos de charlas por las que nos enteramos de que el viajero es hijo de don Cecilio, el maestro de Galleguillos, que pasó una infancia dura en San Pedro, pero hace tiempo que huyó de estas tierras, que acaba de terminar en el cuartel y que escribe en los periódicos y es también autor de obra literaria.

Pero el recuerdo, aliado con la contemplación del presente de Tierra de Campos sí conduce en muy puntuales ocasiones a la confesión, o a la queja dolorida y airada, y entonces el escritor se desahoga sin concesiones sentimentales. La visión de unos niños laboriosos le devuelve el recuerdo de su infancia donde el asomo de la nostalgia rápidamente cede a la conciencia crítica:

> Todos estos recuerdos estúpidos, esta memoria miserable que refleja nítidamente aquellas madrugadas transparentes, asaltará más tarde a los niños de ahora. Porque los tiempos no cambian en Campos. Caen algunos castillos, se arrugan más las iglesias, pero la tierra seguirá siendo la tierra y los hombres sus esclavos. No se trata, en fin de marginales filosofías, sino de niños que recogen espigas de cebada en el campo, a las siete de la mañana de un día de agosto (119).

Esta presencia explícitamente autobiográfica que muestra retazos de sus vivencias particulares, sin duda aporta al relato veracidad, lo saca del documento y lo transforma en experiencia vivida. La justificación del libro, desde el prólogo, y a lo largo de todas sus páginas, está en el resultado conjunto de lo visto, leído y vivido por el viajero, ante lo que no cabe otra postura que la crítica. En uno de los «Pasos» ridiculiza el autor a quienes se han asomado desde afuera para trazar estampas pintorescas y edulcoradas: «Solamente los poetas a sueldo han fabricado hermosas metáforas sobre un país que no acepta ninguna» (106). Por contra, asume las voces críticas y doloridas, a las que se suma, rechazando «que nos califiquen de plañideros y resentidos estúpidos» (106), porque él-ellos sí son de la tierra, habitantes de Campos que saben de qué hablan, que viven desde adentro la tierra y con ella la lloran.

En consecuencia de todo lo visto, el relato del viaje no importa sólo en cuanto al recuento del camino recorrido, sino también como experiencia personal del viajero. A lo largo del recorrido éste va creciendo como personaje, buscando respuestas personales más o menos conscientes que subyacen a la motivación de este recorrido que lo reencuentra con su memoria de la infancia y el dolor por su tierra. Es significativo el hecho de que, cuanto más alejado está físicamente de los pueblos y gentes conocidas, más abunda la documentación histórica y menos las confesiones doloridas. Se mantiene siempre, eso sí, el tono crítico, la denuncia y la confrontación entre pasado y presente. En cambio, a medida que se acerca al final de su viaje circular, para regresar a su casa, el camino le empieza a pesar cada vez más. La prisa con que recorre la última legua se justifica, no en razones del propio camino, sino en lo «doloroso» que se le está haciendo el viaje:

> Mañana he de andar el último camino; mañana llegaré al punto de partida, del que puedo arrancar nuevamente, recomenzar el camino, girar y girar como un vencejo hambriento sobre esta tierra demasiado plana, demasiado seca, demasiado vacía, demasiado gloriosa, esos cuatro mil kilómetros cuadrados de sufrimiento. Mañana andaré muy deprisa los cincuenta kilómetros que me faltan, o quizá mañana y pasado, sin detenerme demasiado en iglesias y caminos, que el viaje me va doliendo en las rodillas y más adentro, en ese sombrío lugar que los poetas llaman corazón (233).

Al final del recorrido este caminante, que ha emprendido el viaje quizá porque aún guardaba una deuda con la tierra que determinó nos dice: «los amargos días de la niñez», parece encontrar su respuesta. Así se deduce de la huída presurosa «sin haber descansado, sin querer pensar ni ver más» (260), rumbo a Madrid y de la sentencia inapelable que cierra el libro: «Porque es una tierra para morir. Sólo para eso».

Bibliografía

Carrizo Rueda, Sofía. *Poética del libro de viajes*. Kassel: Reichenberger, 1997.

Rubio, María. «Articulación del componente ficcional en el libro de viajes contemporáneo». Julio Peñate Rivero y Francisco Uzcanga Meinecke (eds.). *El viaje en la literatura hispánica: de Juan Valera a Sergio Pitol*. Madrid: Verbum, 2008: 31-45.

TORBADO, Jesús. *Tierra mal bautizada*. Barcelona: Seix Barral, 1968.
— *Tierra mal bautizada*. Madrid: Círculo de Amigos de la Historia, 1977.
— *Tierra mal bautizada*. Madrid: Emiliano Escolar editor, 1981.
— *Tierra mal bautizada*. Valladolid: Ámbito, 1990.

IDENTIDAD Y SIGNO ESPACIAL EN LOS RELATOS
DE *EL GRANO DE MAÍZ ROJO*, DE JOSÉ JIMÉNEZ LOZANO

Fernando Romera Galán
Grupo de Investigación del SELITEN@T

EL ESPACIO COMO RELATO DE LA IDENTIDAD

En la actualidad, algunos trabajos plantean cómo el estudio sobre la identidad se ha desplazado desde perspectivas ontológicas y antropológicas hacia terrenos sociológicos. Esto ocurriría porque el estudio de la identidad tiende a construirse, hoy en día, sobre disciplinas multi-referenciales, como cuestiones de sexo, género, o lo que viene a ser el contexto habitual de los estudios actuales, hacia fórmulas discursivas de interpretación del sujeto quien, desde su origen biográfico se plantea en los relatos sociales en los que se inscribe y delimita. El entorno pasa a ser no sólo el escenario donde se desarrolla una vida, sino el conjunto de narraciones que la determina, un discurso más de construcción identitaria. Cada vez más, se han ido sustituyendo los discursos normativos y argumentativos tradicionales por discursos puramente narrativos que establecen roles o papeles como la edad, el sexo, la profesión… Los relatos de *El grano de maíz rojo* son un buen ejemplo de cómo el signo espacial desarrolla ciertos aspectos de la identidad de los personajes en un caso como el de José Jiménez Lozano, en el que la propia identidad en sus textos, incluidos los autobiográficos, es difícil de asir.

En este sentido, se suele hablar de fórmulas definitorias en las que los sujetos sociales son capaces de modificar su situación o su posición social; así, se prefiere hablar de estatus frente a clase, género frente a sexo, o multiculturalismo y mestizaje frente a etnia de pertenencia. Una narración biográfica consistiría en desligarse de ese grupo contable al que se pertenece, en una estrategia social que convierte al sujeto en un ser contable dentro de su categoría. Un artículo de José Miguel Marinas (176-85) explica muy claramente todo lo que estamos tratando en estas líneas. Marinas añade que estos fenómenos que articulan la identidad de un sujeto, al ser dinámicos y opuestos a la vieja tradición topológica de pertenencia a un lugar, terminan por ser fenómenos narrativos de tipo «tropológico», por cuanto tiene de significación literaria o narrativa, como por lo que hay en este término de movimiento. Los límites de recursos narrativos (ficcionales o no) son los que funcionan como límites identitarios. Toda narración estaría basada en la ruptura de ciertos moldes sociales de corte convencional, si bien las viejas narraciones vuelven continuamente y la función de las nuevas fórmulas consiste en romper con ellas. Estas serían las narraciones históricas con las que las nuevas formas narrativas han de medirse y han de romperse. El trasfondo moral de toda esta explicación es obvio, pero también el político y económico. La estrategia del poder consiste en nombrar y en relatar, y los relatos de poder terminan por ser una definición de identidades históricas o históricamente establecidas. En este sentido encontramos lo que Jiménez Lozano ha denominado «grandes relatos», discursos cotidianos de amor, odio, historias de la vida con valor homogeneizador y «lugares de aprendizaje moral», en palabras de Marinas (182), que mantienen en la experiencia y su aprendizaje los viejos moldes sociales sobre los que se construye la identidad. Sobre estos relatos cabe imponer figuras nuevas como la ironía o la metaforización que renuevan estas narraciones. Por ejemplo, la consideración de la comunidad como una familia, o, por otro lado, como organismo productivo –y, a partir de ellos, ciertos relatos biográficos, de rol sexual, como la mujer ama de casa o el padre de familia–, provocan que la fijación de una identidad se sitúe a favor o en contra de ellos. La vida, la identidad entendida como narración, es, por lo tanto, situarse ante un relato y edificar otro que ha de ser también narrado.

Esos «grandes relatos» de los que trata Jiménez Lozano no son susceptibles de subversión salvo en pequeñas narraciones. Por eso, la identidad personal, frente a las grandes situaciones vitales o las grandes tragedias sociales, se narra de forma fragmentaria y discreta, en cuentos cortos o relatos breves que hablan de lo cotidiano.

Nunca ha habido grandes relatos, porque siempre que los hombres se han expresado acerca de su condición, o frente a la extrañeza y maravilla del mundo o la hostilidad de la naturaleza, nos han narrado la alegría o el sufrimiento del vivir, y la injusticia o el dolor que se les ha inflingido, o la esperanza de librarse de ellos, y siempre lo han hecho a través de pequeños y fragmentarios relatos de la cotidianeidad: sueños y alegrías o testimonios atroces, pero también simples enunciaciones cómicas de la memoria cotidiana (Jiménez Lozano, *El narrador...* 60-1).

Parece obvio, pues, pensar que la identidad no es un elemento esencial al que rendir culto. De hecho, es un carácter cambiante con la historia y no necesariamente individual. La identidad, en tanto narración, es un concepto tan personal como colectivo y afecta a emociones que van desde nuestra relación con el entorno hasta nuestros sentimientos de pertenencia a colectividades más o menos amplias como las naciones o las patrias. Hasta tal punto es así, que existen procesos de simbolización nacional –más allá de banderas e himnos– que inciden directamente en los procesos de identidad. Sin contar con que la propia estructura de una ciudad ya incide en nuestra condición de pertenencia a un grupo social o cultural. Esto habría ocurrido, por ejemplo, en los barrios franceses, los *banlieus*, que fueron concebidos como lugares de concentración para una población que llegó masivamente a la ciudad, contradiciendo la esencia urbanística de la ciudad del XIX que era París y dando lugar a los catastróficos resultados de las revueltas de 2005. Todo ello es fruto de una nueva crisis del sistema identitario que tiene mucho que ver con los llamados modelos de «globalización» que han llevado a las ciudades a aglomerar, muchas veces sin ningún criterio especial, a diferentes grupos culturales sin especial sentido, convirtiendo una ciudad en una amalgama no siempre integrada.

Francisco Javier Higuero ya ha estudiado, en un breve artículo sobre la obra de Jiménez Lozano *Un fulgor tan breve* (1995), cómo existe un serio problema al enfrentarse a los textos del autor abulense, problema que, sin embargo, nos parece esencial en la radical personalidad de su escritura. En primer lugar, porque nos enfrentamos a la dificultad de establecer qué textos tienen valor autobiográfico en su obra narrativa y poética. Es obvio que *Los tres cuadernos rojos*, o *Segundo Abecedario* son abiertamente autobiográficos. Pero hay otros muchos que pueden considerarse como autoficciones, novelas autobiográficas... y que requerirían una atención que no entra dentro de nuestro estudio. En esta línea de pensamiento se encuentra Jacinto Herrero, quien reconoce el valor autobiográfico de algunos textos en prosa, negándoselo, en cierta medida, a sus escritos poéticos: «El yo de los poemas no tiene por qué ser el mismo yo del poeta, lo sabemos desde siempre y sobre todo después de Pessoa» (199). Y, sin embargo, en obras como *El Mudejarillo* (1992), encuentra elementos de su infancia que le son comunes, pues tanto Jiménez Lozano como el poeta Jacinto Herrero fueron amigos de infancia en el pueblo natal de ambos: Langa, en Ávila. Herrero encuentra en algunos pasajes de esta obra recuerdos de infancia y paisajes de la niñez, lo que viene a ser indicativo de cómo el autor se esconde, a menudo, en sus propios relatos sin que en ningún momento podamos hablar de textos autobiográficos:

> En *El Mudejarillo*, insisto, hay un capítulo con el título escueto de «Paisaje» que Jiménez Lozano ha vivido como yo. Quien lo recuerda es un niño, Juan de Yepes, cuando los muchachos de Arévalo le preguntan cómo era su pueblo. (¡Cuánta memoria de las cosas detrás de las palabras!). [...] De modo que en este mundo, pequeño y grande a la vez, hemos crecido y hemos abierto los ojos a la belleza de lo verdadero, tanto él como yo (Herrero 17).

Según Francisco Javier Higuero, en la obra *Un fulgor tan breve* se reflejaría un proceso de deconstrucción que afectaría a diferentes planos del libro. Matices deconstructores que terminan por eliminar la validez semántica de algunos elementos, espacios, personajes o temáticas. Según el propio Higuero:

> [...] podría afirmarse que, en los poemas de *Un fulgor tan breve*, el sujeto lírico, al criticar subversivamente cualquier contexto de poder, se involucra en un proceso deconstructor de toda identidad, incluida la suya propia. Los rasgos inestables que quedan de este sujeto se diseminan a lo largo del texto escrito de dicha obra literaria. Entre tales rasgos, hay que mencionar una inseguridad constante y radical, lo mismo que un estado preocupante de indigencia, inserto en una problemática de sufrimiento inevitable (340).

Estos procesos, en este libro, se producirían mediante aspectos diseminadores del lenguaje, relaciones intertextuales de poemas de la misma obra, focalizaciones temáticas sobre temas como la fugacidad temporal... Pero, sobre todo, los procesos de deconstrucción de la identidad proceden de elementos de inseguridad en la realidad. Toda realidad se muestra débil, difusa, y el sujeto se caracteriza «como repleto de indigencia y anamnético» (Higuero 331). En los relatos de *El grano de maíz rojo*, los personajes se mueven en una realidad que no permite asegurar los propios elementos identitarios, como en el cuento «El empleo», en el que un joven mata al padre, al que reconoce por un relato que él mismo va haciendo de su propia paternidad. O el estudiante de notarías que aprueba su oposición por el recuerdo de un fortuito suceso en una ciudad de la costa.

La opción de Jiménez Lozano por los personajes que habitan los territorios de los vencidos obliga a la expresión de un mundo que limita la felicidad, que impide centrar el significado de las cosas que terminan por ser significadas ambiguamente, es decir, terminan por perder su identidad. Propone Higuero ejemplos como los de las campanas que a un tiempo llaman a la muerte o a la alegría de un nacimiento; los árboles que remiten a la permanente imagen de la naturaleza en su obra, pero que se presentan en el poema vencidos por el viento y arrojando hojas a un césped helado. Esto podemos comprobarlo también en objetos que aparecen en algunos relatos de *El grano de maíz rojo*, como la bufanda para el cuello de Judas o la túnica de Jesús.

La expresión de la desolación aparente, las referencias a los despojos y a las ruinas suelen también vincularse a cuestiones acuciantes que atañen al sujeto poético, como expresión de una imposibilidad absoluta de aprehender la realidad o de la negación de cualquier modo de saciar la duda. Según Higuero (335), «las preguntas de dicho sujeto poético tienen como finalidad un cuestionamiento radical del ser personal». Detrás de esta aserción se encuentra la idea de que la identidad depende también de la imagen que los otros se han forjado de uno mismo. Así, en la narración con tintes autobiográficos *Relación topográfica* (1993), «la superposición continua de planos deconstruye todo orden jerarquizante que tenga como consecuencia la implantación de la identidad irrevocable» (Higuero 335). En los relatos de *El grano de maíz rojo*, la cuestión de la identidad es crucial. El relato «La mecedora» demuestra cómo el jardincillo y la higuera, el árbol que maldijo Jesús y quedó por ello seco, están aportando un material simbólico de caracterización del personaje. De igual manera, el traspaso, en el relato homónimo, de Villa Adela, implica la construcción narrativa de los personajes que la habitan. De manera que la historia de la casa como sanatorio antituberculoso o prostíbulo implica también la identidad de doña Adriana, que es conocida, a causa del nombre de la casa, como doña Adela.

La estancia, el espacio íntimo por excelencia, denota un interés radical por la historia y las personas, por la identidad, en una palabra. La estancia carmelitana, por ejemplo, no es sólo la intervención de una persona o una colectividad en el espacio, sino el propio espacio que está interviniendo continuamente en ese colectivo y en toda una historia común. La iconicidad sustancial que nuestro tiempo ha puesto en algunos elementos del entorno está consolidando la significación de este mismo tiempo. Como veremos a continuación, la relación de los relatos de Jiménez Lozano con los espacios no depende necesariamente de una vinculación personal, sino de otra afectiva, es decir, no es la vida, sino la cultura vertida en la vida la que condiciona la perspectiva de ese espacio. No es el lugar de nacimiento ni de residencia, sino el lugar de vinculación emocional el que aporta significación personal al lugar. El interés de Jiménez Lozano por determinadas estancias desnudas, como las carmelitanas, implica también el interés por personalidades que están plenamente identificadas –y señalamos aquí el radical carácter identitario de esta afirmación– con esos espacios. Cuando habla de las monjas de Port-Royal afirma esa íntima conciencia de sí mismas, conciencia que surge de la oposición al poder que está afirmando una modernidad anticipada. Ese interés casi senequista por las actitudes profundamente humanas ante el poder, es también un interés por actitudes ante el espacio que se demuestran en las estancias, convertidas en iconos. El senequista verso –y soneto— de Quevedo «Miré los muros de la patria mía», en el que la simbiosis entre el espacio y la identidad es profundísima, es un botón de muestra de cómo la estancia es el cuerpo, y es icono que representa e indica una vida y una forma de exposición pública:

> Lo que hicieron [las monjas de Port-Royal] fue apresar su humanidad y hasta su pasión por la belleza y su propia ternura bajo una coraza implacable: el dominio absoluto de sí mismas, que a veces las hizo hasta desmayarse físicamente de dolor como a mère Angélique Arnauld cuando se enfrentó con su familia (*Una estancia...* 28).

Monjas que, perteneciendo a la alta burguesía francesa, no dudaban en renunciar a todo el esplendor parisino y, paradójicamente, no inclinaron nunca la cabeza ante el poder omnímodo del emperador. Las celdas, los espacios desnudos son, pues, una afirmación de identidad, a la vez que una negación de pertenencia. Si las monjas de Port-Royal están vinculadas a Versalles, no «son» de Versalles. De esta manera, los espacios se eligen, no se imponen, y forman una especie de *homeland* del que hablaremos más adelante.

Las estancias son, pues, importantes por su significación humana y no son, en ningún caso, inocentes. Un ejemplo claro es el que aporta sobre los cafés, lugares no solo para la reunión de las clases altas de las ciudades, sino para el diálogo, incluso en los momentos históricos más complejos de Europa. Traemos ahora sus palabras sobre los cafés por ser una descripción hermosísima de lo que significan como espacios de la cultura europea contemporánea, y por la trascendencia que tienen en la significación de su pensamiento como iconos de esa libertad personal que Jiménez Lozano ha reclamado siempre en su obra y que es también una reclamación identitaria:

> [...] pero el café-estancia, el café con mayúsculas, es un locus de civilidad y libertad. No tiene usted más que pensar sino que, cuando los nazis se apoderaron de Viena y los comunistas de Praga, lo primero que hicieron fue acabar con los cafés tradicionales. Un café encarna el espíritu de lo mejor de Europa: la conversación, la lectura de periódicos y libros, la escritura de una carta o de un poema o de una novela, la crítica política, la discusión, el no hacer nada porque a uno no le da la real gana, los rostros y las manos de las gentes, los aromas maravillosos mismos del propio café y a veces del chocolate, la vainilla, las pastas y pasteles, el tabaco, y luego el ruido de la cafetera, los platos y las tazas, las cucharillas y los vidrios. No hay lugares parecidos ni por asomo. Cuando se sale al fin de ellos se tiene la sensación de como si se hubiera arreglado un poco el mundo y como si se hubieran encontrado cómplices para hacerlo (*Una estancia...* 45).

El café aparece representado en «Las costumbres griegas», relato en el que dicho espacio público se convierte en la referencia del cambio que se produce en las costumbres de una ciudad, cuando el viejo Café Universal da paso a un renovado y novedoso espacio al que acuden los jóvenes y la sociedad burguesa. Ese espacio de libertad es contemplado desde la distancia a través de un catalejo por el farmacéutico paralítico. En él encuentra precisamente «los rostros de las gentes» que definen la propia vida. El café, que reúne la libertad y la novedad urbana, supone lo opuesto a la farmacia, sometida a la voluntad de su hermana, desde donde se contemplaron luctuosos hechos de guerra.

De igual manera, el relato «El tesoro», mantiene la importancia del espacio dotando a la casa y al jardín de la virtud de relatar la vida de los muertos. La casa esconde la memoria de los que se han ido como un tesoro que se aparece en los objetos, pero también en el propio ambiente. La habitación que no se moderniza encierra el tesoro que pone en contacto a los nuevos inquilinos con la vieja historia, narrada por el lugar que, a su vez, es narrado por el protagonista al doctor.

MÁS ALLÁ DEL YO: LA DIMENSIÓN EXTERIOR DE LO AUTOBIOGRÁFICO

Los espacios como iconos de la cultura contemporánea son importantísimos en la obra de Jiménez Lozano, como en *Una estancia holandesa*, entrevista en la que apreciamos la radicalidad de un pensamiento que busca en la libertad individual su formulación identitaria. Consideramos que sí hay en Jiménez Lozano un interés por borrar toda huella del yo o del nombre propio, que sin embargo no ha de ser considerado como un deseo de deconstruir la identidad propia. Los recursos narrativos utilizados y que cita Higuero, sirven para derrocar una idea del yo confundible con la identidad. Su transposición a mundos oníricos, a interrogaciones retóricas, no busca la deconstrucción de la identidad, sino su formulación íntima y su expresión libre. De igual manera que Port-Royal niega la contemporaneidad de la sociedad del momento y, con ello, afirma una identidad fuerte y radicalmente moderna, Jiménez Lozano niega los términos actuales de construcción identitaria, es decir, niega que la sobreabundancia del nombre propio constituya la identidad histórica del hombre. Con ello sí se produce un proceso de deconstrucción narrativa, pero como búsqueda permanente de una identidad histórica.

A este respecto, Manuel Alberca sitúa en su justo punto la importancia del nombre propio en la consideración identitaria de una narración. José Jiménez Lozano identifica al yo excesivo y al nombre en el mismo plano: «un escritor tiene un enorme riesgo de perdición total: el que llene los cielos y la tierra con su yo –que viene a ser lo mismo– hasta hacer que ese yo y ese nombre sean más grandes que su obra» (*Una estancia... 36*). Pero la identidad narrativa ha adquirido tal complejidad en la narración de los últimos cincuenta años que nada parece tan simple. E incluso aparece, desde sus orígenes, ligada a la pertenencia al espacio urbano, porque, como explica Alberca:

> La apropiación y el falseamiento de una identidad ajena fue también mucho más frecuente y fácil en las ciudades, donde, desaparecida la tradición que ligaba a un hombre a un lugar y a una familia, la gente no se conocía, y la identificación quedaba ligada sobre todo al registro administrativo (229).

Podemos diagnosticar que en la obra general de Jiménez Lozano existe una disolución del yo en sus narraciones, de manera que se hace difícil distinguir cuándo ese yo, que aparece esbozado como un aparente yo autobiográfico, es en realidad el autor. De hecho, sus diarios consisten más en una abierta renuncia al nombre propio a fin de evitar ese peligro escritural de perder la obra en el propio éxito nominal. Por lo tanto, la inclusión en las narraciones de hechos vividos o de referencias personales nos llevarían a una mera explicación especulativa que ni siquiera nos pondría ante distinciones genéricas.

Y, en esa personal manera de «dar esquinazo» al autor que se nos presenta en sus narraciones –incluidas las más autobiográficas–, tiene especial interés el espacio en el que se mueve, como expresión de todos aquellos discursos que están situándolo en su momento histórico. Porque, como explica Loureiro:

> Toda autobiografía está escrita en el contexto de prácticas e instituciones que posibilitan que los (las) autobiógrafos (as) hablen de sí y que conforman las estrategias autobiográficas. De este modo, toda autobiografía recurre necesariamente a la mediación de discursos científicos, filosóficos, psicológicos, históricos, políticos, morales, religiosos, sexuales y literarios (entre otros muchos) que prevalecen en una época determinada. Está claro que ningún discurso determinado debe prevalecer en el desvelamiento de esa multiplicidad que constituye el sujeto (140).

Loureiro, interpretando la autobiografía a la luz de los escritos de E. Lévinas, cree que la identidad, más allá de la evidente autoconstrucción a partir de los discursos mencionados, se produce «como un gesto que repite esa dimensión ética postulada por Lévinas según la cual el sujeto se origina como respuesta y responsabilidad hacia el otro» (Loureiro 141). Y, para responder a las voces de la alteridad que recogen los escritos autobiográficos, es imprescindible volver a retomar la figura de la prosopopeya que ya había utilizado para su explicación sobre la autobiografía Paul de Man. Entendida, eso sí, en el sentido que la usaba Quintiliano, como *fictio personae*, que intenta dar voz a la dimensión relacional del yo:

> Esta capacidad de representar la configuración adversarial de la conciencia (ese esencial dirigirse al otro) es lo que hace de la prosopopeya una figura tan apta para la autobiografía, siempre y cuando entendamos ese tipo de escritura como una empresa discursiva y dirigida al otro, y no como una imposible restauración epistemológica que como tal será inevitablemente «desfiguradora» (Loureiro 143).

Buscar al otro supone incluir un nuevo elemento autobiográfico que puede aparecer como la persona a la que se le dedica, que puede ser un «otro-yo», caso de la autobiografía de Rousseau; a Dios, caso de San Agustín y otras autobiografías religiosas; a un personaje familiar…

Todo esto expuesto por Loureiro y que hemos resumido, quizá en exceso, devuelve la autobiografía a tres terrenos: el discursivo, el ético y el retórico; y esa importancia de la vertiente ética (Lévinas al fondo) explica que el sujeto solo pueda manifestarse en cuanto los otros por cuanto sólo es explicable por ellos, y por cuanto está dirigido a ellos. El acto autobiográfico, según Loureiro, es siempre dialógico y como tal ha de ser entendido, más que como «una restauración del pasado», un acto en el que el autor de su autobiografía se reconoce o se indaga. La identidad solo es explicable, por ello, a través de un proceso ético, ya que es más que dudoso un simple proceso cognoscitivo. El sujeto no se conocería, pues, sino a través de un discurso exterior y comunitario:

> El sujeto autobiográfico, por lo tanto, sólo se puede manifestar por medio de discursos comunitarios que son históricos, y así datados y fungibles, pero también imposiciones inevitables, y por esa razón el sujeto cree necesariamente que esos discursos ofrecen una representación fiel del pasado (Loureiro 148).

El caso de Jiménez Lozano es especialmente significativo en este extremo, porque en sus textos autobiográficos el yo, como manifestación textual de la identidad, se halla permanentemente diluido en la consideración personal de la historia o del pensamiento. De esta forma, la historia cobra cierto interés autobiográfico y la autobiografía diluye la historia personal en la historia de los otros mediante los discursos que han ido creando. En esta línea, hemos de destacar el trabajo de Francisco Javier Higuero al respecto de la obra de Jiménez Lozano y, en concreto, la parte de su estudio que se refiere a la presencia autobiográfica de Jiménez Lozano en sus propios textos.

Por lo que respecta a su narrativa de ficción, llama la atención la particular manera que tiene de tratar a los personajes y al signo espacial en la parte de su obra que se ha considerado «novela histórica». Francisco Javier Higuero cree que la ficcionalización de los personajes y de los signos espacio-temporales parten de hechos históricos concretos, pero que:

> [...] los sitúa dentro de un contexto existencial y social en donde cobran el contenido conceptual que quiere comunicar. [...] De la misma manera, las circunstancias ambientales de carácter espacio-temporal son percibidas por narradores ficcionales, no por el historiador objetivo. La realidad que presentan estas novelas no es una sucesión de acontecimientos fijados estáticamente en el tiempo, sino una vivencia (16).

Sin embargo, Higuero también insiste en la necesidad de deslindar lo histórico de lo autobiográfico. La clásica disposición que establece una distancia mínima de cincuenta años para que un suceso se convierta en histórico, dejaría fuera de esta consideración a aquellos textos sobre la Guerra Civil, que pasarían a considerarse como relatos de vivencias de tono más o menos cercano a la autobiografía, ya que «los relatos inspirados en lo autobiográfico no son narraciones históricas, sino testimoniales, como las de Unamuno, Baroja, Valle-Inclán y las del último Galdós que crean mundos aún alcanzados por la propia memoria de los autores» (19).

INTIMIDAD CULTURAL: EL OJO DE PLOTINO

Jiménez Lozano ha manifestado también su precaución al respecto del uso del yo, de la utilización del propio nombre. Acerca de ciertos textos de autoficción, Jiménez Lozano expone cómo sus personajes se basan en lo real, si bien se hallan transformados por la literatura: «Un escritor

tiene un enorme riesgo de perdición total: el que llene los cielos y la tierra con su "yo" o su nombre –que viene a ser lo mismo– hasta hacer que
ese yo y ese nombre sean más grandes que su obra» (*Una estancia...* 39).

Y, efectivamente, pocas veces asoma el yo en las obras de Jiménez
Lozano y, cuando lo hace, ocurre de manera sorprendente, inesperada,
en mitad de un texto en el que apenas sí descubrimos al autor. Y, sin
embargo, es bien conocido como diarista y también como poeta, si nos
es permitido incluir tal género entre las modalidades del «yo», al menos
en ciertos casos. En algunos de estos casos, lo recuerdos aparecen vinculados a sus lugares de infancia.

Hay un libro que nos resulta especialmente interesante por cuanto se
refiere al espacio urbano e histórico de una ciudad. El libro se titula
Ávila (1988) y, aunque en algunos casos haya querido ser considerado
como un recorrido más o menos turístico por la ciudad, es, en realidad,
un recorrido personal por el Ávila que ha vivido Jiménez Lozano de
manera más íntima.

Así, en muchas ocasiones, el autor se asoma a sus propias páginas
recordando momentos de su vida o evocando los lugares que marcaron
sus visitas a la ciudad. Frente al tópico de la ciudad mística y guerrera,
se encuentra su experiencia personal, como la de su primer conocimiento de Erasmo: «Yo mismo compré en Ávila, siendo adolescente y en años
muy bravos y oscuros, unas obritas de Erasmo, que relucían como un
candil en un escaparate e hicieron de mí, que era un azoriniano, un eras-
mista. Y aquí, en la ciudad, los hubo en su tiempo, naturalmente» (*Ávila*
17). Podemos extraer de este texto la idea de la transformación, el paso
de Azorín a Erasmo como una suerte de conversión intelectual. Y también una transformación en la consideración de la ciudad desde los presupuestos de finales del siglo XIX, es decir, de un simbolismo más o
menos europeo, en el que la ciudad aparece como el espacio simbólico
que representa al hombre moderno y sus circunstancias vitales, a un
pensamiento que destaca los espacios íntimos, las estancias que acogen
la vida privada y el lugar personal frente a aquella gran urbe de los
modernistas o la ciudad histórica de Azorín o Unamuno. Por ello, la ciudad de Ávila no se atiene a los tópicos de santidad o misticismo o caba-
llería, porque no se ve a través de la historia ni de los ojos de un visitan-
te, influidos por su preparación intelectual. Es conocida a través de la
mirada íntima de quien la ha vivido también intelectualmente.

Todo conocimiento de una ciudad supone una previa información que nos predispone a ciertas tendencias anímicas o espirituales. Por ello, la experiencia del viajero que se vierte en los textos autobiográficos aparece, a menudo, simbolizada a partir de experiencias literarias, de narraciones externas. En el caso de Jiménez Lozano, Ávila se relaciona con Constantinopla, la ciudad de las iglesias, del respeto religioso, de los preceptos cristianos, la de las grandes murallas que repelieron a los hunos, germanos, búlgaros... La imagen que se asocia es, pues, una imagen histórica y cultural, de manera que, igual que para Azorín Ávila es la «Atenas gótica», o para Unamuno es «Ávila la casa», para Jiménez Lozano es Constantinopla. Es una trasposición que parte de un detalle vivido a través de la lectura, es decir, un hecho susceptible de autobiografía, un suceso vital que genera una imagen nueva de un espacio conocido. La literatura de viajes termina cediendo a este impulso creador o recreador del viajero cuando escribe, y es la inevitable comparación de los lugares. Si una ciudad siempre se explica por su oposición a otras visitadas, también se puede comparar a otras imaginadas o leídas. Constantinopla es una de ellas, y la metáfora inicial se produce por una simple identificación física: las murallas, las iglesias... Pero termina siendo una referencia a los lugares que han marcado una vida, aunque sea por haber sido conocidos o haber formado parte del imaginario lector, con lo cual la expresión textual autobiográfica suele ser siempre una evocación de los lugares leídos, por cuanto se convierten en auténticas «patrias» o referencias inevitables de una vida. A estos lugares Jiménez Lozano los denomina *homelands*, y son lugares que, aun no teniendo una relevancia biográfica, como el lugar de nacimiento o de residencia, desempeñan un rol similar o más importante que el de aquellos. Trataremos este asunto con mayor profundidad más adelante.

Pero la aproximación a un espacio urbano siempre está condicionada. Es ese «ojo adaptado» de Plotino el que deshace el hechizo, el que rompe la frontera entre la realidad observada y la imaginada. Aunque habría que preguntarse si ello es posible. Y si la contemplación de un lugar no es, de alguna manera, la contemplación interior del arsenal cultural acumulado durante años. Cuando Stendhal visita la Basílica de Santa Cruz, en Florencia, describe lo que se ha venido a denominar el «síndrome de Stendhal», enfermedad psicosomática que el propio autor explicó detalladamente en su obra autobiográfica *Roma, Napoli e Firenze; Viaggio in Italia da Milano a Reggio Calabria* (1817). Considerada como un ejemplo del exceso romántico y la expresión de la unión de belleza y yo románticos, es, además, un buen ejemplo de integración de la cultura y el espacio hasta extremos de morbosidad.

Y esa idea general de quien se expone a un lugar con un especial estado de ánimo, predispuesto a recibir un espacio histórico, es habitual. La imagen urbana es, por lo tanto, una idea cultural. La ciudad en Jiménez Lozano es la representación de un progreso sobre el que se ha asentado la victoria del poder y el consecuente aplastamiento del débil, del esclavo. Así ocurre en el relato «La huida»: en la ciudad de Marsella, las muertes primeras por peste que se llevan por delante a «aguadores, fámulos, recaderos, menestrales y lavanderas y otras gentes del pueblo menudo» (*El grano...* 75), son atribuidas al viento mistral, y se iguala a hombres y bestias: «[se daba] tanto en humanos como entre los animales domésticos y el ganado, y [...] atacaba también a las ratas con vómitos de sangre». Frente a ello, el convento se cierra a cal y canto a la ciudad.

Es, también, la imagen de Baudelaire contemplando a los pobres parisinos mirando el lujo de la cafetería donde él está sentado, igual que el farmacéutico del relato «Las costumbres griegas» contempla, a través de un catalejo, los cambios de una ciudad a través de sus cafés y termina descubriendo la imagen de su madre. La ciudad moderna se ha hecho sobre la ruina de los oprimidos y los pobres. Madrid, la capital de esa España «desesperante» de la que habla Lozano, es la expresión de esa vida de los débiles en mitad de las construcciones de las nuevas formas de explotación y también de divertimento, de ocultación de lo real. Así, las calles de Madrid reflejan esa pobreza a la que se oponen las nuevas formas de cultura que siguen, hoy por hoy, prescindiendo de ella:

Las calles de Madrid están llenas de pordioseros y desempleados o vagos –en el sentido de que vagan de un sitio para otro porque son el desecho de esta sociedad que no tiene una ocupación para ellos– y también de niños desarrapados que ya están sellados para ser el desecho de mañana. El espectáculo está entre el Madrid galdosiano y el Madrid que yo conocí en los cincuenta. Pero la alcaldía ha organizado un Congreso de Erotismo con gran asistencia de listos oficiales, de los primeros de la clase (*Segundo...* 44).

Detrás del pensamiento de Jiménez Lozano está, se ha dicho en numerosas ocasiones y no volveremos sobre ello, el pensamiento de la escuela de Frankfurt, sobre todo de Adorno y de Lévinas, y muy especialmente el de Simone Weil. Cada avance en la civilización se ha hecho sobre la base de la opresión, la victimización de una parte de la sociedad. La denuncia de esta forma de modernidad es la base de la obra de Jiménez Lozano. Y también la razón de la fundamentación de su pensamiento, por cuanto el autor considera el libro, la cultura, como la vieja forma de transmisión de la sabiduría y el conocimiento. Los relatos de *El grano de maíz rojo* trasladan continuamente esta idea. El espacio ha sido testigo de esta victimización y conserva huellas de este constante proceso de apartamiento y de aplastamiento, de manera que muchas manifestaciones culturales son la expresión de esta vinculación de los espacios con la angustia humana. Podemos apreciarlo en no pocos relatos. En «Informe a la Señoría» podemos leer:

> Y el mismo Buonaroti, a quien trastornó el seso con la idea de la muerte y el último Juicio y que desde entonces perdió el gusto de la vida para siempre y sólo sabía reposarse en el rellano de la escalera de su casa en cuya pared había pintado un espantoso esqueleto sonriente de triunfo, que llevaba bajo el brazo un ataúd y en él, como decía la leyenda que había puesto, toda la esperanza: «in questa casa oscura é il vostro lato» (*El grano...* 68).

Frente a esta idea, se encuentra la actual cultura libresca del entretenimiento y la intrascendencia, del consumo y la banalidad. Los lugares que cita, aparecen como un lugar de historia, pero de historia de «los otros», de los perdedores y de quienes conviven en un entorno cercano, lo que hace de estos lugares espacios de especial cercanía emocional y vivencial, espacios en los que conviven las distracciones habituales y el dolor y la muerte. Es el caso del relato «El balneario», en el que la muerte ocurre sin apenas ruido, como un suceso aséptico que no logra apartar a los clientes de su vida despreocupada más que con algún rumor. El balneario se convierte, así, en una simbolización de los nuevos tiempos en los que el dolor y la muerte, simplemente se obvian: «y nunca dijo [el director] que nadie hubiera muerto en esa casa» (*El grano...* 106). Sus habitantes pertenecen a una burguesía que había sobrevivido a la Guerra Civil y que se identifican con un lugar, con un espacio que los representa como ninguno, de manera que el balneario es la imagen de su supervivencia frente a los demás: «Y allí volvían de nuevo a aliviar su

reuma o sus funciones renales, o quizá sólo en busca de un plácido verano, pero sobre todo a comprobar que todo seguía siendo sólido en el
mundo» (*El grano*... 103). Frente a ellos, el joven tullido que muere y es
sacado en una furgoneta de pescado, y que es descubierto fuera, en la
calle, al chocar contra una farola por esquivar un perro. Detrás, claro
está, anda la idea de que ha influido en este pensamiento el concepto de
una «historia» basada en los conceptos ilustrados de que los acontecimientos marcan los conceptos morales de bien y mal, conceptos y
hechos históricos que han de ser dados por válidos y ciertos en toda circunstancia, renegando de todo pasado de sufrimiento.

La relación de la obra de Lozano frente a los espacios la podemos
apreciar por la definición de lo que él denomina como *homelands*. Este
término, que literalmente puede equivaler a «territorio que se habita»,
suele traducirse como «patria». Para el autor abulense, ese territorio o
casa que se habita tiene una mayor intensidad cultural que material, por
lo que viene a definir el concepto como «[...] aquel lugar o aquellos lugares en los que tenemos nuestra morada cultural, el *locus standi* o lugar
donde se está o al que se acude para mirar el mundo y entender, como
Santayana dijo precisamente de Ávila y de Boston» (*Una estancia*... 13).

Estos lugares no se corresponden con los lugares que han confluido
en la trayectoria vital del autor, no son todos los lugares o los espacios
más importantes de una autobiografía. El término suele hacer referencia
a geografías que han incidido de forma fundamental en la vida intelectual del autor, cualquiera que sea. Lozano habla varias veces del ejemplo
de Santayana, el abulense de Boston que, pese a haber pasado poco
tiempo en Ávila, recurre siempre a ella como una manera de explicar su
trayectoria como pensador y filósofo. No es óbice, pues, para una formulación contemporánea o moderna del pensamiento y la vida literaria,
la pertenencia a una gran ciudad o a un lugar que, por avatares de la historia, se convierte en un símbolo de la modernidad o la actualidad. La
ciudad, como hemos venido diciendo, no es el espacio imprescindible
para escribir; a menudo ocurre todo lo contrario y la vida en la gran ciudad evita, precisamente el pensamiento «fuerte» que hace de la literatura una transmisión del saber. En ese sentido, se recuerda la importancia
que para Martin Heidegger tiene Messkirch, que «puede ser, de hecho,
un mejor punto de partida para el filosofar contemporáneo que Nueva
York» («Mis rutas...» 14).

Para Jiménez Lozano, el *homeland* no es necesariamente el lugar de nacimiento. Citando a Joyce, reconoce la importancia de su obra literaria como monumento a su ciudad natal, pero niega que Dublín sea su auténtico *homeland*.

Estos espacios marcan trayectorias, no solo vitales, sino también literarias. El descubrimiento de estos lugares supone siempre una búsqueda personal que no necesariamente implica el viaje o el conocimiento de lugares lejanos. Los viajeros anteriores al XVIII, dice Lozano, siempre viajaban sabiendo que iban a encontrar algo importante. A partir de entonces, el viajero se convierte en turista que sale de su casa para admirar edificios o el valor humano de levantarlos. Podríamos decir que es una «patria individual» que a nuestra vida intelectual se refiere y, no sólo eso; también la conforma. El viaje lo convierte, bien conozcamos ese lugar, bien lo identifiquemos en el propio espacio de vida, en el lugar en que vivimos. Lozano, que es un gran viajero, ha huido siempre de la gran ciudad.

Sin embargo, la gran ciudad encierra sus paradojas. El hombre actual vive en esos enormes espacios consagrados a la modernidad, pero siente una profunda nostalgia de los viejos lugares históricos. Hasta las propias estancias indican cómo en los grandes edificios de cristal siempre existe un lugar para lo antiguo, para el recuerdo de un espacio que ha desaparecido en el tiempo. En su ensayo *Los ojos del icono* (1988), se nos explica el fracaso de la arquitectura contemporánea de las grandes ciudades. Ciudades que están construidas para albergar millones de personas que huyen de ellas en cuanto tienen una ocasión:

> El hombre, sin embargo, muestra una obstinada nostalgia muy profunda por los viejos hábitats urbanos con calles serpenteantes y algo oscuras, y con casas de fachadas desconchadas o empalidecidas; experimenta una súbita alegría con el rastro y la huella de la historia o el mero mordisco del tiempo sobre la ciudad, peregrina de vez en cuando a esos viejos, esplendorosos hábitats urbanos que todavía se conservan, y, cuando posee una vivienda luminosa y de escueta geometría, la llena, en seguida, de muebles y cachivaches que compiten en abundancia y en valor material con los que había en el interior burgués de fin de siglo. Y, junto a los muebles funcionales –incómodos con frecuencia como el sillón de Rietveld– encontramos siempre un viejo mueble que ofrece comodidad o prestancia social, y, en cualquier caso, ensancha el tiempo hacia atrás: sostiene la memoria de lo humano de algún modo (12).

Esta unión extraña entre lo antiguo y lo moderno convierte a esas antigüedades, a esos restos pasados implicados en la construcción de la ciudad moderna, en auténticos iconos, en memoria del tiempo que lleva la vida a las estancias gélidas de la modernidad. Son, eso sí, iconos mudos, pulidos, privados de memoria, esterilizados del recuerdo que evocarían, tanto en las paredes de la casa, como en los espacios museísticos, como en la propia organización urbana de la ciudad, tal y como ocurre hoy con los deshabitados cascos históricos de las ciudades viejas, convertidos más en parques temáticos que en auténticos espacios vitales.

Podemos encontrar objetos que adquieren iconicidad en los relatos, y que terminan por subvertir el significado de los textos. Iconos que obligan a una lectura que va más allá de la apariencia significativa de los lugares y los espacios. Es la mecedora y la higuera del relato «La mecedora»; o la fuente de la que bebe Spinoza: «Salió de la ciudad y fue a una fuente, y allí bebió un poco de agua en el cuenco que hacían las palmas de las manos, y volvió contento a la ciudad» (*El grano...* 49); o la casita de muñecas que representa la otra realidad paralela y deseada; la salamandra del relato «El tesoro» que lleva impreso en el lomo *Mundus est fabula.*

Por otro lado está esa arquitectura «de la muerte»: es la arquitectura de la ciudad actual, irracional y hermética. En esa ciudad posmoderna los hombres no son capaces de cercar esa historia del pasado porque la razón, tal como la venimos entendiendo desde el XVIII está en crisis:

> Hoy la noche se cierne en las ciudades cristalinas hiperracionales, con la promesa de una angustia como jamás ha conocido el ser humano; y el hombre post-moderno, lleno de hastío y miedo, trata de ocultarse en otros tantos epifenómenos de la confusión: la ecología y el historicismo, el eclecticismo y la macrobiótica, la moral patriarcal y la acupuntura china (*Los ojos...* 117).

La ciudad, pues, en estos relatos, queda como algo lejano, un eco presente en todos ellos que permanece como un espacio que nada tiene que ver con la vida cotidiana. Así ocurre en «El arreglo de boda»: «De repente, cuando la Rita se iba ya a ir a Barcelona a servir en una casa que le había encontrado su hermano el albañil, que estaba allí trabajando, le salió un novio» (*El grano...* 125). En «El silencio», de la ciudad llegan unas vitaminas: «Cuando vinieron los de la capital a decir cómo teníamos que comer y lo de las vitaminas, ocurrió lo del Clemente» (131).

La construcción moderna ha roto la idea absoluta del «paisaje». Unamuno decía: «para mí no hay paisaje feo» (371); pero todavía hablaba desde el siglo XIX y la Castilla de la que habla era un paisaje esencialmente intacto desde el siglo XVI. Pero el paisaje en cualquier lugar de Europa está hoy contaminado por la construcción moderna. Cada pequeño lugar ha derribado espacios tradicionales, casas antiguas para, como el viejo París bajo la frialdad de los bulevares, levantar su propia estructura moderna. Lo dice Jiménez Lozano de la localidad de Olmedo («Mis rutas...» 17): «El tiempo, la incuria, la especulación y el mal gusto urbanístico, aquí como en tantos otros lugares, han herido mucho o destruido sencillamente iglesias, conventos, monasterios y edificios históricamente importantes de la villa». El frío de la modernidad ha ido suplantando en cualquier lugar lo que era, hace no muchos años, un paisaje. Y así, podemos preguntarnos, con Jiménez Lozano: «¿Qué ha podido ocurrir, en efecto, para que el paisaje más admirable sobre el que se levanta una edificación moderna, perfectamente planificada incluso, deje de ser un paisaje y se convierta, en el mejor de los casos, en decoración versallesca o ámbito utilitario de descanso?» (*Los ojos...* 90). Ha ocurrido que el hombre contemporáneo, perdiendo de vista el lugar natural en el que trabajaba, ha perdido, también el «equilibrio, [la] familiaridad profunda que ligaba al hombre (trabajador) con el medio natural en que se insertaba y sobre el que dominaba» (*Los ojos...* 90). Los campesinos de los relatos de Jiménez Lozano son los habitantes de un mundo quebrado por la modernidad que pretende llegar a cada punto del planeta, como en «El silencio».

«A cualquier visión hay que aplicar un ojo adaptado a lo que debe verse», que decía Plotino, y habría que considerar hasta qué punto la personal opción de nuestro autor, centrada en una fórmula determinada de la concepción histórica en la que el objetivo de análisis es siempre la clase desfavorecida, no lleva también a adaptar la mirada al entorno. Porque la obra de Jiménez Lozano es, ante todo, una contemplación intelectual. Y su acercamiento al entorno urbano, concretamente de Ávila, está sometido al conflicto entre el tópico y la verdad.

Lógicamente, el autor y sus lecturas han evolucionado hacia una perspectiva nueva que fija su punto de atención en la humildad de los espacios, en las estancias interiores como reflejo de la intimidad de esa sociedad: las pequeñas iglesias rurales, los balnearios decimonónicos o las sobrias casas rurales son buena muestra de ello.

En definitiva, los relatos de *El grano de maíz rojo*, como la mayoría de los relatos de Jiménez Lozano, mantienen una línea abierta hacia la indagación en la identidad de los personajes y, a través de ellos, de la condición humana. Los espacios que circundan a éstos son lugares que trasponen su significación hacia la formulación de auténticos símbolos de la historia que han de ser considerados en la interpretación de su obra.

BIBLIOGRAFÍA

ALBERCA, Manuel. *El pacto ambiguo. De la novela autobiográfica a la autoficción.* Madrid: Biblioteca Nueva, 2007.

BEYLE, Henry (Stendal). *Roma, Napoli e Firenze; Viaggio in Italia da Milano a Reggio Calabria.* Bari: Laterza, 1974.

HERRERO, Jacinto. *Escritos recobrados.* Ávila: Excmo. Ayuntamiento de Ávila, 2007.

HIGUERO, Francisco Javier. «Diseminación deconstructora de la identidad en Un *fulgor tan breve*, de Jiménez Lozano». *Signa. Revista de la Asociación Española de Semiótica* 6 (1997): 327-42.

JIMÉNEZ LOZANO, José. *Ávila.* Barcelona: Ediciones Destino, 1988.

— *Los ojos del icono.* Valladolid: Caja Salamanca, 1988.

— *Segundo abecedario.* Barcelona: Anthropos, 1992.

— *Relación topográfica.* Barcelona: Anthropos, 1993.

— *Un fulgor tan breve.* Madrid: Hiperion, 1995.

— *Una estancia holandesa: conversación.* Barcelona: Anthropos, 1999.

— *El grano de maíz rojo.* Barcelona: Anthropos, 1999.

— *El narrador y sus historias.* Madrid: Residencia de Estudiantes, 2003.

— «Mis rutas y homelands». Sonsoles Sánchez Reyes y Fernando Romera Galán (coords.). *Rutas Literarias por Ávila y provincia.* Salamanca: Ediciones de la Universidad de Salamanca, 2006: 13-20.

LOUREIRO, Ángel. G. «Autobiografía: el rehén singular y la oreja invisible». *Anales de Literatura Española* 14 (2001): 135-50.

MARINAS, José Miguel. «Estrategias narrativas en la construcción de la identidad». *Isegoría. Revista de filosofía moral y política* 11 (1995): 176-185.

UNAMUNO, Miguel de. «Por tierras de España y Portugal». *Obras completas 6,* Ed. Ricardo Senabre. Madrid: Fundación José Antonio de Castro, 2004. 169-378.

LA LÁPIDA FUNDACIONAL DE *EL REINO DE CELAMA*

Carlos Javier García

Arizona State University

En las primeras páginas de *El espíritu del páramo* se dice que una vez que el agua del pantano hubiera transformado el desierto y el lugar hubiera recuperado su verdor, alguno de los forasteros que pasaban por Celama «rememoraba una antigüedad mucho más remota» que la de las tierras áridas y pedregosas características del lugar (*El reino...* 16)[1]. El testimonio de esa antigüedad de bosques y cacerías había quedado inscrito en una lápida romana, la cual funciona como resorte de la imaginación de los forasteros. Desde las primeras páginas, la novela resalta que el mundo en ella dramatizado no se centra en la imagen del páramo de bosques, sino en la tierra desértica marcada por la vida de supervivencia.

Quien haya leído *El espíritu del páramo* seguramente recordará que, antes de comenzar el relato propiamente dicho, figura un epígrafe que reproduce el contenido de la lápida. Semejante epígrafe suprime la homogeneidad tipográfica del libro, lo cual supone una jerarquización a los ojos del lector. Esta centralidad espacial es aún más notoria si se considera que el universo sugerido por el texto lapidario no se corresponde con la literalidad desértica del universo de Celama. Hay que pensar entonces en las implicaciones que tiene la construcción simbólica de la lápida y valorar el hecho de que no encaje en la realidad dramatizada en la novela. Dado que se trata de la figuración de un mundo contrapuesto al del relato, tal vez resulte iluminador considerar en qué medida dicha lápida pudiera estructurar y a la vez desestabilizar la línea argumental desarrollada a lo largo de la novela. La lectura se abriría entonces a preguntas de carácter hermenéutico sobre la disposición espacial de la his-

---

[1] Citaré por la edición que, con el título *El reino de Celama*, publica en 2003 las tres novelas (*El espíritu del páramo. Un relato, La ruina del cielo. Un obituario* y *El oscurecer. Un encuentro*) en un solo volumen, en el que se incluye también un Apéndice titulado *Vista de Celama*.

toria. Hay que valorar si en la espacialización de la historia se encuentran componentes desestabilizadores de la perspectiva interpretativa que privilegia los acontecimientos y deja en segundo plano su disposición espacial. En otras palabras, al considerar que el espacio es portador de sentido, la lectura que centre su atención en la espacialización de la historia no coincidirá con la que privilegie los acontecimientos. Para entender el significado de este juego de perspectivas convendrá observar brevemente un aspecto de la noción de espacio.

CONCEPTUALIZACIÓN DEL ESPACIO

En los estudios literarios, la categoría de la descripción (Rimmon-Kenan 140) convoca una amplia red de términos y autores, entre los que pudiera destacarse el cronotopos de Bajtin y el concepto de diégesis, según lo plantean Genette y otros teóricos.

Es sabido que al examinar la estratificación de los textos narrativos de ficción, Genette denomina a uno de ellos «historia», entendiéndola como el significado o contenido narrativo, al margen de que éste sea bajo o alto en intensidad dramática (Genette 27). La historia señala entonces los acontecimientos inferibles a partir del relato que produce la narración. En nota a pie de página, Genette aclara que usará diégesis con el mismo significado de historia, anotando que el término procede del campo teórico de la cinematografía[2]. De acuerdo con estas consideraciones, «diégesis» sería equivalente a «historia», diferenciándose del relato (el discurso narrativo mismo) y de la «narración» (el acto narrativo mismo que produce el relato). Es de notar que la «historia» se configura como un constructo no verbal, un plano que se abstrae del sistema de signos en que se manifiesta en el texto (Rimmon-Kenan 132). Sin embargo, veremos que la teoría a veces examina las implicaciones que tiene el hecho de que el concepto de «historia» emerja como plano del contenido abstraído de sus manifestaciones verbales o visuales.

David Herman coincide con Genette e identifica historia y diégesis: «the term diegesis corresponds to what narratologists call story; in this

---

[2] «With the same meaning ['story'], I will also use the term *diegesis*, which comes to us from the theoreticians of cinematographic narrative» (Genette 27).

usage it refers to the storyworld evoked by the narrative text and inhabited by the characters» (Herman 276). Porter Abbott, por su parte, identifica la diégesis con «the world created by the narration» y señala el espesor de la diégesis al afirmar que el nivel diegético «consists of all those characters, things and events that are in the world of the primery narrative (i.e., having to do with the main story)» (Porter Abbott 189).

En este sentido, cabe vincular la idea de diégesis a la de «setting», tal como define el término Chatman en su antología de ficción narrativa titulada *Reading Narrative Fiction*. En el glosario, Chatman propone la siguiente definición de «setting»: «the space in which the story-events occur. Setting consists of background and "props"» (699). Diégesis y «setting» aparecen así como términos que señalan de diferente modo los objetos y las cosas que constituyen el espacio en el que se desarrollan los acontecimientos.

Claudio Guillén se remite a Genette y llama diégesis al universo espacio-temporal designado por el relato. Alude asimismo a los tres estratos que configuran los textos narrativos (la historia, el relato y la narración), señalando que ninguno de los tres «coincide del todo con el de la diégesis, que sólo podemos comparar a los demás en la medida en que su construcción es también sucesiva y temporal. La diégesis es un mundo envolvente cuya existencia la lectura novelesca postula desde un principio, pero cuya naturaleza va siendo evocada poco a poco por el estrato verbalmente más completo y descriptivo, que es el *récit* o discurso narrativo» (Guillén 37). Si vimos que Genette establece una equivalencia entre historia y diégesis, en cambio Guillén apunta que la historia «no coincide del todo con la diégesis»; apunta también que su interés al profundizar en la diégesis recae en el discurso narrativo, por ser éste «el estrato verbalmente más completo y descriptivo» (37).

Podría verse en esta diferencia un síntoma del cambio que se ha venido produciendo en los modos interpretativos asociados con el postestructuralismo. Si la narratología de corte estructural apela a la historia como constructo no verbal que se abstrae del medio expresivo, el postestructuralismo se centra en lo verbal y en los sistemas de signos del propio medio expresivo. Centra su atención en la textualidad y busca desvelar los mecanismos que dan forma a la historia.

Tal es la lógica interpretativa que sugieren las consideraciones de Guillén al aproximar la diégesis al discurso narrativo, del cual, dice, «se va desprendiendo un "discurso de las cosas", la manifestación progresiva de todo cuanto significan y sugieren, los objetos, espacios, movimientos y otras interrelaciones que componen el mundo singular de la novela» (37-8). Por lo tanto, el centro de atención es la dimensión constructiva del mundo espacio-temporal.

Antes de concluir este apunte teórico, conviene notar que de lo dicho se desprende un presupuesto de lectura, según el cual es indispensable distinguir el orden de la historia y el del discurso narrativo. Como señala Culler, son dos los planteamientos principales en torno a esta distinción. Según el primero, los acontecimientos pertenecen a la realidad de la ficción y no al discurso narrativo que los presenta. Su naturaleza, por lo tanto, es prediscursiva e independiente de la valoración y significado que se les asigne en la presentación verbal. La historia y el discurso tienen sus esferas propias, independientes la una de la otra. Según otro planteamiento, que Culler contrasta con el anterior, las estructuras de significación del discurso narrativo, en algunos casos, pueden determinar la naturaleza misma de los acontecimientos presentados[3].

EL GRADO CERO DE LA MIRADA

Por lo que respecta a *El espíritu del páramo,* se trata de examinar, en primer lugar, hasta qué punto son determinantes las estructuras de significación que impulsan la creación del espacio diegético, y, en segundo lugar, ver si éste acaba por imponer un sentido cuya lógica desestabilice los acontecimientos presentados en la novela. Es previsible que, a medida que descubre el mundo de Celama, el lector vaya señalando la realidad cruda y el paisaje árido, tanto por lo que corresponde a los acontecimientos representados como por el tratamiento discursivo de los mismos. Ni los personajes salen de la desgracia de su destino de pobre-

---

[3] Sobre la posible disyunción de la historia y el discurso narrativo, véase el lúcido estudio de Culler (169-87). También Chase, más recientemente, examina las paradojas que produce la distinción. Desarrollo esta cuestión en «Las otras cartas de *La verdad sobre el caso Savolta*», *Hispanic Review* 69.3 (2001): 319-36. También la estudio en el libro *Contrasentidos.*

za, ni logran el conocimiento que les permita salir airosos de su estado cuando el agua del pantano riegue el suelo y permita un desarrollo económico que mejore su bienestar material. Las claves explicativas de que disponen los habitantes de Celama, tienen, en efecto, un alcance limitado, resignándose a ver que sus aspiraciones han quedado marcadas por el espacio que envuelve y configura sus vidas.

Al hecho de que los habitantes no logren esclarecer sus incógnitas existenciales, hay que sumar el hecho de que la multiplicidad de los hilos narrativos produce en la novela una dispersión textual cuya lógica pareciera responder más a la contingencia y a la yuxtaposición que a una perspectiva unificadora. La figura del laberinto, de consistencia fundamentalmente espacial, se ajusta bien a la realidad constitutiva de la ficción. De lo cual cabe desprender que las estructuras de significación del discurso narrativo espacializan la historia y pueden determinar la naturaleza misma de los sucesos. Junto con la historia interesaría ver también cuáles son los mecanismos de sentido que subyacen a los esquemas mentales de los personajes que habitan Celama e interaccionan con su entorno.

En el campo filosófico, el espacio aparece como una categoría interdependiente del tiempo y frecuentemente se considera, con Kant y el pensamiento moderno, que el espacio es una forma a priori de la percepción. No es tanto una propiedad de las cosas en sí como una facultad de la propia subjetividad. La mente, al percibir objetos, personas y cosas establece interrelaciones de carácter espacio-temporal. Es decir, no hay una percepción limpia hasta la transparencia, neutra, capaz de aprehender lo real en sí. Sobre la base de esta incapacidad para la aprehensión transparente, hay que afirmar entonces que no existe un grado cero de la mirada. La mirada está condicionada por los valores que la conforman, lo cual implica que esos valores pueden determinar una manera particular de ver.

En la medida en que la concreción del espacio conlleva actividad perceptiva, entonces hay que considerar que el espacio emerge del vacío en virtud de una operación que es la espacialización. Es decir, tanto la creación como la percepción receptora del espacio surgen a través de la actividad constructiva que conlleva la percepción en sí. El centro de interés de esa actividad es la verbalización y la visualización del espacio, tanto si se trata de materia inerte como viva.

TIERRRA Y CULTURA (COEXISTENCIA)

El capítulo primero de la novela es un relato fundacional de Celama que encierra un prodigio, en la medida en que la palabra excede los límites positivistas en la presentación de la naturaleza. Por un lado, se constituye un espacio inerte; por otro, se añade una significación que sugiere algo más y otorga a la materia inerte una dimensión espiritual, tal como señala el título *El espíritu del páramo*. Es decir, no estamos sólo ante la significación del diccionario, que explicaría el vocablo *páramo* definiéndolo como terreno yermo, raso y desabrigado; también lugar sumamente frío y desamparado. Veamos algunos signos que implican algo más.

En los primeros párrafos aparece la primera interpretación de la materialidad del lugar, asociándola con el abandono en que ha ido quedando cuando la gente se marcha o emigra de allí: el entorno son «hectáreas hueras, eso sí, que semejaban alcobas de casas que no se usan, donde los muebles no llenan el espacio sino que lo certifican, porque lo que ya no vale no ayuda a llenar lo que le corresponde sino a corroborar el vacío, que es lo que mejor promueve el abandono» (*El reino...* 15). El relato proyecta sobre el espacio significación y transciende la materia inerte.

Para dotar de inteligibilidad a Celama, el narrador se sirve de un lenguaje que privilegia la geografía como discurso constitutivo del lugar originario: «el orden de lo que pudiera contar tiene *un principio* en la geografía porque Celama, a pesar de todo, sigue siendo un territorio, quiero decir que lo que subsiste en ese reino desolado es la demarcación de una tierra situada en el centro de la mitad meridional de la provincia, una franja perfectamente delimitada del resto de la Meseta por los Valles de los ríos Urgo y Sela» (15-16; la cursiva es mía). Junto con la materia inerte recién señalada, se resalta así que uno de los principios de la concepción de Celama es la geografía de contornos definidos y susceptibles de su representación en un mapa. El lector recordará que en *El reino de Celama* figura un apéndice que incluye un mapa del territorio.

Tras la descripción geográfica del lugar se impone en el relato la perspectiva geológica: «la descripción de los geólogos se atiene a esa otra aridez de las entrañas en la que el tiempo se mide en cantidades de oscuridad, quiero decir que la materia ordena su formación sin que el tiempo la controle, en cantidades de oscuridad mineral de las que nadie tuvo conciencia» (16). También aquí la interpretación narrativa transformará luego el espacio inerte añadiendo una significación alusiva a una profundidad que es a la vez el inconsciente de la materia y de las gentes que habitan Celama: «bajo el manto de las rañas se presentía otro latido distinto al geológico, otra compaginación de estratos que sumaban los malos sueños y los peores augurios, las amenazas que componían en la sepultura de la tierra la morada de los pensamientos mortales» (17-18). Queda claro así que las «cantidades de oscuridad mineral de las que nadie tuvo conciencia» (16) permanecen latentes y que, de forma amenazante, se manifiestan en los presentimientos, en los augurios y en los sueños. Por otro lado, el latido de esa oscuridad mineral, que presiona la conciencia a modo de inconsciente, se exterioriza en el «aliento fúnebre» (18) que emana de la tierra al cavar los pozos.

Esta importancia concedida al suelo, como principio estructurador, responde a la presencia de dimensiones interpretativas que desde un principio configuran el espacio y le dan una significación que inscribe la nada, la desolación y el vacío en la fundación espacio-temporal de Celama. Ahora bien, al capítulo primero le precede el siguiente epígrafe, ya aludido al comienzo de estas páginas:

> De los ciervos los altos cuernos
> dedica a Diana Tulio,
> a los que venció en la llanura del Páramo
> lanzado en veloz corcel.

Se trata de un texto escrito sobre piedra de la época romana[4]. La lápida que contiene la inscripción latina, *El Ara de Diana*, fue hallada en 1862 a raíz del derribo del segmento de la muralla donde había sido aprovechada como material constructivo. En la actualidad se encuentra en el Museo de León. Esta inscripción enmarca el texto de la novela en su totalidad y lo transforma, sobre todo por la visibilidad del epígrafe,

---

[4] Puede ampliarse información arqueológica e histórica en el estudio *Inscripciones romanas de la provincia de León*, de Francisco Diego Santos (León: Diputación Provincial de León, 1986). Para la recepción crítica de *El espíritu del páramo*, no considero necesario repetir lo que recientemente escribí en la introducción a dicha novela (García 2008: 38-42).

por quedar subrayada su importancia en el capítulo primero, y porque su posible sentido queda manifiesto y reiterado para integrarse en el espacio diegético. Veámoslo con cierto detalle.

Dado que el relato de los geólogos se corresponde con la aridez de la superficie y es perceptible por la vista, cuando llega el agua del pantano se produce un desajuste que transforma el suelo y la «aspereza del paisaje»:

> Luego la tierra transformada recuperó un verdor que no le correspondía, ganó la suerte de un vergel agrícola, y alguno de los forasteros que cruzaban las hectáreas húmedas rememoraba otra antigüedad mucho más remota, de la que en Celama nadie sabía nada: la antigüedad de los bosques que recriaban en la espesura los animales más variados y de la que, al parecer, había constancia en una lápida dedicada a Diana por el legado de una histórica Legión, allá en los años ciento sesenta después de Cristo. El legado se llamaba Tulio Máximo y dedicaba a Diana la cornamenta de los ciervos cazados en la Llanura (*El reino...* 16).

Conviene tener presente que, desde la perspectiva de las gentes de Celama, el verdor no le corresponde al lugar y que la rememoración de la antigüedad es ajena a la conciencia de las gentes de Celama. Hay que notar también que, para la configuración de Celama, se recurre a términos que introducen la diferencia y estructuran la identidad del lugar. Todo queda temporalizado por la lápida, sin que sea posible aislar los acontecimientos fuera de su acontecer. Lo que ocurre se sitúa en el tiempo, antes o después, de modo reiterado o por primera o última vez.

La lápida introduce asimismo el misterio y lo conjetural como contrapunto a la composición de la materia, a su formación y a su transformación actual. En el apéndice de *El reino de Celama*, a casi setecientas páginas del epígrafe inicial, se dice de la palabra páramo que es una de las «más misteriosas y remotas de nuestro idioma, una palabra de origen prerromano, ni ibérico ni celta, probablemente procedente de otra lengua indoeuropea» (680-81). De la composición geológica y de la geografía, el relato se desplaza así, en las últimas páginas, al componente lingüístico, al páramo textualizado de la lápida y al de la historia de Celama. Es decir, de la descripción referencial a la reflexividad lingüística. Este plano reflexivo del final incita a volver al inicio de la novela, cuando la voz narrativa que acaba de surgir del vacío comienza allí a dar forma al espacio. El relato temporaliza la descripción del suelo, encadenándolo a la historia de un pasado remoto, que contrasta con el páramo yermo y desolado del presente. En este primer capítulo fundacional, por lo tanto, el vacío y la aridez del lugar coexisten con la espesura de los bosques y con la historia que introduce el primer texto originario de la lápida.

Tierra y cultura (alteridad)

Salta a la vista que el contraste es un principio básico de la configuración temporalizada de Celama. Tierra y cultura, suelo e historia muestran su alteridad en la lápida, ruina de un pasado y a la vez texto inspirador de su fundación. Los orígenes culturales de Celama se inscriben en la piedra a través del espacio lapidario que da pie a la creación de un imaginario primordialmente visual, concretado en la «*imagen* de un Páramo boscoso, cazadero de legados romanos que galopaban fogosos corceles tras los ciervos» (681; la cursiva es mía). Se crea así un sistema mixto de signos gráficos, táctiles (la lápida, que se puede tocar, también posee cualidades perceptibles por el tacto) y visuales, en la medida en que el discurso es inseparable de la materia en que se inscribe, de la piedra labrada e inscrita. Lo verbal, lo táctil y lo visual entrelazados e inseparables en la lápida y en el origen lingüístico del lugar.

El hecho de que la lápida fundacional ponga de manifiesto la naturaleza textual de Celama, produce un efecto doble. De un lado, incita a la identificación con lo relatado; de otro, a la distancia, a ver lo que se cuenta desde una distancia más abarcadora y descubrir cómo se forja su sentido. Veremos que aparece entonces la duplicación interior, una forma narrativa, común al lenguaje verbal y al visual, que pone de manifiesto la estructuración bipolar en la presentación de las relaciones entre arte y vida, ficción e historia, o ilusión y realidad[5].

---

[5] Los dos niveles, el marco y el interior, facilitan la alteración de distancias y producen múltiples perspectivas, contribuyendo a crear una sensación de realidad y a hacer más convincente el mundo imaginario. Pero también pudiera incitar al ejercicio crítico del descifrado. Lo mismo en el campo de la pintura (el ejemplo clásico es *Las Meninas* de Velázquez) que en el de la literatura (*El Quijote*; más contemporáneo, *Antagonía* de

En el caso que nos ocupa, los viajeros que pasan por Celama y el lector se sitúan en el mismo plano, por ser unos y otros observadores de la lápida y del contraste con el páramo. La inscripción de la lápida es un espejo en miniatura de la novela en su conjunto, pero es un espejo que más que duplicar una copia exacta sirve de contraposición para recalcar la condición de Celama y sus gentes. En este sentido, hay que recordar que las gentes de Celama no son quienes se dejan llevar por el resorte imaginativo de la lápida, sino que quienes proyectan su imaginación sobre el pasado remoto son algunos de los forasteros que atraviesan el lugar. Esto es coherente con el hecho de que la propia novela constituye el universo de Celama contraponiéndolo al del pasado remoto. El lector se sitúa de este modo en el mismo plano que los forasteros y observa la realidad del páramo como contrapunto real y cercano del mundo distante de la lápida.

Por otro, la lápida es un recordatorio de que las palabras nos separan de la aprehensión directa de lo real. Aun cuando el lenguaje busque captar de modo directo lo aludido por palabras o imágenes, se produce la paradoja de que el lenguaje marca la brecha que separa al sujeto de lo real. La centralidad del texto visualiza en él huellas de una ausencia; el texto lapidario lleva inscrita la alteridad y la diferencia como marcas de identidad propia.

Aun si el mundo que sale de las sombras del pasado está apenas esbozado, el breve texto de la lápida basta para transportar a los forasteros a espacios imaginativos distantes; la fuerza de la invención es un elemento desencadenante del relato que transfigura el lugar a sus ojos. El modo de expresión se aleja entonces del espacio árido y se registra una transfiguración que eleva la perspectiva e idealiza el espacio del pasado lejano. Esa novelización del pasado contribuye a aproximar el presente, vivifi-

---

Luis Goytisolo) o en el del cine (recordemos su empleo en *La ley del deseo*, de Almodóvar, o en *Carmen*, de Carlos Saura). En todos estos casos encontramos múltiples variantes compositivas en las que un nivel argumental interior duplica otro exterior, o viceversa. Hablamos de duplicación interior cuando un fragmento textual, un plano pictórico o un relato interior duplica el relato cápsula o exterior. Consiste en presentar una acción dentro de la acción, pudiendo el reflejo ser réplica exacta o contrastada, o incluir una relación de sucesos con referencias equívocas que, sin embargo, poseen la misma sustancia unificadora.

cándolo y haciéndolo reconocible a través de su proximidad temporal y del acercamiento a la actualidad desolada.

La lápida se erige como piedra fundacional de un mundo; es un resorte del que se vale el escritor para infundir fuerza narrativa a la identidad del lugar y sus gentes. Al mismo tiempo, esa lápida insta también a revisar nuestras premisas de lectura: a reconocer en ella un objeto identificador y a la vez distanciador de la realidad de Celama. De ahí su virtualidad significativa: si por un lado afianza la sensación de realidad de Celama, por otro, constata y visualiza la textualidad de sus propios cimientos. Ello confiere a la palabra un valor que va más allá de su mera funcionalidad instrumental e insta a leer el texto como letra, como literatura. En última instancia, por lo tanto, la piedra que habla es un elemento desestabilizador de la identidad, pues señala el papel que tiene el artificio de la palabra en la creación del lugar y del espíritu del páramo, lo cual pone en evidencia la ilusión de la identidad de Celama como lugar idéntico a sí mismo, es decir, abstraído del lenguaje. La propia materialidad de Celama se registra en la lápida, de cuya existencia no hay duda, al menos en cuanto es posible ver y tocar en el Museo de León un texto que forma parte de sus remotos orígenes.

No se trata de un componente meramente decorativo, sino que forma parte de la interacción entre palabras e imágenes, entre lo geológico y la cultura, entre el suelo y el paisaje, entre la «imagen de un Páramo boscoso» y la del «desierto batido por los vientos» (681). La lápida proyecta su significación sobre el escenario de Celama e impone una forma de lectura que no invita sólo a leer a pies juntillas, sino al ejercicio crítico de la lectura que ve la propia lápida y *El reino de Celama* como textos por los que se da forma a la realidad. Ese ejercicio insta a leer avanzando con formas de pensamiento que acentúan la diferencia entre lo real, los signos y su realidad textual; en otras palabras, entre la tierra y la cultura.

El universo mitificado de la lápida no ha de verse como algo ajeno, como una otredad artificiosa de Celama, fruto de la imaginación de los forasteros, sino como un indicador de que Celama es en sí un producto de la textualidad. En este sentido, la lápida es un dispositivo que señala la naturaleza textual del lugar. Por otra parte, el páramo depende del bosque, es decir, su conceptualización depende del bosque inscrito en ese artefacto cultural romano. La aspereza desértica requiere la presencia del mito de la cacería contenido en él. Son sus cualidades y su naturaleza conceptual las que le hacen formar parte intrínseca de Celama. Si en el arranque de la novela se dice que Celama «tiene un principio en la geografía» (15), el relato muestra que el páramo es también una página en blanco que va adquiriendo forma y que tiene en la lápida un resorte de la imaginación y un componente estructurador del universo espacio-temporal de Celama.

BIBLIOGRAFÍA

CHASE, Cynthia. «Oedipal Textuality: Reading Freud's Reading of *Oedipus*». *Diacritics* 9.1 (1979): 54-68.

CHATMAN, Seymour. *Reading Narrative Fiction*. New York: Macmillan Publishing Company, 1993.

CULLER, Jonathan. *The Pursuit of Signs. Semiotics, Literature, Deconstruction*. Ithaca: Cornell UP, 1981.

DÍEZ, Luis Mateo. *El espíritu del páramo*. Edición, introducción y guía de lectura de Carlos Javier García. Madrid/Valladolid: Iberoamericana/Cátedra Miguel Delibes, 2008.

— *El reino de Celama*. Barcelona: Areté, 2003.

GARCÍA, Carlos Javier. *Contrasentidos. Aproximaciones a la novela española contemporánea*. Zaragoza: Prensas Universitarias de Zaragoza, 2002.

— «Edición, introducción y guía de lectura» a Luis Mateo Díez, *El espíritu del páramo*. Madrid/Valladolid: Iberoamericana/Cátedra Delibes, 2008: 1-73, 217-34.

— «Las otras cartas de *La verdad sobre el caso Savolta*». *Hispanic Review* 69.3 (2001): 319-36.

GENETTE, Gérard. *Narrative Discourse: An Essay in Method*. Traducido por Jane E. Lewin. Ithaca, N.Y.: Cornell UP, 1980.

GUILLÉN, Claudio. *De leyendas y lecciones. Siglos XIX, XX y XXI*. Barcelona: Crítica, 2006.

HERMAN, David. *The Cambridge Companion to Narrative*. Cambridge: Cambridge UP, 2007.

PORTER ABBOTT, H. *The Cambridge Introduction to Narrative*. Cambridge; New York: Cambridge UP, 2002.

RIMMON-KENAN, Shlomith. *Narrative Fiction: Comtemporary Poetics*. 2ª ed. London/New York: Methuen, 2002.

De la novela al microrrelato. El lugar de la memoria literaria en la convergencia genérica

Mercedes Rodríguez Pequeño
Universidad de Valladolid

Todo género es producto de un proceso de institucionalización histórico-cultural, con unas determinadas características establecidas, que al mismo tiempo son cambiantes y ampliables. Historiadores, teóricos y críticos literarios han señalado cómo en el último siglo hemos asistido a la constitución y canonización del microrrelato como género discursivo nuevo en el que hay inversión, desplazamiento y combinación de rasgos característicos de otros géneros, con la consiguiente presencia de una tradición de textos literarios que han seguido un haz de rasgos de otros que actuaron como modelo. Es una categoría genérica en la que se reconocen unos rasgos dominantes, que no obligan pero condicionan al autor y al lector, y que pasan de unas obras a otras. La historia ha canonizado esta tradición textual y ha establecido una vinculación de textos en un grupo, en el que se da una recurrencia de ciertas propiedades discursivas y unas constantes semióticas y retóricas.

El microrrelato, como forma nueva, se convierte en un territorio propicio para entablar diálogo con otras formas genéricas. Ante el cuento o la novela corta, la crítica ha señalado como rasgos textuales esenciales del microrrelato la economía discursiva y la condensación de la historia narrativa, mediante la concentración de la acción, la linealidad y la abreviación del tiempo; la reducción del número y caracterización de los personajes, e incluso la preponderancia del modo narrativo frente al diálogo y la descripción, junto a la minimización del diseño y configuración del espacio. Es evidente la derivación del cuento, con el que coincide en muchas de estas características, y del que se aleja por su decidida opción de la extrema brevedad y concisión, que repercute en los rasgos discursivos, temáticos y estructurales. Aunque ninguno de ellos es un rasgo genérico esencial que lo diferencie por sí solo del cuento, es precisamente ese proceso de condensación, reducción y soslayo que exige la extrema brevedad, el que altera los componentes de la acción y el que aporta el valor estético esencial del microrrelato.

Así pues, todos aquellos rasgos apuntados para el cuento se extreman hasta llegar a su mínima expresión: brevedad extensional, sintetización expresiva y economía narrativa; condensación de todos los elementos de la historia narrada, atención sinecdóquica a lo parcial antes que a lo total. Otros, sin embargo, se resaltan como la enfatización de los mecanismos de tensión e intensidad narrativa, y la acentuación de la capacidad de evocación y sugerencia (Lagmanovich, Andres-Suárez). Asimismo, el final inesperado y el desenlace sorprendente siguen siendo caracteres compartidos con el cuento, pero con la diferencia de que en el microrrelato están potenciados. En un afán de establecer para el microrrelato algún rasgo que no sólo sea de grado, se apunta el reforzamiento de los mecanismos de la alusión, la mayor abrupción final y la frecuentísima composición mediante técnicas y procedimientos retóricos y estilísticos (Ródenas de Moya). Observamos que seguimos con rasgos diferenciadores basados en criterios de cantidad, no de cualidad, lo cual hace muy difícil separar teóricamente los rasgos textuales específicos de uno u otro género, aunque en el microrrelato percibamos una especial actitud creativa y de respuesta lectora. Como en el cuento, en el microrrelato están presentes, aunque de manera condensada, todos los elementos que conforman la narratividad: la narración de una acción realizada por los personajes, sustentada en un conflicto y que transcurre en un tiempo y lugar. Por tanto, es una narración breve caracterizada por la fuerte concentración de la acción, del tiempo y del espacio, que no representa el flujo del destino del hombre ni el desarrollo y maduración del personaje, pues su concentración estructural no implica el análisis minucioso de las vivencias del individuo y sus relaciones. Sin embargo, todos y cada uno de esos elementos conllevan un especial tratamiento y un singular enfoque de lo relatado. Por ello, además de a la extrema brevedad, que mediatiza tanto el enfoque narrativo como el planteamiento estructural y discursivo, el microrrelato está vinculado a ese rasgo de naturaleza semántica-pragmática que es su capacidad de sugerencia y carácter alusivo, que evidentemente exige una especial modalidad de lectura.

En este sentido, y si en los aspectos formales el microrrelato es deudor del cuento, igualmente podríamos considerar la combinación y desplazamiento de rasgos de los géneros breves de la denominada literatura gnómica, que repercuten en la dimensión hermenéutica. Si por un lado el carácter universalizador diferencia al microrrelato de la escritura aforística moderna, porque ésta nos proporciona verdades parciales o provisionales, propias de un autor y de un momento histórico; por otro, ambas formas breves mantienen cierto aire de familia, puesto que el microrrelato, como el aforismo, formula un pensamiento en acción en una enunciación condensada, precisa y breve, y reclama la colaboración del lector que «participa vicariamente en el proceso de descubrimiento y de búsqueda» (González 213). Ahora bien, teniendo siempre presente que al aforismo (como la máxima y la sentencia) carece de la entidad narrativa de la ficción, pues mientras el relato tiene que contar algo, el aforismo, puntualiza Monterroso, es algo que se piensa y se propone como verdad u opinión.

Igualmente se ha señalado su vinculación con la lírica, en general, y con el poema en prosa en particular. El microrrelato comparte con el poema en prosa la autonomía, unidad semántica, brevedad, intensidad y tensión del discurso, así como la búsqueda de un efecto de sorpresa en el lector. Sin embargo, es la condición narrativa del microrrelato, frente a la ausencia de fábula en el poema en prosa, la que establece la distinción principal entre ambos géneros. Hay además otros rasgos que distinguen al microrrelato, como la temporalidad y el desenlace narrativo, que no se dan en el poema en prosa. Teresa Gómez Trueba habla de «prosa desnuda» cuando se refiere a los ahora considerados microrrelatos de Juan Ramón Jiménez, en los que, de forma coherente con su reflexión estética sobre la brevedad, el autor elimina todo elemento descriptivo, los recuerdos nostálgicos o la pura reflexión metafísica o estética del poema en prosa, para quedar sólo la anécdota (Gómez Trueba 4).

Podríamos seguir en esta sucinta atención al espacio fronterizo, recordando otras cuestiones de mestizaje y distinción de géneros, y señalar la posibilidad de entender el microrrelato como germen, fragmento o punto de partida para la reescritura de cuentos o novelas, pero no lo creo necesario para la cuestión que ahora nos ocupa.

Numerosas publicaciones corroboran que el microrrelato responde a una clara voluntad de género por parte del autor, y presenta un nuevo código, con un conjunto de rasgos y convenciones propias para la representación de la realidad y de la visión del mundo. Estamos ante una nueva constitución formal genérica, exponente también de una ideología o concepción del mundo, pues «una sociedad elige y codifica actos que corresponden más exactamente a su ideología, por lo tanto la existencia de ciertos géneros en una sociedad, como su ausencia en otras, son reveladores de esa ideología», decía nuestro recientemente galardonado con el Premio Príncipe de Asturias de las Humanidades Tzvetan Todorov («El origen...» 38-9; *Les genres...* 34-40); síntoma, por tanto, de un fenómeno cultural más amplio (Zavala 87).

Asimismo, el microrrelato exige una modalidad de lectura y una estrategia hermenéutica, pues en la construcción de esta forma breve adquiere relevancia la incertidumbre, que se mantiene hasta el final ante las posibles interpretaciones, dado su sentido siempre complejo y su final inquietante, que nos permite hablar en el microrrelato de un procedimiento esencial de «contar y descontar» (Fernández Ferrer 25-34). Como en el funcionamiento de todo género, en el microrrelato se da en la conciencia del lector la pertenencia de una obra a un género y esto condiciona la comprensión y orienta las posibilidades interpretativas. Por ello es importante la competencia genérica con la que el lector aborda y valora la calidad estética de cada obra individual, reconociendo los rasgos que comparte con su serie genérica, y extendiendo su tarea a rellenar los lugares de indeterminación.

Es lógico que el microrrelato exhiba combinación y desplazamiento de rasgos característicos de otros géneros de breve extensión, materia sobre la que una amplia bibliografía crítica ha trabajado. Más sorprendente nos resulta ver cómo el microrrelato es capaz de acoger elementos configuradores de la novela. Y de ello he sido consciente ante el microrrelato de Luis Mateo Díez:

En el mar

El mar estaba quieto en la noche que envolvía la luna con su resplandor helado. Desde cubierta lo veía extenderse como una infinita pradera.

Todos habían muerto y a todos los había ido arrojando por la borda, siguiendo las instrucciones del capitán. –Los que vayáis quedando –había dicho– deshaceros inmediatamente de los cadáveres. Hay que evitar el contagio, aunque ya debe ser demasiado tarde...

Yo era un grumete en un barco a la deriva y en esas noches quietas aprendí a tocar la armónica y me hice un hombre.

En su expresividad está cifrada la calidad estética y la capacidad poética de su esencialidad genérica; no obstante, a través de su significación, por su verdad universal e intemporal, su precisión temática, la caracterización del personaje y la dimensión espacial, mantiene su anclaje en la novela de aprendizaje. El microrrelato aporta el propio diseño discursivo, y de la novela toma prestados los motivos temáticos caracterizadores de un subgénero y mantiene categorías, como la espacial o el desarrollo del personaje, de difícil filiación en las formas breves. Y a la memoria literaria atribuyo el hecho de que pervivan en una forma breve elementos de una narración extensa.

Como ya he manifestado en otra ocasión, la aproximación a los microrrelatos de Luis Mateo Díez ha provocado en mí un impacto emocional, de reconocimiento de una intensa narratividad, traducida en un «no sé qué que queda sugiriendo», que en definitiva parece ser lo que distingue al microrrelato de los otros géneros narrativos breves, al escaparse misteriosamente de los rasgos formales o temáticos más específicos. De «En el mar» me sorprendió la presencia conjunta de lirismo y dramatismo que aportan el personaje, la temática y la configuración discursiva del espacio, a través de categorías y elementos narrativos considerados esenciales en las grandes novelas. Tal vez el mayor alejamiento de aquella tradición oral que caracteriza la obra de Luis Mateo Díez, a favor de la relevancia de la memoria literaria, se manifieste en este microrrelato mediante la compleja construcción de la dimensión espacial y del personaje.

Es bien sabido que en la formación literaria de Luis Mateo Díez ha tenido una especial incidencia su experiencia como oyente de los cuentos que se contaban en los filandones, y que sus raíces literarias están enganchadas a esa cultura oral. Él mismo ha señalado a menudo el sustrato de muchos cuentos contados y escuchados. No obstante, aquella oralidad pronto emparentó con las obras literarias leídas y la tradición escrita enseguida se sumó a la oral, y ambas han contribuido a delinear su concepción y actitud ante la vida, representada en su obra narrativa. A la repetida consideración del carácter vivido de su producción narrativa, se han sumado las propias declaraciones del autor cuando decía en *Novela de identidad* (61-4), que siempre prefirió las obras que ahondando en lo particular nos llevan a lo universal, y para alcanzar lo universal consideraba un buen punto de partida lo vivido, es decir, su propia experiencia rural. Pero, aun siendo este el sustrato más poderoso en su imaginación, también en su afán universalizador, junto al recurso de lo vivido, utiliza el recurso de lo leído, que de igual manera forma parte de su experiencia, subrayando en esa empresa la eficacia del valor de la literatura: experiencias vitales derivadas de otras obras literarias con las que el autor se identifica.

Y así se lo explica el autor en una entrevista a José E. Martínez Fernández: «La memoria es para mí ese territorio donde, por decirlo de alguna manera, se suscita mi inspiración, el espacio donde surgen mis historias. Memoria personal, memoria histórica, memoria legendaria, memoria mítica, todo mezclado y ensamblado». Y añade en otra ocasión:

> Una evaluación de lo que en la memoria histórica, en el devenir de los siglos, supone la memoria literaria, la memoria narrativa, la huella de esa verdad artística que se ha perpetuado en el universo imaginario, resultaría tan contundente que, si sólo por un momento pudiéramos pensar en su pérdida o en su inexistencia, sentiríamos el terrible vacío de lo que sólo ella contiene, ese otro resplandor del pasado que la ficción literaria hace pervivir con el latido y la intensidad con que sólo el arte derrota al tiempo [...] lo que supone la memoria de la propia literatura, la tradición que la constituye, la conciencia de esa tradición a la que pertenece [...]. La literatura va forjando la memoria de ella misma y uno puede apreciar, como ineludible herencia enriquecedora, ese patrimonio que integra la tradición a la que se pertenece, que no es otra cosa que la acumulación de las conquistas imaginarias («Territorios...» 17-8).

Es fácil rastrear la intervención de la memoria literaria en la obra narrativa de Luis Mateo Díez. En unos casos podemos hablar de intertextualidad temática y formal; en otros, de influencias y, de manera singular, de intertextualidad literaria de experiencias vividas. La crítica ha considerado la estrecha vinculación compositiva, dentro de su obra, entre los cuentos y la novela, pues ésta muchas veces parece la suma de aquéllos, e incluso se han llegado a definir muchas de sus novelas como «un cuento de cuentos» (Valls 54). Asimismo, se ha señalado una constante temática, conseguida mediante la repetición de motivos que entrelazan cuentos, novelas y microrrelatos, imprimiendo con este trasvase una coherencia general en su obra. Además, el autor no duda en incorporar en la novela procedimientos de otros géneros (de la novela negra en *Las estaciones provinciales*; *La fuente de la edad* mantiene lo mejor de la narrativa cervantina; entra también con mucha facilidad en su narrativa la picaresca; y está presente su admiración por la novela rusa, y la influencia de tantos autores –Faulkner en *Camino de perdición,* Cesare Pavese, Juan Rulfo, John Berger—, sin olvidar el acentuado linaje valleinclanesco). Entre otros tantos ejemplos, dentro de esa memoria que entronca con la tradición literaria, Miguel García Posada adscribe el espacio de *La fuente de la edad* al de la tipología de las novelas italianas contemporáneas (Basan, Pavese, Patrolini o Vittorini) (García Posada 3). En algunas de sus novelas se reiteran las imágenes marítimas, de hombres como «el náufrago de un innoble viaje en un mar de miserias», en *Las estaciones provinciales*; o en *La fuente de la edad,* donde se repite ese náufrago que sobrevive más allá del embate de las olas; o *El expediente del náufrago*, «novela que desarrolla el viejo tópico de la vida como navegación y del hombre como náufrago en el mar de la vida» (Martínez Fernández, «Territorios...» 135-45). Estaríamos hablando, pues, de intertextualidad literaria incorporando a su obra elementos de su propia narrativa y de la de otros autores.

En el microrrelato elegido encontramos el motivo del viaje, que aparece en novelas como *Las estaciones provinciales, Camino de perdición, El expediente del náufrago* o en cuentos como «Las horas completas» (1990) o «Hotel Bulnes», así como en el microrrelato «Destino». Muy a menudo el viaje va unido a la muerte, y así confluyen en «El sueño y la herida», y en la novela *El paraíso de los mortales*, donde el viaje y la muerte proporcionan la transformación del individuo. Efectivamente los temas del viaje y la muerte en su función de aprendizaje son más propios de la novela, aunque la genialidad discursiva de Luis Mateo Díez ha conseguido incorporarlos en la estructura del microrrelato y trasvasar a éste el desarrollo temático y el alcance interpretativo del *Bildungsroman*. Valoramos en la obra de Luis Mateo Díez esa contribución de la memoria literaria que está en el territorio interior de la experiencia y sirve de motor de la invención, y además, en este caso concreto que ahora pretendo explicar, consigue enlazar dos formas genéricas, en un trasvase genérico, en una convergencia de subgéneros narrativos o diálogo entre dos formas genéricas, que viene dado por la configuración espacial, el tratamiento del personaje y los elementos temáticos.

Junto a ello, el grado de experimentación y acierto por parte del autor nos permite adscribir este microrrelato al subgénero de aprendizaje, marbete reservado a la novela. El concepto de *Bildung* conlleva un sentido activo y reflexivo y está íntimamente relacionado con conceptos como *Geist* (espíritu) y *Freiheit* (libertad), que tienden a la plenitud de lo humano. Los rasgos del *Bildungsroman* fueron señalados por Hegel y Dilthey desde los ideales humanistas de la Ilustración y sus planteamientos filosóficos; y para Gadamer, el aprendizaje (*Bildung*) se convierte en el elemento característico de las ciencias humanas del siglo XIX. De esta manera, la asociación entre hermenéutica y teoría de la formación sigue siendo válida para dar respuesta a cuestiones que afectan a la vida humana. Incluso la juventud es considerada como forma simbólica de la modernidad en la narrativa europea, y tiene en *Los años de aprendizaje de Wilhelm Meister* (1975) de Goethe, el modelo genérico. Las características del género se mantienen actualizadas y están recogidas en este microrrelato.

En el microrrelato «En el mar», tan alejado de la tradición oral y de los recuerdos de infancia y de la geografía de Luis Mateo Díez, se acoge el flujo de referentes literarios del *Bildunsgroman*, reconfigurados y reconstruidos para el microrrelato. Sintetiza de manera magistral motivos desarrollados en la novela, e incorpora al microrrelato los criterios que definen la novela de aprendizaje, para mejor exponer su concepción y visión del mundo, puesto que el aprendizaje responde a una estructura temática de origen antropológico que hace referencia al proceso formativo del hombre. Esta especificidad temática ha tenido como marco principal el de la novela, y sin embargo, Luis Mateo Díez maneja con habilidad esta técnica en la narrativa más breve, adecuándola al criterio compositivo que el microrrelato exige, para aludir al desarrollo de la experiencia vital que se da en la novela.

Junto al espacio y el tiempo, la imagen del hombre en proceso de desarrollo estructura la trama novelesca. Es característica de la novela de aprendizaje la capacidad formativa y transformadora de los acontecimientos sobre la personalidad del protagonista, quien obtiene un conocimiento de su propia identidad (razón por la cual suele darse un tipo de novelas de aprendizaje de carácter autobiográfico) y cuya determinación sustancial es la juventud.

El personaje protagoniza unos acontecimientos que conllevan el significado de prueba, de experiencia, son hechos que asume en su personalidad, entran a formar parte de su proyecto vital y aprende a conocerse. Por tanto, es esencial que estos acontecimientos tengan lugar en la etapa que va de la juventud a la madurez del personaje, y el viaje es un elemento fundamental, ya sea en el sentido geográfico o metafórico, de camino hacia el interior del hombre.

El fenómeno del *Bildungsroman* comporta el perfil semántico de reflexión del propio sujeto que se forma, con el valor añadido de «autoconciencia», como lo denomina la fenomenología hegeliana, puesto que el protagonista es actor y receptor de su propia experiencia. Y este rasgo nos obliga a reflexionar sobre el personaje, su comportamiento y su estrecha relación con el espacio.

Las aportaciones teóricas sobre el espacio como elemento del texto narrativo se han orientado generalmente a su funcionamiento en la novela. Irene Andres-Suárez, al tratar la caracterización y limitación del microrrelato señala, por un lado, que suelen faltar también las descripciones y las referencias a los lugares concretos, pero, enseguida añade, que el espacio puede ser importante, y de hecho a menudo está cargado de cualidades dramáticas que redondean el sentido del suceso narrado e incrementan la expresividad de los conflictos de los personajes. Y así ocurre en la mayoría de los microrrelatos de Luis Mateo Díez, en los que no suelen aparecen elementos espaciales, pero cuando lo hacen, su presencia es significativa. Recordamos «Destino», en el que, como en «En el mar», el espacio aparece unido al tema del viaje como metáfora del destino individual y la búsqueda de identidad. El espacio, componente del texto narrativo de complejo funcionamiento por su relación con los personajes, los acontecimientos y el tiempo, puede manifestarse en el microrrelato en toda su amplitud y significado. Recogiendo las aportaciones teóricas más actuales, podemos seguir una teoría del funcionamiento del espacio en el texto narrativo partiendo de la distinción de Cesare Segre de tres estratos textuales (fábula, intriga y discurso) y tres planos espaciales (situacional, actuacional y representativo) en los que se producen tres actividades espaciales específicas: localización, ámbito de actuación y diseño discursivo (Zoran, Valles Calatrava). Y estas dimensiones espaciales que acapara la novela nos van a dar la medida y alcance significativo de este microrrelato[1].

---

[1] Así lo he adelantado en «La sugerencia universalizadora del microrrelato. "En el mar" de Luis Mateo Díez», en Salvador Montesa (ed.). *Narrativas de la posmodernidad. Del cuento al microrrelato*. Málaga: Aedile, 2009, pp. 235-48.

«El diseño discursivo» del espacio configura la magistral expresividad del microrrelato, y a través de él conocemos las otras dimensiones espaciales: el «lugar» y el «ámbito de actuación». Y lo primero que vemos es la reducida dimensión discursiva de un microrrelato de ocho renglones, en los que el alcance expresivo y significativo del espacio adquiere protagonismo, tanto en la significación del texto, por su relación con los acontecimientos y personajes, como en su depurada expresividad, con una función simbólica semántica y compositiva. Estamos ante uno de los sorprendentes méritos del microrrelato, que consiste en que a menor extensión discursiva le corresponde una excepcional manifestación expresiva, significativa e interpretativa.

El espacio, entendido como marco de la acción y posición geográfica en que se sitúan seres y acontecimientos, es el «lugar» donde suceden los hechos y viven los personajes. Esta categoría espacial de localización de la historia está anticipada en el título, cuya topografía sitúa la acción narrativa en una extensión territorial: «en el mar». La escueta formulación verbal del título se explaya en el texto con la descripción del paisaje, cuya percepción por parte del narrador está focalizada desde un punto concreto de la cubierta del barco. El mar, elemento referencial simbólico, es visto «como una infinita pradera», y se completa con la descripción, concisa y concreta, pero muy plástica, de un momento temporal del día: «El mar estaba quieto en la noche que envolvía la luna con su resplandor helado». A la topografía inicial y a esta cronografía del primer párrafo se añade en el último una evidencia, figura retórica que describe el estado de ánimo del protagonista y que está en íntima relación con el espacio mediante los elementos verbales: «en esas noches quietas aprendí a tocar la armónica y me hice un hombre». La descripción del lugar, del momento temporal del día y la evidencia confluyen en la presentación del espacio y su relación con el personaje.

El mar como lugar carece de objetivo referencial, y sin embargo se convierte en una categoría articuladora de la historia que se instala en un espacio simbólico, e inserta al lector en una tradición hermenéutica. El mar recoge aquí el significado del mundo, de una vida en su amplitud, con la inevitable referencia a la muerte: pasamos por la vida como en un barco por el mar, y aprendemos cosas, y una dramáticamente importante es nuestra relación con la muerte, un hecho universal que alcanza a todos los hombres, en todo tiempo y lugar.

En este «lugar» está recreado el «paisaje» que el narrador percibe de una mirada, que ve y capta desde un punto determinado de la cubierta del barco. Y lo describe serenamente, con parsimonia, deleite y un intenso lirismo: «El mar estaba quieto en la noche que envolvía la luna con su resplandor helado. Desde cubierta lo veía extenderse como una infinita pradera».

Un paisaje que muestra serenidad, quietud, inmensidad y luminosidad. Pero con medido sigilo entra la sensación negativa que conllevan la «noche» marítima y el «helado» resplandor de la luna. Al contemplar el paisaje, como percepción estética y vivencia existencial, el personaje ve la inmensidad como un modo de engrandecer su propio espacio íntimo. El infinito está en el propio personaje. Gaston Bachelard en su *Poética del espacio* señala: «En cuanto estamos inmóviles, estamos en otra parte; soñamos en un mundo inmenso [...] La inmensidad es uno de los caracteres dinámicos del ensueño tranquilo» (221). El paisaje, pues, coincide con el estado de ánimo del protagonista y la estrecha relación con él da lugar a un espacio psicológico que transmite las impresiones psíquicas del personaje que vive y siente ese espacio.

A medida que se desarrolla la acción y los personajes protagonizan los acontecimientos y aparecen caracterizados, se engendra otro espacio entendido, no ya como localización, sino como «ámbito de actuación». El espacio se convierte en un elemento estructural en la construcción narrativa que remite a los personajes, a su modo de pensar y actuar. La dimensión espacial del ámbito de actuación, dentro del desarrollo de la trama, se concreta en la cubierta y en la borda de un barco a la deriva, que igualmente adquiere una función semántica y compositiva de carácter simbólico. La condensación propia del género permite un solo escenario, con escasa posibilidad de movimiento, pues la narración del desarrollo de la acción está concentrada en un suceso. El barco es el ámbito de actuación que justifica el comportamiento y transformación del personaje. Un solo escenario y un diálogo son suficientes elementos para presentar a los personajes y representar la acción, su proceso y desenlace.

Si el espacio adquiere el alcance de la novela, de igual manera los elementos discursivos construyen la trama con gran riqueza. La focalización nos indica quién ve el espacio y los acontecimientos. Los elementos discursivos y compositivos elegidos para construir el referente espacial y articular el contenido responden a una narración realizada desde el punto de vista del grumete, que con su voz acoge la de otro personaje. Cuando nos centramos en quién habla ante la modalización, –que en este microrrelato coincide con quién ve–, y es significativa porque nos presenta un discurso dialógico, en el que a través de un diálogo diferido tenemos la presencia autoritaria y decisiva del capitán, junto a la voz resignada del narrador personaje. Como en la novela, en este microrrelato hay dialogismo, dos voces diferenciadas que sirven para explicar la acción y caracterizar al capitán, con voz adulta y de mando, y al grumete, como joven y subordinado, aunque con la voz de la experiencia vivida, que muestra su desconcertada visión del mundo y la aceptada realidad de su destino. La orientación dialógica integra estos discursos y expone la actitud más activa del capitán y más resignada del grumete.

El punto de vista de la narración gira desde una situación personal –del grumete—a una general –de todos los hombres— para volver al enfoque personal. La voz oculta el sujeto de la narración y el de los acontecimientos con la ambigüedad de la persona gramatical, y sólo se desvela con el «yo» que aparece en el párrafo final. Un «yo» que quiere ser confidencial, autobiográfico, pues conviene recordar que para Luis Mateo Díez los relatos son un espejo de la existencia del autor.

En contraste con la serenidad y lirismo de la descripción del paisaje, el «ámbito de actuación», acoge los acontecimientos dramáticos: muerte, arrojar por la borda, deshacerse de los cadáveres, contagio, demasiado tarde. Pero con un matiz tranquilizador, pues en las «noches quietas» la actuación es la de aprender a tocar la armónica.

Los acontecimientos y la visión del espacio se ofrecen desde un punto de vista muy concreto. Greimas y Courtés (91) establecían para la novela una distinción a la que este microrrelato responde fielmente, pues el sentido de la vista enfoca el espacio en dos lugares delimitados por la oposición dentro-fuera. Oposición que genera una división de los objetos y los sujetos presentes y ausentes, que en este relato representa el mundo y el «yo».

Siguiendo esta narratividad, el microrrelato muestra el grado de porosidad que permite. Los hechos acontecen durante un período de tiempo y se suceden con un cierto orden temporal. En «En el mar» no está señalada su duración, pero se puede sobreentender que ha requerido un período de tiempo amplio, dados los acontecimientos y la situación del barco a la deriva, simbólica expresión del destino del hombre.

La selección de acontecimientos conlleva la imposibilidad de ofrecer una cronología completa, y a pesar de la elipsis temporal y de acontecimientos, y de la anacronía que altera el desarrollo de las secuencias, es posible encontrar el orden de la historia. La primera secuencia enlaza con la última y ambas corresponden a un orden cronológico posterior a la secuencia intermedia. Primero se ha producido la secuencia dramática y luego las que se corresponden con la reflexión del personaje. A diferencia del cuento, la secuencia temporal aquí no es lineal y la desviación cronológica de la anacronía consigue un específico efecto de presencia y ausencia, de presente, pasado y futuro.

No obstante, frente a la imprecisión temporal de los acontecimientos, se concreta el momento temporal del día y, con mucha mayor significación, se nos señala el momento vital: la juventud del protagonista y la edad adulta del capitán. Dos etapas que anticipan la transición del joven, con la particularidad de que no es el transcurso temporal el que ha dejado huella en el personaje y ha contribuido a su transformación, sino un acontecimiento concreto: su relación con la muerte. La imagen poética que preside el sentido y el destino de la historia es el viaje del barco a la deriva, el transcurso de nuestras vidas. Y se altera el orden de los acontecimientos con el fin de estimular la atención y sorprender al lector con la última secuencia planteada, y la acción en él sucedida: me hice hombre.

El diseño discursivo mantiene una estructura circular mediante la repetición indirecta de los elementos que enlazan el primero con el tercer párrafo: cubierta-barco; mar quieto-noches quietas; la noche-noches quietas. Repetición léxica que contrasta con la «variación elegante» exigida por el modelo tradicional de prosa literaria, pero recurso favorito en las novelas de Charles Dickens, Hemingway y D. H. Lawrence, y del que nos parece escuchar ecos, no sólo de las tradicionales novelas de aprendizaje, sino que la memoria literaria nos lleva también a *La línea de sombra* de Joseph Conrad (donde un joven oficial capitanea por primera vez un barco de vela cuya tripulación enferma de fiebres en un barco detenido por la falta de viento. Sólo él sobrevive). A diferencia de la novela de Conrad, el grumete hecho hombre no se siente culpable de la suerte de sus compañeros, porque no tenía un puesto de responsabilidad. En cualquier caso, tanto en las numerosas aventuras de la novela como en la síntesis alusiva del microrrelato, se separa la juventud de la madurez. Además, con un carácter más clarificador de esa estructura circular, una escena dramática (de cuatro renglones) está intercalada entre dos cuadros de gran serenidad (de dos renglones cada uno). La narración suspende el ritmo descriptivo e introduce una tensión dramática en una estructura simétrica y circular del discurso. Círculo de perfección, incomunicación y soledad. Y se enfatiza en el último párrafo con un concluyente inicio y cierre: «Yo era un grumete... y me hice hombre». Procedimiento discursivo y temático de finalización de carácter repetitivo y circular, con el añadido de desvelamiento de una realidad oculta, y con la insistencia indicativa de la función del espacio –el mundo– y de un espíritu resignado –el hombre–.

El paisaje, protagonista del lugar, corresponde a un «fuera» (el mar), y el ámbito de actuación a un «dentro», que es el barco, con una atmósfera desoladora y negativa, testigo mudo de su experiencia vital, que se convierte en un espacio interior que le aporta seguridad y calma, porque se siente vencedor de un mundo donde todos han sido perdedores, y aunque sabe que ese va a ser su propio destino como hombre, lo acepta con esa serenidad que surge de un sentimiento de abandono y vacío. Qué oportuna y aclaratoria aquella imagen que explicaba Bachelard de que cuando hay ausencia, el vacío que crea la muerte sitúa al hombre en el ámbito espacial del afuera eterno. Junto con la tranquilizadora armonía y belleza del paisaje exterior del mar, que recordemos es también imagen de un cementerio, en el espacio interior hay una sensación de soledad y silencio, que se rompe, o tal vez se acentúa, con la música de la armónica. En definitiva, el barco se presenta en su ambivalente significado de espacio hostil y de armonía, que a los lectores nos produce la sensación negativa del ser humano abandonado en la nada, en el fin. El final sorprendente e inesperado, que se explica mediante el recurso literario de la ironía, nos hace disentir del protagonista y nos deja una visión amarga, a pesar del resplandor de la luna y la quietud de la noche. El autor consigue que el lector se mantenga en ese difícil equilibrio de considerar simultáneamente el doble significado, de destrucción y muerte, por un lado, y de vida, satisfacción y esperanza, por otro, pues la visión del mundo como ruina consigue la transformación positiva del personaje.

En la red de relaciones de la novela entran los espacios, los acontecimientos y los personajes. De esta manera, muy a menudo el espacio exterior descrito remite a los personajes, de los que se constituye una especie de prolongación. Y como señaló Saint-Exupéry, «El hombre se descubre cuando se mide con el obstáculo», y por eso en la novela, los obstáculos permiten que el personaje se haga a sí mismo y manifieste sus cualidades. El personaje es, quizá, el elemento aislado más importante de la novela, y el más difícil de analizar en términos técnicos, dada la amplísima gama de tipos de personajes y de maneras de representarlos. Pero en el microrrelato suelen ser pocos, incluso un personaje, sin nombre ni descripción.

Este relato se construye, como tantos otros de este autor, en torno a una visión realista que refleja de manera sutil una personalidad, una atmósfera y un espacio (Díaz Navarro y González 174). Ya hemos visto cómo, al modo de la novela, el microrrelato se inicia con una descripción, y como en la novela de aventuras, mantiene el suspense formulando una pregunta que remite a la temporalidad: ¿qué pasará ahora? El personaje presenta una característica propia del ser humano, lejos del costumbrismo, ajena a cualquier matiz social y, sin embargo, temáticamente vinculado a un subgénero novelesco. Un joven es sometido a una dura prueba que le pone en relación con la muerte y propicia su transformación: se hace hombre, proceso y desarrollo de una experiencia vital que se corresponde con los rasgos genéricos de la novela de aprendizaje. Vemos, pues, de qué manera el autor recurre a la memoria literaria, experimenta y concluye un microrrelato que encierra en sí tal densidad expresiva, que aglutina en lo dicho connotaciones metafóricas y simbólicas supremas y acoge con singular naturalidad lo no dicho.

Es característica de las formas narrativas breves que los personajes aparezcan sin identificación nominal, pero la denominación de «grumete» conlleva una identidad y un contenido social, profesional y cultural reconocibles. Marca la orientación metonímica de la idea, y una identificación sémica entre espacio y personaje, concretando además la etapa vital de la juventud. «Grumete» es un nombre común atribuido al personaje con referencias lingüísticas que constituyen una referencia semántica, referencia a acciones y relaciones con otros personajes, y que permiten construir lo que el personaje es y representa. Incluso razones de memoria literaria determinan la configuración del personaje. Esta información que se da del personaje, se corresponde con su valor funcional en el texto. El personaje es encuadrable en nuestras expectativas de la narrativa de aprendizaje. Pero este desarrollo o proceso de joven a adulto se da en la novela y es ajeno al cuento, y en mayor medida debería serlo al microrrelato.

El microrrelato presenta una estructura de origen antropológico que hace referencia al proceso formativo del hombre y a la adquisición de la identidad personal. Recordemos que el grumete pierde su identidad personal porque han desaparecido las relaciones humanas y sociales que hacían de él lo que era. El autoaprendizaje remite a un proceso interior y espiritual mediante el cual el hombre se puede elevar a su verdadera condición humana (Gil-Albarellos). La capacidad formativa y modeladora de los acontecimientos sobre la personalidad del protagonista hace que este microrrelato, como la novela de aprendizaje, se vertebre narrativamente sobre el eje de conflictividad yo-mundo. El protagonista es actor y receptor de su propio proceso formativo, se hace a sí mismo en la lucha con la realidad externa. Sufre los acontecimientos, los asume en su propia personalidad y los integra en su proyecto vital. No hay obstáculos que salvar pero sí fases hacia la conquista de la identidad personal. Estos hechos se desarrollan en la etapa que va de la adolescencia y juventud hasta la madurez de personaje. En dicho período modela su carácter, su concepción del mundo y de su destino (Rodríguez Fontela; Ipland).

Los hechos que tienen al joven como protagonista, precedidos de la descripción del espacio, se inician con el dramático desenlace de los acontecimientos que han originado la muerte de todos los hombres que iban en el barco, y se cierran con la transformación del personaje que inicia una nueva vida. Es la narración de un acontecimiento, sin ningún tipo de valoración o comentario, pero con una gran capacidad evocadora que deja al lector la posibilidad de cerrar los posibles sentidos. Hay una concentrada descripción del horror de las muertes y la fría aceptación por parte del joven. Destaca la carencia de emotividad en una situación con tanto dramatismo, aunque su relación con la muerte le ha servido de aprendizaje, el protagonista no siente amenazas ni inseguridad. El desinterés que parece mostrar por la historia contrasta con la dimensión trágica, y nos ofrece una reflexión sobre la vida y el propio destino.

El autor nos muestra la visión del mundo como ruina (el contagio, los cadáveres). Motivo recurrente en su obra narrativa, y que, como tantos otros, es «imágenes, modulaciones de un tema único: la concepción de la vida como degradación, como ruina, como algo condenado irremisiblemente a la extinción y al olvido» (Senabre 37), ofrecido en este caso irónicamente mediante una esperanzada solución.

El viaje a la deriva como metáfora de la vida humana, efectivamente, ha sido para unos personajes un trayecto hacia la destrucción (como en sus novelas *Las horas completas* y *Camino de perdición*), sin embargo, se ha convertido en un camino hacia la plenitud para el protagonista. El destino de ese viaje no ha sido la muerte sino el salto a la madurez, aunque el triste peaje pagado haya sido su desoladora relación con la muerte y, como muy bien sabemos ese será su destino cierto. Ha tenido la experiencia de la muerte, a la que sobrevive, y a pesar de haber aprendido que la vida es perecedera, muestra cierto vitalismo y una exaltación de la existencia. El personaje que se hace a sí mismo en la lucha con la realidad externa, que aprende y se integra, es rasgo esencial de la novela de aprendizaje. Pero, en coherencia con la concepción vital del autor, lo que más le ha enseñado es la muerte. El protagonista ha superado la dura prueba de su relación con la muerte y ésta ha constituido su aprendizaje.

El microrrelato mantiene una estructura temática que alcanza los cimientos antropológicos de la cultura individual y universal de la humanidad (Rodríguez Fontela 97), en la que el protagonista es el elemento fijo y la transformación constituye el contenido, rasgo esencial con el que se consigue la totalidad que caracteriza a la novela, pues además de contar, ofrece una visión del mundo.

Como corresponde a un gran creador de ficciones, el relato de Luis Mateo Díez ha alcanzado su función con una perfecta y equilibrada expresividad en su discurso y estructura y ha adquirido su sentido multiplicando las significaciones de la historia. A través de la concentración y síntesis del microrrelato, consigue una apertura temática propia de la novela. Si bien, en el microrrelato, en mayor medida que en la novela, el narrador deja muchos puntos de indeterminación que obligan al lector a una búsqueda de la coherencia interpretativa de la experiencia vital del protagonista, haciendo que la enciclopedia del lector rellene, con una tarea de concretización, los elementos presentes en la memoria literaria del autor. El microrrelato mantiene la técnica o «principio de iceberg» enunciado por Ernest Hemingway, o «tesis de la apertura» del cuento que señalaba Julio Cortázar, acentúa la alusión, la evocación, la sugerencia y la plurisignificación, y exige, en esa situación comunicativa diferida que se da en el relato escrito, la actividad del lector, que debe rellenar los huecos vacíos.

Esta conexión genérica del microrrelato con la novela consigue una ampliación o superación de cualquier límite, rompe toda frontera y muestra cómo en el microrrelato caben las grandes historias de las grandes novelas. Consciente de la complejidad teórica y crítica que encierra el término «intertextualidad», podríamos hablar de una intertextualidad entendida como fenómeno que orienta la lectura del texto, al establecer una relación entre una obra y otras que le han precedido. El autor consigue que el relato se convierta, de manera innovadora y experimental, en una alusión o prolongación de otros textos que pertenecen a otro género, en un género traspasado por otros géneros. Una intertextualidad «específica» porque remite al contenido de un determinado género y exige una competencia del lector, competencia para encontrar en el microrrelato la transformación, alusión o huella de otras lecturas.

El eje estructural de la novela de formación es la construcción de una personalidad que ha de superar un proceso iniciático para llegar a una nueva etapa vital, con un renacimiento del «yo». Luis Mateo Díez traslada al microrrelato el carácter universal e intemporal de la verdad humana. «En el mar», como la novela de aprendizaje, se fundamenta en unas constantes antropológicas, en una estructura mítica que ha sustentado diversos tipos de narración. Si la esencia de la novela de aprendizaje es el conocimiento que el héroe adquiere de sí mismo en el curso de sus experiencias vitales, esta historia es una variante literaria, simbólica, del camino y la búsqueda de la identidad que han recorrido todos los hombres.

BIBLIOGRAFÍA

ÁLVAREZ MÉNDEZ, Natalia. *Espacios narrativos*. León: Universidad de León, 2002.

ÁLVAREZ-SANAGUSTÍN, A. «Intertextualidad y literatura». *Investigaciones semióticas I*. Madrid: CSIC, 1986: 43-52.

ANDRES-SUÁREZ, Irene. «El microrrelato: caracterización y limitación del género». T. Gómez Trueba (ed.). *Mundos mínimos. El microrrelato en la literatura española contemporánea*. Gijón: Llibros del Pexe, 2007: 11-39.

ASENSI, Manuel. *Teoría de la lectura, Para una crítica paradójica*. Madrid: Hiperión, 1987.

BACHELARD, Gaston. *La poética del espacio*. México: Fondo de Cultura Económica, 1986. [Primera traducción en español, 1965.]

DÍAZ NAVARRO, Epicteto y GONZÁLEZ, José Ramón. *El cuento español en el siglo XX*. Madrid: Alianza, 2002.

DÍEZ, Luis Mateo. *El árbol de los cuentos*. Madrid: Alfaguara, 2006.

DILTHEY, W. *Das Erlebnis und dir Dirchtung*. Stuttgart: Reclam, 1977.

— *Leben Schleimachers*. Berlin: UTB, 1970.

FERNÁNDEZ FERRER, Antonio. «Contar & descontar». Francisca Noguerol Jiménez (ed.). *Escritos disconformes. Nuevos modelos de lectura*. Salamanca: Universidad de Salamanca, 2004: 25-34.

GADAMER, H. G. *La educación es educarse*. Barcelona: Paidós, 2000.

GARCÍA POSADA, Miguel. «Reseña a *La fuente de la edad*». *ABC literario*, 13 de diciembre de 1986.

GÓMEZ TRUEBA, Teresa (ed.). *Mundos mínimos. El microrrelato en la literatura española contemporánea*. Gijón: Llibros del Pexe, 2007.

GONZÁLEZ, José Ramón. «Notas sobre el aforismo». Fernando Menéndez. *Hilos sueltos*. Valladolid: Difácil, 2008: 7-31.

GIL-ALBARELLOS, Susana. «De la limitación histórica a la proyección universal en la novela de aprendizaje». I. Morales y F. Coca (eds.). *Estudios de Teoría literaria como experiencia*. Cádiz: Universidad de Cádiz, 2008: 197-208.

GREIMAS, A. J. y COURTÉS, J. *Semiótica. Diccionario razonado de la teoría del lenguaje I* [1979]. Madrid: Gredos, 1982.

HEGEL, G. W. F. *Fenomenología del espíritu*. México: FCE, 1981.

— *Estética*, 8. Buenos Aires: Siglo XX, 1983.

IPLAND, J. *El concepto de «Bildung» en el neohumanismo alemán*. Huelva: Regué, 1999.

LAGMANOVICH, D. *El microrrelato. Teoría e historia*. Palencia: Menoscuarto, 2006.

MARTÍNEZ FERNÁNDEZ, José Enrique. *La intertextualidad literaria*. Madrid: Cátedra, 2001.

— «Territorios de la memoria». *Cuadernos de narrativa* 4 (2004): 135-45.

MERINO, José María. «El narrador narrado». *Ficción continua*. Barcelona: Seix Barral, 2004: 11-31.

MORETTI, Franco. *Il romanzo di formazione*. Torino: Einaudi, 1999.

RIFATERRE, Michel. «L'intertexte inconnu». *Littérature* 41 (1981): 4-5.

RÓDENAS DE MOYA, Domingo. «Consideraciones sobre la estética de lo mínimo». T. GÓMEZ TRUEBA (ed.). *Mundos mínimos. El microrrelato en la literatura española contemporánea*. Gijón: Libros del Pexe, 2007: 67-93.

RODRÍGUEZ FONTELA, M.ª de los Ángeles. *La novela de autoformación. Una aproximación teórica e histórica al «Bildungsroman» desde la narrativa española*. Kassel: Reichenberger, 1996.

SENABRE, Ricardo. «Temas y motivos en la narrativa de Luis Mateo Díez». *Cuadernos de narrativa* 4 (1999): 35-44.

TODOROV, Tzvetan. «El origen de los géneros». M. A. Garrido (ed.). *Teoría de los géneros literarios*. Madrid: Arco, 1988: 31-48.

— *Les genres du discours*. Paris: Seuil, 1978.

VALLES CALATRAVA, José R. *Teoría de la narrativa. Una perspectiva sistemática.* Madrid/Frankfurt: Iberoamericana/Vervuert, 2008.

VALLS, Fernando. *Los males menores. Microrrelatos de Luis Mateo Díez.* Madrid: Espasa Calpe, 2002.

ZAVALA, Lauro. «Las fronteras de la minificción». Francisca Noguerol Jiménez (ed.). *Escritos disconformes. Nuevos modelos de lectura.* Salamanca: Universidad de Salamanca, 2004: 87-92.

ZORAN, Gabriel. «Towards a Theory of Space in Narrative». *Poetics Today* 5 (1988): 309-35.

El espacio en la narrativa de Gustavo Martín Garzo

Carmen Morán Rodríguez
Investigadora «Juan de la Cierva»
MICINN-Universitat de les Illes Balears

La obra de Gustavo Martín Garzo, tan bien recibida por público y crítica en las dos últimas décadas, se ofrece de manera singularmente atractiva para el estudio del tratamiento literario del espacio. En primer lugar, porque la producción del autor vallisoletano presenta una gran variedad de marcos espaciales, como a continuación apuntaremos espigando únicamente algunos ejemplos que dan cuenta de ello. En segundo lugar, por el significado que esos espacios adquieren en el marco de las ideas y los tópicos más frecuentes de la narrativa de Martín Garzo. La variedad de lugares permite una gran gama de enfoques a la hora de tratar la relevancia del espacio y la caracterización de los escenarios en la obra narrativa de Gustavo Martín Garzo, pero considero que, de entre las posibles perspectivas, una singularmente interesante es la del significado del espacio en función de las ideas sobre los sexos y los géneros que se aprecian en los libros del autor. La pertinencia de esta lectura me parece fuera de toda duda, habida cuenta de que precisamente las relaciones entre mujeres y hombres son el gran tema de la obra de Martín Garzo[1]: no se trata de que sus libros tomen como trama inicial o punto de partida una historia amorosa, sino de que en todos ellos, de maneras muy

---

[1] Así lo ha visto en su tesis doctoral sobre la novelística de Martín Garzo Li-Jung Tseng, quien equipara el papel del amor en la obra de este escritor al de una «columna vertebral» (Tseng 431). La estudiosa destaca, además, el papel preponderante de los personajes femeninos, como han hecho numerosos críticos y escritores: por ejemplo, Raúl Guerra Garrido, en Angélica Tanarro, «El mundo mágico de Martín Garzo gana el Premio Castilla y León de las Letras», *ABC Cultural* (15/3/2008): 14. A decir de Tseng, en sus retratos femeninos, «[…] el escritor consigue llegar al interior de las almas femeninas, insondables incluso para ellas mismas» (427-428). A mi entender, sería preciso matizar esta última afirmación, teniendo presente la dimensión ficcional y la construcción retórica inherente a todo personaje (femenino o masculino), a fin de no caer en una «mística de la feminidad» restrictiva y manida.

diversas, se observa y analiza la posibilidad –o más bien la imposibili- dad– de una comunicación auténtica entre hombres y mujeres, no ya en el contexto de la relación amorosa, sino en un plano, podríamos decir, ontológico. Y en la exposición de esta problemática, verdadero leitmo- tiv en el escritor vallisoletano, la elección de determinados espacios resulta una pieza clave.

Como Li-Jung Tseng ha señalado, «Martín Garzo nunca se vale del espacio con el fin de perseguir únicamente el efecto de referencialidad ni intenta presentarlo con muchos atributos y minuciosidad» (213). Es la dimensión simbólica la que mayor relevancia cobra en los textos del autor, y a ella y su relación con la representación de las mujeres y los hombres (como habitantes de ámbitos separados) atienden las siguien- tes páginas, en las que primeramente expondré de manera breve cuáles son los espacios más frecuentes e importantes en cada una de las novelas estudiadas, y a continuación examinaré la recurrencia de algunos luga- res (el gineceo, el cuarto de baño, el agua, etc.) que desempeñan un papel destacado en la caracterización de las relaciones entre hombres y mujeres en dichas novelas.

Variedad de espacios tratados

La obra de Gustavo Martín Garzo supera ya la veintena de títulos, por lo que, en aras de la concisión, nos ceñiremos al análisis de cinco libros que nos permiten comprobar la diversidad de lugares representados por el autor. En *El lenguaje de las fuentes* (1993) y *El jardín dorado* (2008) el autor sitúa sus ficciones en el espacio mítico (hebraico y grecolatino, respectivamente)[2]; el espacio real tratado de una manera realista lo

---

[2] El mito tiene una gran importancia en la narrativa de Martín Garzo. Él mismo lo señala, explicando así la función del mito en la vida humana: «Los mitos son como esas primeras imágenes que el hombre ha concebido, y que son las que de alguna forma sos- tienen nuestro pensamiento. [...] Es decir, antes de existir lo que podemos entender como pensamiento –racional, reflexivo– el hombre se relacionaba con el mundo a través de esas imágenes que proceden del universo mítico. [...] Pero, aunque hayamos accedi- do al pensamiento racional, los mitos siguen presentes y de una forma u otra nos nutri- mos de ellos. Y es importante que lo hagamos porque el alimento esencial lo obtenemos de ahí». En declaraciones hechas para Carmen Rodríguez Santos, «Gustavo Martín

encontramos en *Las historias de Marta y Fernando* (1999), mientras que el espacio real tratado desde una perspectiva fantástica aparece en *Ña y Bel* (1997) y *El valle de las gigantas* (2000).

El lenguaje de las fuentes

La novela que supuso su revelación para el gran público, *El lenguaje de las fuentes*, gira en torno a la figura de José, el padre de Jesús de Nazaret, cuya vida resulta tan silenciada por las Escrituras y al que Martín Garzo describe como «Un personaje marginal en los Evangelios que siempre me ha llamado la atención por su condición de persona apartada, en silencio, sin una función que cumplir, que desde el punto de vista literario le hacía para mí de lo más llamativo»[3].

La acción, consecuentemente, se desarrolla en el antiguo Israel. En la narración aparecen espacios reales de la geografía israelí, familiares a todo aquel que conozca el Nuevo Testamento: Nazaret, Bethelehem, Emaús, Judea, Samaria, Cafarnaún, etc. Tenemos, pues, un espacio de la Historia de la Antigüedad, aunque el tratamiento del mismo y de la trama (la relación entre José y María) están más próximos a lo mítico que a lo histórico.

Pese a partir de la tradición bíblica, la narración no se atiene al molde de la novela histórica, sino al de la narración fantástica: la presencia de los ángeles y la concepción de Jesús se presentan desde el punto de vista de José (el adoptado por el narrador en tercera persona) no como un dogma religioso, sino como un inquietante fenómeno perturbador y en absoluto benéfico[4]. Se advierte en esto una valiosa coherencia en la pers-

---

Garzo. La literatura hace tolerables las contradicciones de la vida», *ABC Cultural* (14/10/2000): 16.

[3] En Francisco Forjas, «El Premio Nacional de Narrativa descubre la obra poética de Gustavo Martín Garzo», *El País* (8/11/1994): 33. La novela fue objeto de numerosas reseñas, entre las que cabe destacar las de Luis Arias Argüelles-Meres («Dos novelas singulares», *Ínsula* 580, abril 1995: 17), Rafael Conte («*El lenguaje de las fuentes*», *ABC Literario*, 12/6/1993: 9) e Ignacio Echevarría («Contra los ángeles», *El País*, 12/6/1993: 18).

[4] La caracterización atípica de los ángeles –que son aquí amenazadores y violentos– ha sido destacada por críticos como Carlos Ortega como uno de los grandes hallazgos de la novela («Gustavo Martín Garzo», *El Urogallo*, septiembre-octubre 1993: 30).

pectiva adoptada para la narración de la historia: Martín Garzo no cae
en el anacronismo de hacer del personaje de José un cristiano *avant la
lettre*, sino que el comportamiento y punto de vista que le adjudica son
los de un judío que ve estupefacto cómo en su vida acontecen sucesos
fuera de lo normal; esta anormalidad no se le figura «milagrosa», sino
extraña y terrorífica (y así se transmite al lector). Como contraste con el
elemento sobrenatural de la acción, la descripción de la vida cotidiana
en la Palestina de comienzos de nuestra era es naturalista: dado que sus
lectores parten, por lo general, de un conocimiento o al menos una familiaridad previa con el Nuevo Testamento, el autor trata de plasmar la
vida corriente que en los relatos bíblicos queda relegada a un segundo
plano; a la vez, las epifanías, que en la Biblia constituyen el núcleo y la
razón principal del relato, aquí se presentan despojadas de sentido religioso a los ojos de José, como fenómenos inexplicables, pero en modo
alguno sacros. Acierta, pues, Margarita Santos Zas cuando en su estudio
sobre esta novela de Martín Garzo adscribe la obra a la modalidad de
lo fantástico que Antón Risco denomina «irrupción de lo maravilloso en lo
cotidiano»[5].

El espacio cerrado que tiene un papel más relevante en la narración
es la casa, si bien no siempre se trata de la misma vivienda. La acción se
desarrolla en la que José habita durante sus últimos años, tras la muerte
de María, pero se rememoran en el relato la casa del padre de la Virgen,
y la casa común en que María y José vivieron. Es en esta última donde
José tuvo por primera vez que soportar las atemorizadoras visitas de los
ángeles, que constituyen una metonimia de la invasión de lo sobrenatural en la vida privada de José con María; incluso puede pensarse en una
simbología sexual: los ángeles penetran en la casa de José igual que en el
cuerpo de la mujer de José, y en su descendencia (recuérdese que
«casa», en la Biblia, se utiliza con el sentido de «linaje»).

En el presente de la narración, el protagonista, ya en su vejez, habita
una humilde vivienda en la que también se ve sometido a la invasiva presencia de un ángel que le acompaña en sus últimos días, preludiando la
llegada de la muerte:

    [5] Margarita Santos Zas. «El mundo fantástico de Martín Garzo: *El lenguaje de las
fuentes*». María Jesús Fariña y Dolores Troncoso (eds.). *Sobre literatura fantástica*. Vigo:
Universidad de Vigo, 2001, pp. 243-60. Véase también Li-Jung Tseng 107-8.

Esa mañana no había hallado al levantarse de la cama ni un solo mendru-
go de pan, y a su regreso tenía esperándole comida suficiente como para ali-
mentar a tres personas. Vio los restos junto al pequeño horno del pan, las
tortas de trigo, el melón, el queso y la mantequilla. ¿Quién habría estado allí?
¿Por qué se había tomado el absurdo trabajo de limpiar y ordenar su casa?
No amaba esa casa, a la que se había mudado unas semanas después de ente-
rarse de la muerte de María. Desde entonces se había vuelto descuidado y
poco dado a retener o a preocuparse de sus cosas. Las posesiones eran peli-
grosas, obligaban a permanecer junto a ellas. Además cuando la casa estaba
construida y en orden siempre llegaba la muerte (*El lenguaje...* 18).

La presencia extraña que ha limpiado y aprovisionado la morada es,
naturalmente, un ángel. El tema de las labores del hogar cumplidas
durante la ausencia o el sueño de sus habitantes es un viejo tema de *folk-
tale*; y sabido es que los cuentos populares han sido siempre para Martín
Garzo una fuente de inspiración que aquí se incorpora a la historia, tan
desatendida por la Biblia y las leyendas de santos, de José, el padre puta-
tivo de Cristo.

La casa es, en definitiva, el espacio que recibe una connotación simbólica mayor en *El lenguaje de las fuentes*, bien sea aquella en la que
vive sus primeros años de matrimonio con María (recinto que representa la vida privada, a la propia esposa y a una descendencia que le ha sido
arrebatada por la divinidad), bien sea la última vivienda del narrador y
protagonista, espacio abandonado y asolado, fiel reflejo del ánimo de
José[6].

---

[6] Enseguida veremos cómo también en *Las historias de Marta y Fernando* la vivienda
es trasunto de los protagonistas. Li-Jung Tseng ha notado idéntico simbolismo en *La
vida nueva*, donde el autor rehuye la descripción de valor ambiental o costumbrista de la
vivienda: «[...] la casa sólo le sirve para ilustrar el estado anímico de Julia [la protago-
nista]» (216). La siguiente afirmación de Tseng, referida a esta última obra, puede hacerse extensiva a las que aquí estudiamos y al conjunto de la narrativa de Martín Garzo: «El
espacio, en la obra, no sirve como marco de la acción; por lo tanto, no se persigue la
reconstrucción con pincelada minuciosa. Más bien, resulta muy subjetiva la visión de los
espacios, que aparecen descritos como una proyección del estado anímico de la protagonista» (219).

Las historias de Marta y Fernando

Con esta novela, Martín Garzo ganó el Premio Nadal 1999[7]. Entrevera-
da de referencias autobiográficas, transcurre en la ciudad de Valladolid,
en los años de la transición. Hay, además, referencias a otros espacios a
los que los dos protagonistas –que comparten muchos rasgos con el
escritor y su esposa, la poeta Esperanza Ortega– han viajado: Venecia, el
pueblo del padre de Fernando, Santander, Castro Urdiales...

Algunos rincones mencionados en la narración son lugares bien
conocidos de la capital castellana: por ejemplo, la Plaza de la Cruz
Verde, donde se ubica en la ficción la primera vivienda del matrimonio
(*Las historias...* 132). O las terrazas de la Plaza Mayor (206). O el Pisuerga y el Esgueva, con el antiguo merendero La Bombilla. Otras veces, la
prosa del escritor no precisa tanto el emplazamiento, pero aun así puede
reconocerse con facilidad el lugar: es el caso de la hornacina donde una
Virgen con niño recibe las peticiones que a su alrededor escriben las
adolescentes de un colegio femenino cercano (104): nadie que conozca
Valladolid dejará de identificar la imagen situada en la calle Ramón y
Cajal, en el lateral del Colegio de La Enseñanza.

Aunque en comparación con otras obras del autor quizá *Las historias
de Marta y Fernando* no despliega un simbolismo espacial tan evidente,
éste no está ni mucho menos ausente en la novela. Cuando en un momento los protagonistas se encuentran a solas en la calle, una noche, al regresar de ver una película en el cine, y reparan en su soledad, la reflexión del
narrador, que asume el punto de vista de Fernando, es esta: «Parecía estar
en un escenario, representando una obra de teatro. Una obra cuyo argumento estuviera sacado de sus propias vidas» (131). La referencia al espa-

---

[7] Acerca de ella pueden verse, entre otros, los artículos y reseñas siguientes: Juan
Carlos Peinado, «Estampas de interior», *Revista de libros* 27 (marzo, 1999): 51; Belén
Guinart, «Martín Garzo: "El escritor debe contar historias que ayuden a la ardua tarea
de vivir"», *El País* (8/1/1999): 31; Magdalena Costa, «*Las historias de Marta y Fernando*», *Lateral* (abril, 1999): 21; Charles Barba, «El vértigo de querer», *Qué leer* (marzo,
1999): 12; Nicolás Miñambres, «El Nadal recupera la dignidad perdida», *Diario de León*
(21/2/1999): 36; Miguel García-Posada, «Un fabulador de lo cotidiano», *El País*
(20/2/1999): 7; Antonio Lucas, «Gustavo Martín Garzo: "La felicidad está llena de
matices y cambios"», *El Mundo* (6/7/2001): 18; , Fernando Cabo, «*Las historias de Marta
y Fernando*», *Lateral* (abril 1999): 28.

cio real de la novela como escenario teatral relativiza la autenticidad de la vida de los personajes, situándolos en una dimensión metaficcional, pero si llevamos un poco más allá la reflexión, encontraremos que toca también a la entidad de los propios lectores, que nos encontramos asomados a una *mise en âbyme* que nos impele a preguntarnos, como Fernando, si nuestra vida no es una representación y nuestro mundo un escenario.

Como en otros libros de Martín Garzo, por ejemplo *El amigo de las mujeres*[8], aparecen con frecuencia en *Las historias de Marta y Fernando* los escaparates (entre otros lugares, en las páginas 13, 223-25). No es raro que estos espacios destinados exclusivamente a la contemplación y el deseo se repitan con asiduidad en una obra de las características de la de Martín Garzo, en la que a menudo el narrador o el protagonista son, ante todo, observadores que fijan su mirada sobre cuanto les rodea y son capaces de encontrar lo extraordinario en lo aparentemente cotidiano, en un permanente asombro ante los detalles y las pequeñas cosas.

Como en otras obras del autor[9], en *Las historias...* se menciona el Arca de Noé (38, 168). La referencia reviste un singular interés, y no sólo por proceder del Antiguo Testamento (tan querido, como sabemos, para el escritor), sino por las posibilidades simbólicas que ofrece: el Arca es un espacio cerrado en el que se contiene una representación mínima pero suficiente de los seres del mundo, por parejas: un macho y una hembra de cada especie animal, incluida la especie humana. Circundada por el caos (el Diluvio), el barco resulta frágil e insignificante, y la esperanza de que cada una de esas parejas garantice la futura vida parece condenar a cada macho y cada hembra (también, y sobre todo, al Hombre y a la Mujer) al entendimiento, en aras de la perpetuación de la existencia. Algo no demasiado diferente de lo que sucede en cada pareja, en este mundo no tan distinto del Arca.

Sin embargo, de los espacios que aparecen en la narración, sin duda es la casa, nuevamente, la que contiene una mayor carga simbólica. La

---

[8] Acerca de este singular libro, y concretamente del papel que el espacio desempeña en los microrrelatos que lo componen, puede verse mi trabajo «El espacio narrativo en *El amigo de las mujeres* de Gustavo Martín Garzo». Salvador Montesa (ed.). *Narrativas de la posmodernidad. Del cuento al microrrelato*. Málaga: AEDILE, 2009.

[9] Por ejemplo, en *El amigo de las mujeres* (23-4) y en *El valle de las gigantas* (127-32).

primera casa del matrimonio formado por Marta y Fernando representa para ellos la primera etapa de sus vidas (en común, y por separado), de la que imperceptiblemente han ido alejándose. Tras abandonar aquella primera vivienda, vieja y helada, por una más confortable, añoran la primera y no terminan de encontrarse a gusto en la segunda: «no era lo mismo, porque era como si aquella primera casa no les perteneciera, y estuvieran allí de prestado» (218). El momento en que toman conciencia de lo que el abandono de aquella primera casa significa tiene la impronta de la literatura fantástica (y así lo advierte el propio Fernando, en la novela). Ambos protagonistas pasan por su antigua vivienda, situada en la Cruz Verde, y deciden entrar en el portal, donde contemplan los buzones aún con sus nombres. Suben las escaleras y oyen ruidos; alarmados –Marta sobre todo– bajan las escaleras y se alejan:

–Había alguien… –repetía con un tono obsesivo, monocorde [Marta]–, seguro que había alguien…
–A lo mejor éramos nosotros –le contestó Fernando.
Marta se lo quedó mirando con una expresión de estupor e incredulidad.
–¿Nosotros?– acertó a farfullar.
–Sí, los verdaderos. Tú y yo somos sus copias, y ellos son los verdaderos. Siguen viviendo en la casa, porque no se adaptaron a ningún otro lugar (*Las historias...* 135).

Esta última idea traslada al plano simbólico-fantástico la adaptación (pero también la claudicación, las renuncias) de los protagonistas, desde su pasado contestatario, comunista y enfrentado a la autoridad paterna, hasta su acomodamiento en el sistema social, político y familiar.

Ña y Bel

En 1997 se publica *Ña y Bel*[10]. En esta original novela, Martín Garzo se aparta de la línea realista para acometer una trama que, en principio,

---

[10] Su aparición fue saludada con reseñas como las siguientes: Francisco Javier Higuero, «Hambre de irrealidad», *Archipiélago* 32 (1998): 124; Menchu Gutiérrez, «Misterio y naturaleza femenina», *Letra internacional* 52 (1997): 66; Luis de la Peña, «*Ña y Bel*», *El País. Babelia* (26/7/1999): 22.

parece inscribir la obra en el género de la ciencia ficción, aunque los temas tratados sean nuevamente las relaciones entre hombres y mujeres, y las particularidades misteriosas del mundo de éstas[11]. El narrador es un innominado ser perteneciente a otro mundo, no situado en otro lugar, sino más bien en otra dimensión, paralela a la que conocemos los humanos, y en contacto con ésta. Este punto de partida lo comparte la novela con numerosas obras de ciencia-ficción, como *Los propios dioses* (1972), de Isaac Asimov[12].

Son un gran acierto en la novela las descripciones de la existencia de esos seres misteriosos que proceden de un mundo físico radicalmente distinto al humano, pero también las descripciones que ese narrador hace de nuestro mundo desde una perspectiva de extrañamiento muy lograda. Estas impresiones ocupan gran parte de la narración, y su estilo descriptivo, con predominancia de frases enunciativas y tono aséptico, recuerda a las descripciones de la tradición literaria de la utopía y la literatura de viajes fantásticos, e incluso, remontándonos a las propias fuentes de la literatura viajera y utópica, a las descripciones de los historiógrafos y geógrafos del mundo antiguo. En particular, recuerdan a estos modelos el uso del presente descriptivo, de marcadores textuales que evocan las traducciones de textos latinos, la sintaxis ordenada y con frecuentes contrastes, estructuras bimembres, etc.:

---

[11] Li-Jung Tseng dedica un epígrafe de su tesis doctoral a elucidar si es posible considerar *Ña y Bel* como novela de ciencia-ficción. Su conclusión es que a pesar de la utilización de algunos elementos del género, faltan otros tan importantes como el «ingenio», descubrimiento o aparato científico que propicia la trama en las novelas de ciencia-ficción: «En realidad, el relato se ofrece casi como un cuento de hadas. La historia está más cerca de los relatos mágicos en que los acontecimientos se explican por el suceder de lo inverosímil. Es más, por obra de la escritura, el relato se torna en una realidad casi onírica. De esta manera, distinta que las habituales en las obras de ciencia-ficción, el argumento no se basa ni parcial ni totalmente en conocimientos y descubrimientos científicos imaginarios. La historia tampoco está ambientada en entornos futuristas o espaciales. Además, se diferencia de la novela científica en el toque de fantasía que posee» (267-68, ver también 270).

[12] También en ella un parauniverso coexiste con el nuestro. Sus habitantes, al igual que el narrador de *Ña y Bel*, carecen de distinción sexual. Las similitudes entre ambas novelas, sin embargo, se agotan aquí, pues la narración de Asimov desarrolla una intriga apocalíptica en torno a una bomba de neutrones que beneficia a los seres de la dimensión paralela pero amenaza gravemente la vida en la tierra.

Asimismo, muy diferente es nuestro mundo al que en la Tierra impera. Reconocemos las formas fijas del relieve; una montaña o una meseta, tan familiares para los humanos, para nosotros son entidades incomprensibles. No sucede otra cosa con las ideas que aquéllos han ido elaborando acerca de sus emplazamientos; por ejemplo, las ideas de los municipios y las comarcas. Sabido es que en la Tierra existen comarcas montañosas y comarcas llanas, comarcas húmedas y comarcas secas. También, que el clima y la vegetación de los pueblos de una misma comarca son semejantes, y que éstos determinan hábitos y trabajos en común, que tanto favorecen el intercambio. Nada de eso se da entre nosotros. No tenemos el concepto de paisaje; el de ocupación, tampoco. Vivimos juntos; formamos, eso sí, pequeñas y animadas Colonias, pero nuestras costumbres y necesidades son tan distintas de las humanas que me temo que la redacción de este informe, en el que quiero dar noticia de mi primera estancia en la Tierra, no me va a resultar tarea fácil (*Ña...* 13).

La descripción del espacio físico habitado por el narrador –la Colonia, que en realidad no es propiamente un espacio físico, sino más bien una dimensión distinta– se mueve en una imprecisión que transmite muy acertadamente la inadecuación de las categorías del pensamiento y el lenguaje humano para dar cuenta de una realidad que nada tiene que ver con la terrestre:

Toda Colonia está recorrida por zonas semejantes, zonas que nunca están fijas, que se desplazan formando imperceptibles corrientes por las que, de improviso, nos vemos arrastrados. Algunos de los nuestros las han clasificado siguiendo modelos diversos. No voy a extenderme hablando de esos modelos. Cada uno de ellos propone una clasificación distinta, una clasificación no menos arbitraria y confusa que las que la han precedido, y tratar de mencionarlas todas sería un acto tan estéril como inoportuno. Son meros juegos del lenguaje, tal vez apropiado en alguna de nuestras reuniones canoras, pero ajenos por entero al propósito que me anima hoy a escribir. Recordaré, no obstante, las más conocidas: la Zona del Temblor, la Zona del Éxtasis, la de los Humores Negros, la del Maíz. Coinciden, tal como he podido observar tras mi estancia en la Tierra, con ciertos estados psíquicos de los humanos, sólo que entre nosotros tales estados no remiten a sentimientos individuales ni tienen que ver con los avatares de una historia personal, de la que por otra parte carecemos, sino con el hecho de haber invadido, casi siempre de forma casual, una zona u otra de la Colonia (*Ña...* 18).

La descripción de su propia naturaleza y la de sus semejantes que hace este narrador se basa en el símil del agua para tratar de transmitir la capacidad de su materia para moldearse, disgregarse, aglutinarse...

> Somos seres errantes. Constituimos Colonias que vagan por el espacio y el tiempo sin un propósito fijo, y tanto la idea del pasado como la del futuro nos son prácticamente desconocidas. Nos alimentamos de fluidos, y nuestra materia, dúctil y cambiante en grado sumo, recuerda el elemento acuoso. Eso semejan nuestras Colonias: pequeños lagos marinos. Nuestros cuerpos se mueven en ellos, en el interior de ese agitado magma, sin límites reales que los separen de él. Por momentos, llegando a confundirse entre sí y con el medio en el que se desplazan; en ocasiones, adquiriendo formas diversas, a lo mejor y a ratos diferenciadas, pero siempre azarosas y efímeras. Cuerpos de agua, en definitiva, para los que el lugar por el que transitan es sólo una prolongación de su propio y alocado existir (Ña... 18).

Precisamente el espacio acuático es una constante en la narrativa de nuestro autor, y –como enseguida tendremos ocasión de comprobar– se relaciona frecuentemente con la feminidad, o bien con el ideal de fusión total entre los sexos.

Entre las descripciones que el narrador de *Ña y Bel* hace, no de su propio mundo, sino del de los humanos, desde una perspectiva totalmente ajena a éste, destaca la siguiente estampa de la ciudad (una ciudad cualquiera, no identificada):

> Abandoné aquel bosque, y el azar quiso llevarme a la ciudad de los humanos. Fue una experiencia perturbadora. Viven en medio de conflictos extremos. Nada que recuerde la quietud de las formas vegetales, el silencio de las manadas. Me interné en ese mundo desatinado y feroz. Fue un periplo alucinante, del que apenas recuerdo unas cuantas y siempre fragmentarias imágenes. La luz hiriente de los faros, el proliferar sin fin de los humanos, el sentimiento de un atormentado existir. Una tubería me condujo en ascenso hasta los altos tejados de sus viviendas. El panorama es allí distinto, reina una mayor quietud, y todas las cosas parecen flotar a merced del aire inagotable. Visitar ese espacio alto, lleno de sonora claridad, se convirtió en una de mis secretas aficiones. Las tejas, que en los días de lluvia brillan como las escamas de los peces; las terrazas, con pinta de pequeños corrales; las chimeneas, ennegrecidas por el humo, y los vertiginosos canalones, que esos mismos días, y cuando están mojados por el agua, descienden cegadores por

las fachadas y causaban mis delicias. Corría entre las relucientes antenas, bajo sus infinitas ramas de plata, sentía el golpe húmedo de las sábanas tendidas a secar como un vuelvo de la luz, escuchaba el zureo de las palomas atareadas, el gemido nocturno de los gatos, que recuerda el lloro de los niños. Allí tenía mi refugio, allí empecé a hacer mis primeras observaciones del tipo de vida que llevan los humanos. Me asomaba a las claraboyas y les veía ascender por las escaleras, les espiaba desde los aleros de los tejados, me asomaba al interior de sus casas. Esta afición empezó a ocupar todos los instantes de mi tiempo (*Ña...* 28).

La casa en la que *Ña y Bel* viven, y donde vive también durante un tiempo el ser que narra el relato, es el espacio protagónico de la historia una vez pasadas las primeras páginas (donde se condensan las descripciones del parauniverso y del universo humano desde el siempre extrañado punto de vista del narrador). Prácticamente todas las experiencias del narrador con Ña y Bel se desarrollan en el interior de este piso. A decir de Li-Jung Tseng, «la convivencia hace de la vivienda de *Ña y Bel* una casa encantada [...]» (272). El efecto fantástico de la novela queda sin duda multiplicado por el contraste entre la realidad corriente, vulgar incluso, del piso, y la voz del narrador de otra dimensión que contempla y describe todo desde el desconocimiento inicial.

El valle de las gigantas[13]

El valle de las gigantas (2000) se desarrolla en la provincia de Valladolid, concretamente en el pueblo de Tordesillas, donde Lázaro, un niño casi adolescente, comienza a descubrir a las muchachas a la vez que algunos secretos del pasado de su familia. De entre esos secretos, uno es el que da nombre a la novela: la existencia de un grupo de mujeres no totalmente humanas al parecer, a las que el abuelo de Lázaro y un amigo

---

[13] Acerca de esta novela pueden verse las siguientes reseñas: Rafael Conte, «La verdad y lo real», *ABC Cultural* (14/10/2000): 17; Andrés Padilla, «Gustavo Martín Garzo», *El País* (30/9/2000): 11; Israel Prados, «El valle de las gigantas», *Reseña* 322 (2000): 23; Ángel García Castellano, «El mundo y sus fisuras», *Revista de libros* 48 (diciembre, 2000): 61.

encontraron a orillas del río, escapando de los crímenes de la Guerra Civil. Estas muchachas, increíblemente bellas y apenas diferenciadas entre sí, que además no tienen lenguaje, atraen a los hombres, pero también les propinan dolorosos mordiscos, y se alimentan de la carne de los muertos en la contienda. La trama fantástica contrasta con el medio perfectamente reconocible en que se desarrolla: Tordesillas, el Monasterio de Santa Clara, Pesqueruela, las orillas del Duero y el Pisuerga, etc. En esta combinación entre lo real cercano y lo fantástico encontramos la comprobación de una de las afirmaciones de Li-Jung Tseng sobre la obra de Martín Garzo: que en ella la presencia de lo fantástico no responde únicamente a una motivación lúdica, sino que:

> [...] para él, la fantasía nos da la clave para entrar en el ámbito de lo desconocido, que también forma parte del ser humano. En nuestra vida existen territorios a los que el discurso racional no puede llegar, así que hace falta explorarlos mediante la imaginación. A la vez, el novelista lanza un sutil desafío a la perspectiva «racionalista y positivista» del mundo y un cuestionamiento del imperio absoluto de la razón y de la ciencia poniendo de manifiesto sus límites frente a la misteriosa e inefable identidad del hombre y frente al enigma profundo de su destino (378).

El medio acuático y los espacios altos (copas de los árboles, superficie de mesas o armarios) son los lugares que mayor protagonismo adquieren en *El valle de las gigantas*, y reservo su comentario para la segunda parte del trabajo, en que analizaré la relación de ciertas descripciones espaciales con las ideas sobre mujeres y hombres en las obras de nuestro autor. Únicamente citaré ahora la siguiente descripción del espacio del Valle en que el abuelo de Lázaro y su amigo encontrarán a las gigantas, en que el halo de irrealidad invade el paisaje realista que hasta el momento ha sido el único de la historia:

> [El abuelo de Lázaro:] Había algo raro. Mirabas, por ejemplo, las piedras del río y eran, sí, iguales a éstas, pero también distintas, dueñas de una naturaleza tan escondida como indefinible. Y eso te pasaba con los animales, los árboles, las nubes que había en el cielo, ya que a todos los sitios donde mirabas era como si las cosas te estuvieran diciendo que no eran sólo lo que parecían. Ya sabes, la realidad no tiene por qué confundirse con la verdad (*El valle...* 53).

El jardín dorado

Mítico, como en *El lenguaje de las fuentes*, pero relativo a la mitología griega y no a la hebraica, es el espacio de la hasta ahora última novela del escritor, *El jardín dorado*. En esta ocasión, el espacio de la tradición que el escritor utiliza como referencia es el laberinto.

La historia presentada por el autor vallisoletano, sin embargo, juega constantemente a tergiversar e inventar sobre la planilla de lo consabido: laberinto, jardín y palacio se confunden, algunos personajes alternan sus nombres míticos con otros nuevos (por ejemplo, el Minotauro lleva el nombre de Bruno; Teseo el de Pescador; Dédalo el de Artífice y Orfeo el de Nómada), peripecias y personajes novedosos se incorporan al relato de la tradición, etc.

Los espacios principales de la novela son dos, el jardín y el laberinto, a los que se añade, con una presencia algo menos destacada, el palacio real. Laberinto y jardín mantienen entre sí una imperfecta relación especular: el jardín es también un complicado dédalo en el que sus habitantes (el Minotauro y sus hermanas) están prácticamente encerrados; por su parte, el laberinto debería ser una reproducción del jardín perfeccionado por el genio humano, pero en su lugar se convierte en una cárcel y un lugar de confusión, proscripción, esterilidad e infelicidad:

> Nómada estaba obsesionado con el laberinto, y no llegó a comprender la verdad: que el laberinto debía sustituir al jardín. Eso fue lo que mi padre pidió a Artífice, un lugar que prolongara el jardín, una construcción diseñada para la felicidad de su hijo (*El jardín...* 73).

Esta idea de la duplicidad inexacta tiene profundas raíces en el pensamiento griego, y aunque no es este lugar apropiado para desarrollar sus orígenes y filiaciones sí resultará elocuente mencionar algunos otros ejemplos de relación especular: Afrodita (diosa de la belleza y el amor) se desdobla en Afrodita Pándemos (del amor erótico) y Afrodita Urania (del amor puro); a la vez, Némesis, divinidad marginal en el panteón homérico, pero muy importante en algunas corrientes del pensamiento helénico, reviste un parecido extraordinario con la diosa de Cipris, hasta poder ser considerada doble suya; Helena de Troya, en algunas tradiciones, se ve desdoblada en un simulacro de sí misma, un fantasma, que es

el que es llevado a Troya por Paris y causa la muerte de cientos de gue-
rreros y la caída de la ciudad, mientras la verdadera reina de Esparta
permanece –a salvo e inocente– en Egipto. En la novela, tanto el Minotauro como sus hermanas portan máscaras cuando aparecen ante sus
súbditos (*El jardín...* 49-50), y la máscara es una duplicación del rostro,
o incluso de la propia persona (*prósopon* significa originariamente, en
griego antiguo, 'rostro' o 'persona', y de ese significado deriva el de
«máscara»). Un último ejemplo nos devuelve al espacio del «laberinto»,
pues una etimología bastante difundida (aunque igualmente puesta en
duda, como puede verse en Santarcangeli 61-4) hace proceder la palabra del griego *labrys*, «doble hacha» (y es cierto que el motivo ornamen-
tal y tal vez ritual de la doble hacha se repite en las construcciones
minoicas)[14].

En *El jardín dorado*, Martín Garzo elabora una imaginativa historia
cimentada en lecturas y consultas documentales que, sin embargo, no
obstan la gran libertad con que se sirve de ellas. Según él mismo declara en una nota pospuesta a la novela, utilizó como fuentes las *Historias*
de Heródoto, *Los jardines de la Antigüedad* de Santiago Segura Munguía, *Los mitos griegos* de Robert Graves, la *Historia de la civilización
antigua*, de Thadee Zielinski y *El libro de los laberintos* de Paolo Santarcangeli.

Las descripciones del jardín, aunque pueden relacionarse con el tópico del *locus amoenus* en términos generales, evocan más concretamente
las estampas de jardines de la Antigüedad, sobre todo de algunos jardines literarios griegos que recoge en su trabajo compilatorio Segura Munguía. Martín Garzo menciona, además de árboles y flores ornamentales,
cultivos útiles como higueras y legumbres (*El jardín...* 32) u olivos (44),
lo que hace pensar en el jardín-huerto del rey feacio Alcínoo, que Home-
ro elogia en la *Odisea*, y que en la literatura posterior se ha citado frecuentemente como paradigma de feracidad y abundancia (véase Segura
Munguía 54-5).

---

[14] En las descripciones del laberinto se menciona a menudo el hacha: el dédalo que
encierra a Bruno es «el laberinto del Hacha» (*El jardín...* 30), y la narradora alude, entre
las disciplinas que aprenden los jóvenes minoicos, la destreza en «manejar el hacha
sagrada» (31). Acerca de la duplicación y el simulacro en la cultura griega puede verse
Calasso 125-30.

Además, durante la preparación de la novela, el escritor visitó las excavaciones arqueológicas de la isla de Creta. Descripciones como la siguiente evocan, efectivamente, las pinturas murales, las representaciones pétreas (incluida la doble hacha, arriba mencionada) e incluso las tablillas de escritura halladas en los palacios cretenses:

> A veces los imitábamos [a los gansos], y recorríamos a su lado las interminables salas del laberinto. Había fosos, tabiques de piedra, pozos de poco calado, escaleras de argamasa roja, altares cuya función nos era desconocida. Las paredes estaban recubiertas con capas de estuco, decoradas con pinturas murales. Había pilastras de piedra y numerosas columnas de madera, más estrechas en su parte inferior. Solían estar hechas de troncos de árboles invertidos, ya que colocados de esta forma se impedía su eventual florecimiento y se protegían sus bases de la humedad. En las puertas se veía la figura del doble hacha, que era el símbolo más sagrado de nuestro pueblo. Antes de la llegada de los gansos, Bruno se perdía a menudo por aquel mundo de pasadizos, escaleras, pozos y salas, y se pasaba días y noches enteras tratando de regresar a sus aposentos. La estrechez de los pasillos y la sucesión casi idéntica de las salas le trastornaba hasta hacerle perder la razón. Arremetía entonces contra las paredes, destrozando con sus cuernos estucos y murales, hasta terminar completamente agotado. [...]
>
> Los aposentos de Bruno estaban formados por varios recintos comunicados. Al más amplio Sombra lo llamaba la Sala de las Dobles Hachas, por la profusión con que esta imagen se repetía en sus paredes. Desde esa sala un pasillo estrecho conducía a la mansión donde dormía. Allí unas ventanas, en los lados sur y este, daban a dos pozos de luz. Sus pinturas eran muy hermosas. Destacaba el fresco de los delfines, en el que podía verse a estos seres tan inteligentes jugando en el mar rodeados de golondrinas. Los delfines eran de color azul oscuro, de vientre blanco, y con una doble franja amarilla en el costado. Se veía la espuma del mar, enmarcada en vivos corales. Al fondo había una escalera estrecha, decorada con frescos de espirales, y en la pequeña sala de arriba la graciosa bailarina giratoria con el cabello largo ondeando al viento. Esa sala estaba llena de objetos valiosos, entre los que destacaban varios vasos decorados con azucenas blancas, un diminuto pez de oro y la colección de tablillas de barro.
>
> Sombra y yo subíamos a menudo a esa sala, y nos demorábamos en la contemplación de esas tablillas cuya escritura no sabíamos interpretar. El idioma en que estaban escritas nos era desconocido [...] (*El jardín...* 174).

Estas últimas líneas son especialmente interesantes: sabido es que en los palacios cretenses se encontraron tablillas con dos tipos de escritura, conocidos como Lineal A y Lineal B. La segunda escritura ha sido descifrada, y su lengua, el micénico (que *grosso modo* puede considerarse una variante muy antigua de griego) es comprensible. Los micénicos que habrían elaborado estas tablillas desarrollaron una civilización en la Grecia continental y, al parecer, pudieron destruir los palacios cretenses y ocupar y reconstruir el de Cnosos hacia 1500-1450 a.C. La Lineal A, que permanece hasta hoy sin descifrar, suele identificarse como la forma de escritura de los minoicos, y el que la narradora de *El jardín dorado*, cretense e hija de Minos, asegure que ninguno de ellos comprendía esa escritura arroja un elemento de misterio más sobre estas tablillas que ya de por sí constituyen un enigma para los filólogos e historiadores antiguos.

La descripción del laberinto que Martín Garzo pone en boca de su narradora menciona frescos que reproducen figuras de delfines y de damas (21); la correspondencia con las pinturas murales halladas en el palacio de Cnosos es clara. Incluso el paso del período Prepalacial o Minoico Antiguo al período de los grandes palacios o Minoico Medio parece encontrarse detrás del siguiente texto:

> La calma se había restablecido en la Isla [...]. La revuelta popular que pedía su muerte [la de Bruno, el Minotauro] había sido sofocada con violencia por los soldados de mi padre, había pasado el tiempo y la gente del pueblo había olvidado las afrentas. Dejando aparte los palacios desmoronados (los soldados habían sido especialmente duros con las familias nobles rebeldes), todo estaba en calma. La tierra había sido arada, las viñas rebosaban de racimos, los rosales florecían junto al muro. Se habían levantado nuevas casas, más cómodas y alegres que las anteriores, y los alfareros habían creado un nuevo estilo, esta vez con motivos marinos (*El jardín...* 41).

La transición del Minoico Antiguo al Minoico Medio la marca justamente la construcción de los palacios minoicos de Hagia Triada, Festos y el más célebre de todos ellos, Cnosos (una complicadísima construcción que podría ser el trasunto histórico del mito del laberinto). La decoración de estos palacios y de las piezas de cerámica halladas en ellos abunda, en efecto, en motivos marinos.

Esta combinación en la novela de fidelidad a los datos de la arqueo-
logía y la historia y el libre uso de la imaginación se repite en la descripción de las danzas de muchachos y muchachas (29-30, 61).

El laberinto de Martín Garzo es contiguo al jardín y llega a confundir
sus límites con éste, lo que propicia la confusión entre ambos. Además,
la construcción «no estaba orientada hacia el exterior y hacia lo alto,
sino hacia el interior y hacia lo bajo, hacia las profundidades de la tierra» (21), según las descripciones de varios modelos de laberintos que se
encuentran en la monografía de Santarcangeli (169-75).

La semejanza entre laberinto y jardín es patente: «Nadie podía visitar-
nos, pues bosque y jardín estaban cercados por una tapia de más de tres
metros, y los soldados de mi padre patrullaban día y noche vigilándola»
(*El jardín...* 44); si bien la narradora asegura que, quizá a causa de los
constantes cambios de las plantas y flores: «ninguna de nosotras teníamos la sensación de encierro, pues taludes, desniveles y grutas creaban
mil y un lugares recónditos, donde podíamos jugar y escondernos» (45).
El jardín abunda en toda clase de árboles, flores y arbustos, incluso construcciones; la disposición puede con justicia calificarse como laberíntica:

> Nada era triste en aquel jardín, hecho de mil plantas y edificios cuyo
> mármol brillaba a la luz de la mañana como recién lavado: pérgolas, exedras
> semicirculares en las que nos sentábamos a conversar, y pórticos situados en
> lo alto. Delante de esos pórticos, una terraza se recortaba en escalones ador-
> nados por setos de boj caprichosamente dispuestos [...] (*El jardín...* 46).

Pero el encierro es evidente, a pesar de la amenidad del paisaje descrito:

> El jardín era expresión de ese amor, la prueba de que el vacío podía vol-
> verse abundancia, y la desesperanza, vida. Sí, así surgió el jardín, como una
> construcción contra la muerte. Mi padre, el rey, lo comprendió la noche
> misma en que los sicarios de los sacerdotes quisieron matarnos. Fue enton-
> ces cuando tomó la decisión de crear un lugar donde estuviéramos a salvo.
> Mandó construir los pabellones altos del palacio, y cercar los patios que los
> rodeaban. Y en aquel espacio sellado, lejos de las miradas del mundo, hizo
> crecer un jardín sólo para nosotros (*El jardín...* 69).

Este encierro no se relaciona sólo con la seguridad, sino también con
la separación entre los sexos: «Habíamos sido conducidas a ese jardín

cuando apenas acabábamos de dejar el pecho de nuestras madres y nodrizas, y no podíamos sentir añoranza de nada. ¿Por qué íbamos a echar en falta lo que no conocíamos?» (45). Bruno, el Minotauro, será admitido en este laberinto original que es el jardín hasta la llegada a la madurez y la manifestación de su peligrosa naturaleza (el peligro es su agresividad, pero metafóricamente puede aludir a su sexualidad).

Los dibujos misteriosos que contemplan la narradora, Ariadna, y su hermana Sombra en una gruta pueden estar inspirados en las páginas que Santarcangeli dedica a las pinturas y grabados rupestres hallados en diversos lugares de Europa, en algunas de las cuales aparece representada una figura antropomórfica con cuernos rodeada de figuras menores (Santarcangeli 121-23). La analogía con las pinturas contempladas por Ariadna y Sombra tal y como la propia narradora la describe es obvia:

> Representaban un jardín lleno de plantas y animales. En el centro, había un hombrecillo con cuernos junto a varias muchachas que se daban la mano. [...] La escena en el campo de flores, la imagen de aquel niño toro y de las muchachitas que había a su lado. Éramos nosotras, ¿verdad?, le pregunté a Sombra. Sí, éramos nosotras en la mirada de aquellos niños (*El jardín...* 102-3; véase también 103-4).

Los niños, autores de las pinturas rupestres, son seres misteriosos que no hablan y beben agua sin cesar ni lograr calmar su sed, y pertenecen al mundo de los muertos (su aparición se produce justamente cuando acaba de morir Eco, una de las hermanas que acompañan a Bruno en el jardín). Precisamente Santarcangeli recoge en su estudio una amplia muestra de testimonios en que el espacio del laberinto se constituye en símbolo del más allá o de la frontera entre el mundo de los vivos y el de los muertos, tan difícil de cruzar como el más complejo laberinto (Santarcangeli 139 y ss.). Recuérdese que en la novela, el jardín es el germen del laberinto, y éste una duplicación imperfecta de aquél; las grutas son, además, consideradas lugares próximos al inframundo o reino de los muertos en muchas culturas para las que la vida después de la muerte se asocia a lo subterráneo. El tema literario de un contacto precario entre vivos y muertos a través de estas pinturas está, pues, refrendada por datos sobre las culturas mediterráneas y las creencias asociadas a los laberintos. Pero resulta, además, un tema querido para Gustavo Martín

Garzo, quien lo ha desarrollado –ya bajo un tratamiento muy distinto–
en su novela *La soñadora* (2001)[15].

Hasta aquí hemos podido comprobar las conexiones de la escritura de
Martín Garzo con lo que la historia y la tradición antigua establecen acerca de la cultura minoica y el mito del Minotauro y el dédalo (sea jardín,
sea construcción) del que este ser es a la vez señor y prisionero. Con todo,
la atracción por el espacio del laberinto en la literatura de la segunda
mitad del XX y en adelante se debe principalmente a un autor, Jorge Luis
Borges. No es posible resumir en este trabajo los significados de este símbolo en su obra, ni siquiera ofrecer una lista completa de los laberintos
por él ideados: «El jardín de los senderos que se bifurcan» y los imaginados en «Los dos reyes y los dos laberintos», que vienen a la mente de
manera inmediata, son sólo las muestras más conocidas. Pero uno de sus
cuentos sí reclama que nos detengamos algo más en su consideración
como fuente de *El jardín dorado*. Naturalmente, me refiero a «La casa de
Asterión»[16], donde Asterión es el Minotauro y la casa no es otra que el
laberinto del mito griego. Este relato ha resultado germinal para las
numerosísimas revisiones que la posmodernidad ha realizado –y sigue
realizando– sobre el mito del laberinto cretense y su dueño y prisionero.
La breve narración de Borges da voz al propio monstruo y le muestra
horrorizado por la monstruosidad de la gente corriente (a la que ha visto
saliendo ocasionalmente del laberinto), ignorante del trágico destino que
le aguarda a la llegada de Teseo, e incluso ansioso por la venida de alguien
que venga a romper su soledad (pero los lectores sabemos que esto signi-
ficará su muerte). Asterión puede ser el hombre o puede ser un dios (o

---

[15] Y, anteriormente, en un experimento literario llevado a cabo en la revista digital
<www.imaginando.com>, creada por varios alumnos de Filosofía y Letras de la Univer-
sidad de Valladolid, con el apoyo del Profesor Javier Blasco y de la Fundación Jorge
Guillén. Gustavo Martín Garzo accedió generosamente a colaborar en el primer número, aparecido en el año 2000, escribiendo el primer capítulo de una historia que habrían
de continuar los lectores a su antojo. El título de esta novela de múltiples bifurcaciones
era *La señora*, y también en ella el contacto entre vivos y muertos era un elemento decisivo, como lo es en la película *El sexto sentido*, dirigida por M. Night Shyamalan y muy
apreciada por Martín Garzo, que le dedicó un artículo de idéntico título, incluido en *El
libro de los encargos* (261-74) y parcialmente reproducido en *Sesión continua*, el volumen
que compila escritos del autor sobre cine (131-34).

[16] Incluido en *El Aleph* (1949). Esta colección de relatos contiene, además, el ya citado «Los dos reyes y los dos laberintos» y «Abenjacán el Bojarí, muerto en su laberinto».

más bien es una y otra cosa, según la perspectiva que tomemos, recordando el verso del propio Borges «¿qué dios detrás de dios la trama empieza?»). A partir del cuento del argentino, la visión del Minotauro como monstruo y enemigo del héroe (Teseo) ha ido cediendo en importancia y frecuencia a la que hace del hombre-toro un símbolo del ser humano, víctima de una naturaleza de la que él mismo no es responsable y atrapado en la soledad de una existencia laberíntica, de cuyo plan y sentido lo ignoramos todo. Esta es la interpretación que prevalece también en la novela del autor vallisoletano, y que resulta propiciada por el hecho de que la narradora sea Ariadna. La tradición representa a esta heroína como hermana del monstruo y enamorada de Teseo, enfatizando este segundo rasgo sobre el primero (pues Ariadna traiciona a su hermano con el ardid del ovillo, que permite a Teseo guiarse en los corredores de la morada del hombre-toro). En *El jardín dorado* Ariadna no ama al extranjero que llega para aniquilar a Bruno (el Minotauro), y sin embargo adora a éste; dado que ella es la narradora y testigo principal de los hechos, constantemente «corrige» las versiones más extendidas del mito, a menudo explícitamente: por ejemplo, cuando afirma que el ovillo de Ariadna no era tal ovillo, sino el oído del que ella podía valerse para hallar al Minotauro en el laberinto, escuchando los latidos de su corazón (*El jardín...* 53, 85), cuando asegura que valiéndose de él lograba escapar de Actor (Teseo) para reunirse con el Minotauro (73), o que el relato de cómo éste mató al hombre-toro es en su mayor parte falso (229). De este modo, Martín Garzo traiciona y enriquece simultáneamente la tradición clásica.

Por último, creo necesario mencionar que en su monografía sobre los laberintos, Santarcangeli expone el rendimiento de este símbolo en campos distintos del arte o la literatura, como la psicología. En efecto, el laberinto ha sido utilizado en pruebas aplicadas primero a animales (desde finales del siglo XIX), y más tarde sobre humanos (desde la Primera Guerra Mundial), con el fin de calibrar los procesos de adquisición de hábitos, aprendizaje e inteligencia práctica, tal y como lo expone Paolo Santarcangeli (314-324). Quizá también esta vertiente del símbolo del laberinto haya contribuido a hacerlo interesante a los ojos de Gustavo Martín Garzo, quien estudió Psicología y ha ejercido durante años como psicólogo[17].

---

[17] Gustavo Martín Garzo abandonó los estudios universitarios de Ingeniería (que cursaba en Madrid) para especializarse en Psicología, dependiente entonces de la licen-

Hasta aquí hemos podido ver, en líneas generales, la importancia del espacio en las cinco novelas elegidas, y cuáles son los lugares que con mayor frecuencia o con más peso en la trama aparecen en ellas. A continuación, analizaremos el tratamiento de algunos espacios concretos que aparecen en estas novelas (también en otras en las que no podemos detenernos), y que adquieren matices relevantes para la representación de los sexos masculino y femenino, así como de las relaciones entre ambos.

ESPACIO, GÉNERO Y SEXO

> En mi casa nunca hubo chicas de nuestra edad, ni por supuesto el alboroto de sus risas o de sus juegos, tan diferentes. Eran además tiempos de roles bien definidos, en que chicos y chicas parecían tener asignado un papel diferente en función de su sexo. Los trajes, los peinados, pero también los juegos, y hasta los colegios eran distintos. La sociedad entera era rigurosamente sexista, y la posibilidad de convivir con el otro género, salvo a través de la relación con familiares o vecinos, era casi nula. De forma que el mundo de las chicas nos era tan desconocido como el mundo de las bandadas de garzas y de las manadas de gacelas. [...] Sí, eso eran las chicas para mí, seres extraños, un poco especiales, no tanto ilógicas como dueñas de un pensamiento diferente. Bastante impredecibles, en suma, pues vivían bajo el sutil y siempre impredecible imperio del guisante (Martín Garzo, *El libro...* 37-8).

Ya en otro lugar he reproducido esta cita de Gustavo Martín Garzo por considerarla muy explicativa acerca de ese conflicto del hombre ante el mundo de las mujeres (pues parece tratarse, en efecto, de «otro» mundo). El pasaje pertenece a una breve rememoración titulada «La princesa del guisante», incluida en *El libro de los encargos*; se presenta ante el lector, pues, bajo la convención de un «pacto autobiográfico», reclamando que al leerlo le concedamos un especial crédito, un estatus de singular veracidad (aunque ya sepamos la autobiografía no es otra cosa que un género narrativo más y, por tanto, esencialmente ficcio-

ciatura de Filosofía y Letras, titulación en la que se licenció, en la Universidad de Valladolid. Durante años ejerció como psicólogo clínico en diversos organismos públicos de salud mental de la ciudad castellana.

nal[18]). Gustavo Martín Garzo, confesando/construyendo su identidad ante los lectores, describe así su contacto y su visión primera de la «otra» mitad de la humanidad, y en su recuerdo está muy presente el énfasis que la educación recibida ponía en la separación radical entre niños y niñas, muchachos y muchachas, hombres y mujeres, una separación que se basaba en la diferencia (también radical, «esencial», pues afectaba a su misma entidad como seres humanos, e insalvable) entre unos y otras.

No pocos pasajes del narrador retratan a hombres y mujeres, en conjunto, anteponiendo los rasgos que los distinguen a aquellos que los unen (la humanidad que les es común, y esencial para ambos). En *Ña y Bel*, la asunción del punto de vista de un ser completamente ajeno a la naturaleza humana permite al escritor realizar una descripción de las diferencias sexuales desde el punto de vista de la extrañeza total, cargando las tintas sobre las marcas que distinguen a mujeres y varones. El estilo recuerda, como ya dijimos, a los libros de historiadores y geógrafos de la Antigüedad, y de viajeros de los siglos XVIII y XIX, con sus noticias sobre otros pueblos o incluso sobre especies animales desconocidas, donde los autores deben ofrecer informaciones muy pormenorizadas y claras a sus lectores, que ignoran absolutamente todo sobre las rarezas que se describen. El efecto está, como puede verse, muy logrado:

> Ña y Bel son dos hembras de la especie humana. Me es difícil explicar esto. Entre nosotros, no hay diferencias así. Nos gusta el juego, unirnos en súbitos arrebatos, en los que nuestros cuerpos se mezclan y sus sustancias se hacen una. Nada semejante a lo que pasa entre los humanos. Forman dos grupos diferenciados, con funciones, actitudes y hasta formas de pensamiento distintas. El primero, compuesto de individuos por lo general más vigorosos, de mayor volumen y movimientos más bruscos. El segundo, de cuerpos mucho más vivaces y gentiles, aunque de un tamaño que suele ser algo inferior. [...] Supe enseguida que mantenían una confrontación permanente. Es una confrontación misteriosa, ya que ambos no dejaban a la vez de atraerse y de repelerse, como si todo lo que alentaba en la Tierra estuviera animado por una voluntad raras veces satisfecha de quietud y reposo, que no pudiera cumplirse más que cuando uno de cada grupo encontraba en el otro aquél o aquélla que le apaciguara (*Ña...* 30-1).

---

[18] Un excelente acercamiento a esta cuestión puede encontrarse en los artículos de Darío Villanueva «Para una pragmática de la autobiografía» y «Realidad y ficción: la paradoja de la autobiografía».

Al contemplar las diferenciaciones entre machos y hembras de la especie humana desde los ojos de un ser para el que la distinción sexual es algo totalmente nuevo y extraordinario, los lectores de *Ña y Bel* encuentran súbitamente destacadas diferencias que de ordinario no están constantemente en el primer plano de la conciencia.

En numerosos pasajes de novelas del autor estas diferencias entre hombres y mujeres se traducen en una representación espacial: «el mundo de las mujeres» y «el mundo de los hombres» son dos espacios literalmente distintos y apartados. La cita autobiográfica con que iniciábamos este epígrafe permitía ver la propia experiencia del autor en su infancia y adolescencia de una costumbre social según la cual hombres y mujeres estaban «naturalmente» separados, es decir, separados por mor de una exigencia natural, y en virtud de ella confinados en esferas diferentes entre las que el contacto es imposible o, cuando menos, difícil y peligroso. Ya en mi trabajo sobre el espacio y el género en *El amigo de las mujeres* encontré dos ejemplos sumamente claros de esta idea (las fábulas de raíz oriental «El Gran Camino» y «El amigo de las mujeres»). Con el primero de ellos, «El Gran Camino», coincide en gran medida este pasaje de *El lenguaje de las fuentes*, donde José piensa en «la colina de la que había hablado el profeta Isaías»:

> Era su sueño preferido desde que era un niño, e, incluso, en sus ratos libres y con la excusa de estar haciendo juguetes para los niños, había tallado en madera alguna de estas escenas. El lobo vivía junto al cordero, el león comía paja junto al buey, y el niño de pecho jugaba en su cunita con víboras y alacranes que jamás le causaban daño. ¡Cuánto le habría gustado haber podido encontrar el camino hacia un mundo así, y estar en él con María y el niño después de la terrible noche! Un mundo donde todas las puertas estuvieran abiertas, donde el trabajo no estuviera al servicio del propio provecho, y en que niños, ancianos y enfermos se sustentaran con bienes comunes. También donde hombres y mujeres no se guardaran desconfianza mutua, y donde pudieran aprovecharse dulcemente unos de otros sin que nadie fuera vencido (*El lenguaje...* 24).

Se trata de una alusión a *Isaías* 11: 1-9, pasaje bíblico con el que la intertextualidad es evidente, pues el texto bíblico reza: «Habitará el lobo juntamente con el cordero; y el tigre estará echado junto al cabrito; el becerro y el león andarán juntos, y un niño pequeñito será su pastor.

[…] Y el niño que aún mama estará jugando en el agujero de un áspid, y el recién destetado meterá la mano en la madriguera del basilisco». Sin embargo, la alusión a la paz entre hombres y mujeres es innovación del escritor, en consonancia con lo expresado en tantos otros lugares de su obra (por ejemplo, las fantasías orientales de *El amigo de las mujeres*).

Las distinciones sexuales, físicas y psicológicas, se cifran, por una especie de proceso metonímico, en una separación espacial. Esta separación provoca inmediatamente el deseo de transgredir los límites (de salvar las diferencias entre hombres y mujeres y de atravesar, literalmente, esos espacios separados). En *El amigo de las mujeres* pueden encontrarse varios ejemplos en que el narrador o el protagonista masculino se imagina colándose en un espacio reservado para las mujeres, o asaltando la habitación de la mujer deseada, o el cuerpo de la mujer deseada (superando la metonimia por la que el espacio corporal se representa como espacio físico externo, y la transgresión corporal se sublima en transgresión de habitaciones, puertas, etc.).

Pero estas transgresiones sólo son posibles merced a una tara (simbólicamente, precio pagado o sacrificio a cambio de contemplar lo prohibido): la castración, en *El amigo de las mujeres* (44-8), o ser tomado por mudo, loco o retrasado, como José entre las mujeres del campamento kenita (*El lenguaje...* 78-81).

Esta fantasía del varón escondido o admitido en el espacio íntimo de las mujeres a cambio de un sacrificio aparece en *Las historias de Marta y Fernando* con algunas variantes: la ensoñación no se adjudica al hombre, Fernando, sino a Marta, y no se trata del espacio de varias mujeres, de un gineceo (como normalmente sucede con este tipo de fantasía repetida en las obras de Martín Garzo), sino de la habitación de ella:

> ¡Con qué gusto te hubiera dicho que te quedaras, que volvieras conmigo a Castro, que estaba segura que podía tenerte escondido en mi propio cuarto, sin que ni mi padre ni Julia llegaran a descubrirlo nunca! Tenía un armario que ocupaba toda la pared de mi cuarto, y te veía allí metido, entre la ropa, y a mí yendo y viniendo, unas veces con las manos llenas de comida, que devorabas al momento, y otras metiéndome dentro, buscando a tu lado aquel calor, el segregar de las colmenas y de las madrigueras más umbrías. Y hasta, fíjate si sería lanzada, que llegué a decírtelo, ¿te acuerdas? «Si quieres en mi cuarto tengo un armario donde podrías vivir». Y tú me miraste con ese desconcierto en los ojos, que fue la cualidad más cierta de aquel primer tiempo,

como si acabaras de salir del mar, de lo más hondo del mar, aún con el pensamiento puesto en las profundidades y en las corrientes ocultas, y te debatieras entre los dos mundos, sin saber lo que tenías que hacer. Y yo te dije que ibas a estar en la gloria, porque te llevaría cubatas a escondidas, y que si querías y te portabas bien luego por las noches te dejaría venir a mi cama; y tú, cuyos ojos se habían cubierto de una delgada película, como un animal que va a dormirse, a todo me decías que bueno (*Las historias...* 175-76).

La necesidad de renunciar a la naturaleza masculina o a parte de ella para ser aceptado en el hábitat de seres de una naturaleza diferente se manifiesta en la comparación con un animal marino debatiéndose entre dos mundos. El armario, de tan amplia significación simbólica-sexual (sobre todo en la tradición anglosajona) podría representar la necesidad de mantener oculta, domada, la propia naturaleza, precio que se paga para ser admitido en el espacio femenino: el hombre puede quedarse a vivir en la habitación de la mujer, pero a cambio de convertirse en un animalito doméstico que debe permanecer oculto y fiar a la diligencia de ésta sus necesidades (comida) y su disfrute (cubatas, sexo).

La diferenciación sexual es también una preocupación presente en *El jardín dorado*. El rey de la isla y padre de Bruno pretende ocultar a éste su monstruosidad rodeándole sólo de mujeres y eunucos, a fin de que asuma sus peculiaridades físicas de hombre-toro como marcas de su sexo. Aunque mediante el engaño, la narración presenta un mundo en que la diferenciación sexual es extremada, basada en lo monstruoso, e incluso la farsa se justifica tomando como ejemplo la propia naturaleza, donde existen especies en que machos y hembras presentan diferencias muy acusadas. El hecho de que Bruno el Minotauro sea el único varón sexuado (monstruoso) del espacio cerrado (el jardín) reproduce la estampa, muy repetida en la narrativa de Martín Garzo, del varón que vive entre mujeres a cambio de una renuncia (la emasculación, la ceguera, la deformidad...):

Tuvo entonces [el padre del Minotauro] la idea de las hermanas. La idea de traer al jardín varias niñas de nuestra edad, que pudieran crecer con nosotros y acompañarnos en nuestros juegos. Tenían que ser niñas, para que Bruno no pudiera compararse con ellas, y atribuyera así su diferencia a los sexos distintos. ¿No sucedía eso entre los animales? ¿No eran a veces hembras y machos tan distintos entre sí que hasta llegaban a parecer especies distintas? ¿Por qué mientras las niñas tenían un rostro delicado y blanco, no podían tener los niños una cabeza de ternero y mugir en vez de hablar? No era difícil conseguir eso, bastaba con eliminar del jardín toda presencia masculina. Por eso eligió a los eunucos como ayudantes de las amas, y por eso en los primeros años el acceso al jardín siempre estuvo prohibido a los hombres [...] (*El jardín...* 71).

En esta obra, la narradora –Ariadna, hermana de Bruno, el hombretoro– rememora una etapa pasada, en la infancia o primera pubertad de ambos y de sus otras hermanas (innovación de Martín Garzo sobre el relato de la tradición), en que las diferencias sexuales resultaban indiferentes o, al menos, no conducían a la separación y al recelo:

> Es curioso, pero ante él no sentíamos vergüenza, cosa que nos pasaba con muchos muchachos de nuestra edad. Nos bañábamos desnudas y hasta orinábamos a su lado sin importarnos que nos pudiera ver. Hablábamos de nuestras cosas, incluso de las más íntimas, los trastornos propios de nuestra naturaleza de mujer, con la misma libertad que si nos encontráramos solas (*El jardín...* 23).

Con la llegada a la edad adulta, ese orden común queda irremediablemente fracturado:

> Somos nosotras las que tenemos que enseñarles [a los varones] a escuchar, a ser gentiles y pacientes. Enseñarles que deben renunciar a su fuerza. [...] Ellos renuncian a su fuerza y nosotras, a cambio, les entregamos las palabras. Porque las palabras son una invención del amor, una invención de la madre. [...] Las palabras son ese trato con lo ausente, con lo que tal vez no puede existir. El mundo de la madre es el mundo de la piedad; el del padre es el de la ley. Por eso el padre no tiene palabras. No habla, dicta. Los padres hablan para decir lo que son las cosas, las madres para pedir que sean de otra manera (*El jardín...* 32).

Como en tantas otras obras del autor, aunque con variaciones, existen en *El jardín dorado* seres masculinos –en este caso son varios, a diferencia de en otros lugares– admitidos en el gineceo: además de Bruno, rodeado de mujeres, están los eunucos y los autómatas. También éstos (como los eunucos, como el ciego de *El amigo de las mujeres*, como Fernando encerrado en el armario de Marta, etc.) pagan a cambio de esa intimidad con el mundo femenino una renuncia a su masculinidad (en este caso, de su humanidad: son varones, pero no son en realidad varones, aunque sean idénticos a ellos y puedan copular, porque al fin y al cabo son autómatas y no seres humanos):

> [Surgió entre otros comentarios] aquella leyenda sobre los autómatas copuladores que tanta influencia tendría después. Según esa leyenda, mi madre y las esclavas se aficionaron a aquellos autómatas, que Artífice fue perfeccionando día tras día, hasta lograr que fueran casi indiscernibles de los hombres, y apenas abandonaban sus aposentos, donde se entregaban a todo tipo de actos lascivos (*El jardín...* 134).

La separación de los sexos es especialmente marcada en un acontecimiento como un parto, por ser ésta una experiencia exclusivamente femenina. Al narrar el nacimiento de Bruno, el Minotauro, y de la narradora, se repite una expresión que refuerza las diferencias presentándolas como una separación física (lo que en efecto es, pues el alumbramiento tiene lugar en los aposentos de las mujeres, separados de las estancias de los hombres o mixtas): «Puedo sentir aquel mundo de mujeres temerosas a nuestro alrededor [...]»; «El mundo eterno de las mujeres ocupándose de los recién nacidos» (*El jardín...* 56).

La evocación que la narradora –Ariadna– hace de los aposentos de su madre caracteriza el espacio femenino como un lugar cerrado (una especie de *sancta sanctorum* que incluso tras morir su ocupante se conserva intacto), pequeño pero lujoso, y presidido por inquietantes representaciones de la madre como diosa-serpiente (de acuerdo con las figuras religiosas halladas en Creta). Más llamativa aún es la reflexión final, que convierte la caracterización de la madre en una generalización sobre el sexo femenino:

> Recuerdo haberme paseado muchas veces por los cuartos privados de mi madre, que se conservaban como ella los había dejado. Eran relativamente pequeños y tenían un carácter hogareño e íntimo. No faltaban cuartos de baño, ni agua corriente. [...] Allí estaba el cuarto donde se conservaban y domesticaban serpientes para ella, y allí, en el muro, estaban los frescos que la representaban en el esplendor terrible de su belleza. La parte superior de su cuerpo fuertemente acordonada, dejando al descubierto sus

pechos, y un delantal colgando sobre la falda en pisos típica de nuestra isla. Mi madre sostenía en cada mano una serpiente y sobre su corona había un gato montés. Y yo odiaba ese rostro, y odiaba su belleza orgullosa, amenazante. Sólo sus pechos blancos me parecían dignos de amor. Por eso aprendí a reconocerla, pues sólo el odio nos permite comprender a los demás. Supe entonces que no era distinta de nosotras. Todas las mujeres del mundo son así, ladronas de vida. Buscan palabras cálidas, objetos preciosos, criaturas diminutas, árboles llenos de corazones. Por eso cayó en las manos de Artífice, el gran manipulador (*El jardín...* 130)[19].

En *Ña y Bel* el narrador es admitido entre las mujeres, primero porque no saben que está allí (no es visible para ellas), y en última instancia porque al fin y al cabo no es un humano varón. Sin embargo, aunque entre los de su especie no hay diferenciaciones sexuales, este narrador ve a Ña y Bel como opuestos, algo que nunca le sucede con los varones humanos, de los que apenas habla; en ese sentido, pues, la oposición se funda en la especie, pero funciona prácticamente igual que la oposición de sexos que vemos en otras novelas. La mutilación o «castración» simbólica que en otros libros paga el varón acogido entre las hembras aquí también se da: el narrador «paga» no siendo un varón, perteneciendo a una especie diferente:

> Normalmente, las hembras humanas son recatadas. No les gusta que las vean desnudas, por lo que las ropas que usan no tienen en ellas la sola función de adornarlas o protegerlas de las inclemencias del tiempo, sino sobre todo la de sustraer a la vista de los otros, especialmente de los varones, ciertas partes de sus cuerpos que prefieren mantener ocultas. No sucede así cuando se encuentran solas las de su grupo. Entonces se muestran tan campantes, aun faltas de esa ropa, sin experimentar vergüenza alguna. También lo hacían conmigo. Me aceptaron desde el principio en ese círculo mágico de los vestidores, y creo que en ningún otro sitio de la Tierra fui más feliz. «Quién sabe –murmuraba Ña, encogiéndose de hombros–, a lo mejor en su mundo es también una chica» (*Ña...* 57).

---

[19] La descripción de los frescos corresponde aquí nuevamente a imágenes reales conservadas en los palacios cretenses excavados, que como ya he señalado, Gustavo Martín Garzo visitó mientras elaboraba la novela.

La intrusión del innominado narrador en las vidas de Ña y Bel tiene uno de sus hitos en el espacio del cuarto de baño, con la contemplación y escucha del acto de la micción[20]:

> Volaba detrás de ellas cuando respondían al teléfono, cuando iban a la cocina a prepararse el desayuno, hasta cuando iban al baño. Se sentaban sobre la tacita blanca, y yo me recogía junto a sus tobillos. Me encantaba el vigor con que expulsaban de su cuerpo aquel líquido dorado, que chocaba contra la loza, y como luego se recomponían las ropas metiéndose las manos bajo la falda (Ña... 85).

El cuarto de baño, además de constituir uno de los lugares más privados y en el que la separación entre hombres y mujeres es más acusada, nos remite a otro de los motivos recurrentes en la obra de nuestro autor: el agua[21]. Unas veces se asocia a la naturaleza femenina, otras a la posibilidad de fusión de ambos sexos en una sola materia indivisible, como el elemento que constituye un todo en el que no se diferencian unidades, no hay cortes materiales que puedan propiciar la individualidad.

En el siguiente pasaje de *El lenguaje de las fuentes*, que da cuenta de un sueño de José[22], el medio acuático encarna el ideal inalcanzable de

---

[20] Más arriba se ha citado ya un pasaje de *El jardín dorado* en el que la narradora pondera la extrema intimidad existente entre el Minotauro y ella misma y sus hermanas afirmando que no se avergonzaban de orinar junto al monstruo. Una fantasía similar a la de *Ña y Bel* aparece en «Las amigas» (*El amigo...*, 35-6), y por dos ocasiones en *El lenguaje de las fuentes* (47, 93). Y escenas en que una mujer o una niña aparecen orinando pueden encontrarse en otras obras suyas, como en *La vida nueva* (104).

[21] Li-Jung Tseng advierte la utilización simbólica del agua desde la segunda novela del autor, *Una tienda junto al agua* (Valladolid: Los Infolios, 1991), y acertadamente señala: «[...] con esta novela se inicia una de las obsesiones de este novelista: las imágenes recurrentes del agua asociadas con lo femenino» (99). Además, son un leitmotiv en su obra las comparaciones con animales del medio acuoso o incluso la aparición de seres fantásticos mitad pez, mitad humano, como el hombre-pez de *La princesa manca* (Madrid: Ave del Paraíso, 1995), *La vida nueva* (Barcelona: Lumen, 1996) y *La soñadora* (Barcelona: Plaza & Janés, 2001). También los ángeles de *El lenguaje de las fuentes* poseen manos «palmeadas como las de los anfibios» (*El lenguaje...* 92).

[22] Es grande la importancia del mundo onírico en la narrativa de Martín Garzo. En *El lenguaje de las fuentes*, José, ya anciano y debilitado, despojado por la divinidad de lo que había esperado de la vida, prefiere dormir a vivir conscientemente (en parte, a causa del vino narcótico que el ángel Abdenago le proporciona). Como Li-Jung Tseng

fusión entre los sexos, por ejemplo. Se trata de un sueño que incluye la idea de un mundo líquido –expresamente descrito como prenatal– en que los cuerpos, aun de diversos sexos, se funden, indiferenciados. Esta fantasía andrógina de armonización de los sexos contrasta, en la segunda parte del sueño, con una idea de mutilación en la que no parece descabellado ver una metáfora del temor a la castración:

> Lentamente se fue adormilando. Tuvo un sueño extraño, un sueño [...] que le devolvió intacta la presencia y el amor de María. Soñó que estaba con ella. Eran mellizos y aún no habían nacido. Vivían en un medio acuático por el que se desplazaban con una rapidez y una ligereza admirables. Todo el día estaban moviéndose. Iban incesantemente de un lado para otro, siempre con la mayor felicidad. Jugaban a perseguirse, a desplazarse con súbitos impulsos, como coletazos. El lecho estaba cubierto de grandes piedras blancas, pulidas y luminosas como huevos; y el agua era transparente y cálida.
>
> Durante esa parte del sueño, en el que no hacían sino jugar y perseguirse, José sintió un profundo placer corporal. Cada gesto parecía revelar una posibilidad nueva, cada proyecto de acción llevar aparejado su instantáneo cumplimiento. Por momentos sus miembros se mezclaban, parecían confundirse entre sí, con el mismo líquido por el que se movían, como si sus sustancias fueran intercambiables. De pronto oían una voz. Les advertía que dejaran de jugar, que había llegado la hora de salir del agua. Obedecían, pero al ascender empezaban a pelearse. Se empujaban, se agarraban el uno al otro con una violencia creciente. En medio de ese forcejeo, María le arrancaba uno de los brazos de un violento tirón. La sangre manaba abundantemente, tiñendo el agua de rojo, y él veía su bracito perderse corriente abajo mientras María le miraba con ferocidad (Ña... 34).

La asociación de la feminidad al elemento acuoso coincide con la visión, relativamente frecuente en la obra de Martín Garzo, de cada mujer como encarnación ideal (no individual) de la feminidad. Dicho de otro modo: cada mujer sería todas las mujeres y, en cierto modo, las mujeres (o algunas mujeres) serían indiferenciables unas de otras, por cuanto todas ellas serían «la mujer». Por ejemplo, en *Ña y Bel*:

---

afirma, «[el sueño] sirve como mecanismo de evasión de una realidad que le es hostil y cruel» (119).

> Empecé a vivir con las dos. Me es muy difícil hablar de esa vida en común. En ocasiones, las confundía; llegué a dudar de si tenían una existencia independiente o eran un organismo único en momentos distintos de su constitución o necesidad. Debo reconocer que aún ahora tengo mis dudas y que, más que sus diferencias, lo que siempre me atrajo fue lo que tenían en común (Ña... 57).

En la novela citada, el espacio acuático tiene gran relevancia y una marcada connotación sexual. Recordemos que el narrador comparte con las dos muchachas incluso los espacios más íntimos (el cuarto de baño, durante la micción de éstas). Esa fantasía voyeurística llega al ideal de fusión precisamente en el agua, el espacio de la fusión perfecta de las materias distintas (sexos distintos, especies distintas), que por un momento se hacen miscibles:

> Una tarde, nos fuimos de excursión. A Ña y a Bel les gustaba mucho bañarse. Bajaban a los ríos y se zambullían en el agua, en la que eran capaces de pasarse horas enteras sin salir. Fue para mí una verdadera revelación. El agua es en la Tierra el medio más parecido a nuestras Colonias, y muy pronto me había familiarizado de tal forma con ella que era capaz de los mayores atrevimientos. [...] Me pegaba a sus cuerpos, los arrastraba por la superficie o formaba inesperados remolinos que los hacían sumergirse en medio de un hervor de burbujas, como si parte de su materia se dispersara gracias a esa acción, súbita y desintegradora. [...] Baste añadir que los humanos creen que tienen un alma inmortal. Que una parte de ellos mismos no morirá nunca. Creo que, cuando se acarician, olvidan esa vaga pretensión. Son entonces como Ña y Bel en el río. Cuerpos líquidos. Puedo hablar de ello porque yo también lo fui (Ña... 65-66).

Un nuevo encuentro más claramente sexual, expresado como una unión prácticamente mística, tiene lugar con Bel, en el agua por supuesto, esta vez en la bañera de la casa. En el capítulo titulado precisamente «La bañera», el narrador cuenta la costumbre que la muchacha toma de bañarse con el extraño inquilino de su casa, y cómo éste, al fusionarse con el agua, recorre todo el cuerpo con mayor concentración que en el río: «No podía llevar a cabo los grandes desplazamientos, los grandes giros que siempre fueron la ley de mis visitas a aquellos reinos acuáticos, en que fui más feliz que en ninguna otra región de la Tierra, y esto me obligó a una mayor especialización de mi fuerza. Perdí ligereza, aquella desenvoltura incomparable, pero sólo para ganar una intensidad mayor, la sorpresa de una lentitud que me fue descubriendo la tierna geografía de su desnudez» (67). En una de las ocasiones en que el narrador y Bel se entregan a ese juego, éste, transmutado en agua, penetra casi accidentalmente en el cuerpo de Bel, y por unos segundos permanece dentro de él (convertido ahora en habitáculo, en espacio):

> Esa tarde, sin embargo, después de una cerrada lucha, los hechos tomaron un derrotero distinto. Mis arremetidas se generaban desde abajo, donde ella apoyaba sus muslos, y sentí de improviso cómo aquel cuerpo cedía a mi empuje. Fue una experiencia inesperada, que apenas duró unos segundos. Me vi corriendo por el interior de una materia palpitante y hendida, que se iba ensanchando a mi paso, como sucede con el cuerpo de los reptiles en las digestiones interminables de sus presas. Era un medio resbaladizo por el que, a pesar de su densidad, me desplazaba sin ningún esfuerzo, en medio de una indescriptible dulzura. Cuando me quise dar cuenta, estaba chapoteando en el baño. Recuerdo que Bel se levantó y se puso a dar saltos y gritos en la bañera. Al sentirme de nuevo en el agua, la abandonó con prisa. Corrió a por la toalla. Tenía las mejillas rojas, y su cuerpo permanecía envuelto en una nube de vapor; como cuando se echa agua sobre las brasas. «No lo vuelvas a hacer», me dijo (Ña... 71-2).

Ya hemos hablado de la simbología del medio acuoso, que puede ser la de la fusión ideal entre los sexos, pero que a veces remite sólo al sexo femenino. La identificación de la mujer con lo líquido viene de antiguo, asociada a ideas precientíficas (que vinculan líquido amniótico, sangre, limo...). Esta asociación sexo femenino-líquido es prácticamente explícita en el capítulo de *Ña y Bel* titulado «La reina de los caracoles», donde el narrador cuenta algunas experiencias con Bel:

> No era nuestro único juego en el agua. A menudo llenaba el balde y me llamaba para que me metiera dentro. «Ahora, el agua pesada», me decía. Tomaba toda la extensión del balde y me contraía, haciendo que el agua se condensara hasta constituir una única e inmensa gota, pesada y densa como la grasa, pero de una transparencia incomparable. Me llevaba a su cuarto y, mientras trabajaba —escribía a máquina sin parar—, me ponía encima de la mesa. Siempre acababa hablando de la bañera. «¿Qué has visto? —me pre-

guntaba–. Debe de estar todo sucio, debe de ser un asco». Y añadía, con los ojos inundados de lágrimas: «Un día me vas a matar».

Se acostaba en la cama, y yo me extendía por su cuerpo hasta formar sobre él una delgada película. Una película viva, que la cubría por completo, pues ella se quedaba desnuda. Cuando el agua se enfriaba, volvía a concentrarla en su pecho. Me bastaba hacer eso, formar de nuevo el agua pesada, para generar calor. Luego volvía a extenderme hasta cubrirla con aquel líquido, que brillaba al extenderse a la luz. Ña entró un día en el cuarto y, al vernos así, se le escapó un grito: «¡Pareces la reina de los caracoles!» (*Ña...* 78-9).

También en *El valle de las gigantas* el medio líquido es fundamental en el desarrollo de la acción y la presentación de los personajes. Las gigantas a las que se refiere el título son un grupo de muchachas de gran belleza, no dotadas de lenguaje humano, que se alimentan de carne humana y habitan un paraje acuoso[23]. Sólo puede considerarse como todo un acierto la elección de la portada para la edición en Destino: un detalle del cuadro *Hilas y las ninfas*, obra del prerrafaelita inglés (aunque nacido en Roma) John William Waterhouse. El cuadro reproduce una escena del mito griego de Hilas, escudero y amado de Heracles: ambos viajaron a bordo de la nave Argos acompañando a Jasón en pos del Vellocino de oro. Al llegar a tierras misias, Hilas fue al lago Ascanio para tomar agua. Las ninfas del arroyo, enamoradas de la belleza del muchacho, lo atrajeron irremisiblemente hacia las profundidades, donde Hilas desapareció. No es de extrañar que este mito resultase atractivo para un pintor del fin de siglo, pues permite desarrollar el cliché de la mujer fatal que atrae y pierde al hombre. En el mito, además, son varias las mujeres que unánimemente («indiferenciadamente», como si fuesen una sola mujer) seducen a Hilas. Este detalle propiciaba en las postrimerías del siglo XIX una lectura según la cual la fatalidad no es privativa de una sola fémina, sino algo extensible a todas ellas: el pintor

---

[23] El tema del canibalismo o el vampirismo femenino aparece también en una de las historias insertas en *Luz no usada* (Salamanca: Junta de Castilla y León, Consejería de Educación y Cultura, 1986), primer libro de Gustavo Martín Garzo: en ella, la amada del rey de Portugal, Rosina, regresa de la muerte por amor a éste; durante un tiempo el rey es feliz por el regreso de su amada difunta, pero pronto descubre que para mantenerse a su lado ella necesita alimentarse de la sangre de vivos a los que mata y mutila brutalmente.

parece obedecer a ese pensamiento al pintar prácticamente idénticas a las siete ninfas que aparecen en el cuadro. El fragmento utilizado como portada de *El valle de las gigantas* incluye únicamente cinco, todas ellas mirando con fijeza hacia un punto situado más allá del confín del fragmento reproducido: sabemos que es el espacio que en el original ocupa la figura de Hilas, pero al seccionar esa parte del cuadro, el diseñador o diseñadores de la portada logran un efecto inquietante que se adecua muy bien al contenido del libro. También las gigantas habitan las inmediaciones de un río y son, como las ninfas, casi iguales entre sí; o dicho de otro modo, «como gotas de agua»: la expresión resulta aquí especialmente adecuada, pues la feminidad sería –en las ninfas de Waterhouse y en las gigantas de Martín Garzo– una masa acuática de la que forman parte todas las mujeres, indiscernibles...

El espacio líquido se encuentra también en la referencia a los baños de Tordesillas, construidos por el rey don Pedro I el Cruel para doña María Padilla, nacida en Sevilla:

> Y un lugar así mandó construir don Pedro para su amante, que enseguida quiso tener también unos baños, porque desde su infancia se había acostumbrado al vapor y a las piedras calientes. Se pasaba las horas muertas allí metida con sus doncellas y amigas, y todos los que pasaban cerca podían escuchar sus voces y sus risas, y maravillarse de su alegría, porque era como si conociesen cosas, secretos del tiempo y de la vida de los que ellos no tuvieran idea (*El valle...* 49-50).

Inspiradas por la proximidad de los baños, varias muchachas del pueblo deciden bañarse desnudas en el río. La extraña naturaleza de la mujer se pone de manifiesto en la descripción de una de ellas: «Niña Susana chapoteaba en el agua como si en vez de brazos y piernas tuviera cola y aletas [...]» (50). El grupo se introduce en los baños, y ahí se produce una especie de simbiosis entre ellas (muchachas contemporáneas) y las mujeres del pasado para quienes los baños fueron construidos (doña Blanca y sus doncellas): la naturaleza femenina de todas ellas las iguala y las pone en comunicación de un modo íntimo, literalmente inefable:

> El recuerdo de doña María Padilla llenaba aquellas galerías, traspasando las paredes, las piedras, como una corriente tranquila. Ellas sentían esa corriente en sus cuerpos y era como si conocieran los secretos de todas las

mujeres del mundo, incluidos los de Niña Susana. Algo que no se podía contar a los demás, que no podía expresarse con palabras (*El valle...* 51).

En esta última novela la feminidad se asocia, además de al medio líquido, a los espacios situados en alto, separados de la tierra. En muchas culturas lo femenino y lo telúrico se confunden, y la mujer se asocia a lo terrestre más que a lo aéreo; sin embargo, el escritor, al despegar a muchas de las mujeres de sus libros de la tierra desea subrayar su carácter propenso a la ensoñación, su capacidad para entrar en comunicación con una realidad distinta de la física y pedestre (la de los varones). Son mujeres como las gigantas, que –por decirlo con una frase hecha que viene muy al caso— no tienen los pies en el suelo. Así se describe a la abuela del protagonista de *El valle de las gigantas* (avanzada la novela sabemos que ella misma era una de esas bellas y extrañas mujeres caníbales): «Tenía aquella extraña afición, la de subirse a los árboles. Ibas por la calle y la podías ver encaramada al primer árbol que te encontrabas, como si aún fuera una cría y siguiera necesitando jugar» (*El valle...* 21). Tal y como aparece descrita en este texto, esa necesidad de trepar a los árboles aúna simultáneamente la «diferencia», la vinculación especial a la naturaleza, y la proximidad a la infancia. Ese particular comportamiento lo hereda la madre de Lázaro, que no aparece en la novela sino a través de evocaciones del protagonista:

> –¿Sigue subiéndose a las mesas? –le preguntó su abuelo sacándole de aquellas cavilaciones.
> Lázaro le dijo que sí con una sonrisa triste.
> –Lo hace –continuó su abuelo– desde niña. Cuando estaba agobiada o disgustada por algo, se tenía que subir a algún sitio y quedarse allí unos minutos hasta que se tranquilizaba.
> Lázaro se había pasado media vida encima de las mesas. «Anda –le decía su madre–, vamos a olvidarnos un ratito del mundo». Y tomándole de la mano, le llevaba encima de una mesa donde permanecían abrazados un tiempo siempre variable, que hasta podían llegar a dormirse. No sólo encima de las mesas y los muebles, sino en cualquier lugar, con tal de estar separados del suelo. «Es mi complejo de sirena», le decía por aquel cuento tan precioso, según ella el más precioso que se había escrito jamás (*El valle...* 32).

El texto equipara claramente la manía de subirse a lugares altos con el deseo de escapar de la realidad «pedestre» (también en un sentido literal), y la sorprendente referencia a la «sirena» equipara espacios altos y espacios acuáticos: ambos serían más naturales, para la mujer, que la tierra común y corriente.

Concluimos aquí este recorrido por diversos espacios de la obra narrativa de Gustavo Martín Garzo. Aunque incompleto, habrá bastado para demostrar que no se trata de meros escenarios que hagan las veces de telón de fondo para la trama, sino que están cargados de significados que complementan decisivamente a ésta. Por este motivo no importan tanto las descripciones, ni la percepción y la construcción de un «paisaje», sino la connotación simbólica de los espacios, sean legendarios-míticos, fantásticos o realistas. Y esa connotación simbólica del espacio contiene la preocupación central en toda la narrativa del autor: la oposición hombre/mujer(es), concebida y expresada como una relación espacial entre mundos diferentes.

BIBLIOGRAFÍA

BACHELARD, Gaston. *La poética del espacio*. México: FCE, 1986.

BAJTIN, Mijail. *Teoría y estética de la novela*. Madrid: Taurus, 1991.

BIEDERMANN, Hans. *Diccionario de símbolos*. Barcelona: Paidós, 1993.

BOBES NAVES, María del Carmen. *La novela*. Madrid: Síntesis, 1998.

CABO, Fernando. «*Las historias de Marta y Fernando* [Reseña]». *Lateral* (abril 1999): 28.

CALASSO, Roberto. *Las bodas de Cadmo y Harmonía*. Traducido por Joaquín Jordá. Barcelona: Anagrama, 1990.

CHEVALIER, Jean (dir.). *Diccionario de los símbolos*. Barcelona: Herder, 1993.

CONTE, Rafael. «La verdad y lo real». *ABC Cultural* (14 de octubre de 2000): 17.

— «*El lenguaje de las fuentes*». *ABC Literario* (12 de junio de 1993): 9.

COSTA, Magdalena. «Reseña a *Las historias de Marta y Fernando*». *Lateral* (abril 1999): 21.

ECHEVARRÍA, Ignacio. «Contra los ángeles», *El País* (12 de junio de 1993): 18.

FORJAS, Francisco. «El Premio Nacional de Narrativa descubre la obra poética de Gustavo Martín Garzo». *El País* (8 de noviembre de 1994): 33.

GARCÍA-POSADA, Miguel. «Un fabulador de lo cotidiano». «Babelia», *El País* (20 de febrero de 1999): 7.

GARCÍA VIÑÓ, M. *La novela española del siglo XX*. Madrid: Endimión, 2003.

Martín Garzo, Gustavo. *Luz no usada*. Salamanca: Junta de Castilla y León, Consejería de Educación y Cultura, 1986.
— *Una tienda junto al agua*. Valladolid: Los infolios, 1991.
— *El amigo de las mujeres*. Oviedo: Caja España, 1992.
— *El lenguaje de las fuentes*. Barcelona: Lumen, 1993.
— *La princesa manca*. Madrid: Ave del Paraíso, 1995.
— *La vida nueva*. Barcelona: Lumen, 1996.
— *Ña y Bel*. Madrid: Ave del Paraíso, 1997.
— *Las historias de Marta y Fernando*. Barcelona: Destino, 1999.
— *El valle de las gigantas*. Barcelona: Destino, 2000.
— *El libro de los encargos*. Barcelona: Plaza & Janés, 2003.
— *El jardín dorado*. Barcelona: Lumen, 2008.
Masoliver Ródenas, Juan A. «En el reino de los desheredados». *Revista de Libros* 14 (febrero, 1998): 43.
Miñambres, Nicolás. «El Nadal recupera la dignidad perdida». *Diario de León* (21 de febrero de 1999): 36.
Morán Rodríguez, Carmen. «El espacio narrativo en *El amigo de las mujeres* de Gustavo Martín Garzo». Salvador Montesa (ed.). *Narrativas de la posmodernidad. Del cuento al microrrelato*. Málaga: AEDILE, 2009: 249-63.
Peña, Luis de la. «*Ña y Bel* [Reseña]». «Babelia». *El País* (26 de julio de 1999): 22.
Prados, Israel. «Reseña a *El valle de las gigantas*». *Reseña* (Madrid) 322 (2000): 23.
Romeo, Félix. «La región del agua». *Revista de Libros*, 63 (marzo 2002): 45.
Santarcangeli, Paolo. *El libro de los laberintos*. Traducido por César Palma. Madrid: Siruela, 1997.
Segura Munguía, Santiago. *Los jardines en la Antigüedad*. Bilbao: Universidad de Deusto, 2005.
Senabre, Ricardo. «La novela española hacia el año 2000». *Letras de Deusto* 66 (1995): 23-38.
Sobejano, Gonzalo. *Novela española contemporánea. 1940-1995*. Madrid: Marenostrum, 2003.
Soldevila Durante, Ignacio. *Historia de la novela española (1936-2000)*. Madrid: Cátedra, 2001.
Tseng, Li-Jung. «Aproximación crítica al mundo novelístico de Gustavo Martín Garzo (1986-2002)». Tesis doctoral inédita, leída en Valladolid, Universidad de Valladolid, 2008.
Valls, Fernando. «Un ciervo herido que aceptó ser niño». *Quimera* 63 (1997): 63-5.
Villanueva, Darío. «Para una pragmática de la autobiografía». *El polen de ideas*. Barcelona: PPU, 1991: 95-114.

— «Realidad y ficción: la paradoja de la autobiografía». Romera Castillo *et al.* *Escritura autobiográfica. Actas del II Seminario Internacional del Instituto de Semiótica Literaria y Teatral.* Madrid: UNED/Visor Libros, 1993: 15-31.

ESPACIOS REALES Y ESPACIOS FANTÁSTICOS EN *LA SOÑADORA*, DE GUSTAVO MARTÍN GARZO

Li-Jung Tseng
Providence University Taiwan

Para contar una historia, hay que situarla en algún lugar. A primera vista, el espacio parece el soporte de la acción o el punto de referencia de la acción. En efecto, respecto de otros componentes de la estructura (sobre todo, el personaje, la acción, el tiempo), el espacio es sumamente importante, ya que opera como un decisivo principio de la estructura narrativa. En realidad, a la luz de la evolución de la novela, el espacio ha servido de base compositiva para un elevado número de géneros novelísticos, tales como la novela griega, la de caballerías, la realista, etc. En especial, el espacio no sólo facilita la plasmación y concreción del tiempo sino que también es un signo del personaje y, en cuanto tal, cumple una función excepcional en su caracterización, tanto en lo que se refiere a su ideología como a su mundo interior o personalidad.

En la novela de Gustavo Martín Garzo *La soñadora* (2002), casi toda la acción se ubica en la provincia de Valladolid. Al comienzo de la historia, la acción arranca en un cementerio, en el momento en que Juan Hervás, un arquitecto de mucho renombre, regresa a su tierra natal, Medina de Rioseco, escenario de infancia y juventud, y realiza una visita a la tumba de un amor de adolescencia, Aurora Ventura, quien se ha suicidado por emanaciones de gas junto a un sobrino inválido al que cuidaba. Pues bien, con ese arranque, el autor ha elaborado un argumento explotado con bastante frecuencia en la narrativa actual española[1]: un protagonista adulto y triunfador vuelve un día a su pueblo natal. Por si fuera poco, vemos a Juan, el protagonista, que se dirige a su antigua novia, junto a la tumba, diciéndole de viva voz y con toda sencillez: «He venido a verte» (*La soñadora* 16). Aquí nos encontramos con una histo-

---

[1] Por ejemplo, en *Irse de casa*, de Carmen Martín Gaite, la acción también arranca con que la protagonista, una conocida diseñadora de moda, vuelve a visitar anónimamente la capital de provincia en la que transcurrieron sus años de formación.

ria nada original sobre el viejo tema del amor, que a veces resulta incluso folletinesca, y nos encontramos también con «una fábula, arcaica, primitiva» (Pozuelo Yvancos 9).

A causa de un misterioso ataque de nervios que padece, Juan se ve obligado a quedarse en el pueblo una semana entera. El fantasma de Aurora comparece al pie de la cama del convaleciente. Juntos, inician un diálogo que nos permite conocer su historia de amor. Ambos van rememorando su pasado, los vaivenes de su amor pasional, y vemos con qué fuerza irresistible quedó truncada la relación amorosa y mediante qué extraños caminos el destino les fue separando y enfriando su relación para siempre, hasta el punto de desembocar en un desenlace trágico. Es más, el diálogo entre Aurora y su viejo enamorado, Juan, desencadenará todo un ámbito de imprevisibles crueldades y violencias entre los personajes implicados. Resulta especialmente fascinante otra historia de amor paralela, entre otra soñadora, Adela, y el ingeniero catalán Jordi Monzó; un romance acontecido en los años 20 y en el mismo espacio, Medina de Rioseco, que le era relatado a Juan y Aurora por doña Manolita cuando eran niños. Esa historia que hechizaba su imaginación les abrió los ojos a las crueldades de la vida, gravitando a la vez sobre ellos cuando más tarde, obedeciendo a los vaivenes del destino, se dieron cuenta de la fuerza caótica de la pasión amorosa, de lo que el amor tiene de poético y embriagador, pero también de doloroso y enloquecedor. Misteriosamente las vicisitudes de Juan y Aurora duplican el destino fatal de Adela y Monzó.

Mediante la rememoración de Aurora, sirviéndose de la «harina» como contrapunto, se hace referencia por primera vez a la historia de amor de Adela. De esta manera, el novelista va ensamblando esta historia de amor desdichado con otra de igual signo, la de Adela. Poco a poco, vamos descubriendo que, en realidad, en *La soñadora*, no se trata de una historia de una sola soñadora, sino que son dos historias de dos soñadoras. En efecto, al principio, las dos historias discurren paralelas, pero se van imbricando narrativamente porque Aurora y Juan oyen contar a doña Manolita una historia que ocurrió cuando ellos eran muy pequeños, historia en la que se revela el trágico destino de Adela. Cuando Monzó quiso separarse de ella, Adela se vengó de su amante, causando la muerte de una niña. Acabado el episodio con el ingeniero catalán, Adela se casó con Tomás, pero, como se sentía culpable de la muerte de la niña, empezó a tener alucinaciones. Así pues, asistimos al mismo final desdichado de las dos soñadoras despechadas. Adela paga muy caro el haberse entregado a un feroz amor y termina su vida ahogándose en el canal. Al fin, «las dos parejas de amantes que vertebran el argumento se encuentran en la ensoñación de la muerte» (Sánchez Magro 25).

Como hemos señalado, en *La soñadora*, la mayor parte de la acción novelesca transcurre en la provincia de Valladolid. Sin embargo, el narrador menciona también otros parajes del exterior, como Madrid. Cuando Juan estudia Arquitectura en Madrid, Aurora va a verle, y de este modo se nos presenta la capital: «Con sus largas avenidas resplandecientes, sus coches circulando sin pausa en todas las direcciones y las infinitas ventanas alineadas como las letras en las páginas de los libros» (*La soñadora* 32). Otros escenarios que rodean a los personajes son la casa de doña Sofía, amiga de la tía de Aurora, en la que vivió ésta cuando fue a estudiar a Valladolid. Doña Sofía y su marido eran dueños de Villa Julia. Otros sitios de la capital que también frecuentan los personajes principales son la calle San Juan, la Plaza de Santa Cruz, la Plaza de Santa Ana, la acera de Recoletos, la Plaza Mayor, la calle Ferrari, la casa de Santiago, la casa de doña Manolita, el cine y la cafetería. Los escenarios que rodean a los protagonistas de la otra historia, Monzó y Adela, son lugares reales de Valladolid –la calle Constitución, la calle Miguel Íscar, el café Royalty–, las fábricas, la dársena de la Concha, el caserío de Araujo, el palomar, y también Madrid, Barcelona y San Sebastián. La carencia de datos acerca de esos lugares es evidente; por lo general, el autor no hace una descripción minuciosa de los mismos. A pesar de todo, esta obra se aparta de las anteriores de Martín Garzo en las que las descripciones se limitan a ser una ilustración de las circunstancias de la acción y a proporcionar una indicación escueta de los espacios por donde ésta discurre. En *La soñadora*, en cambio, se encuentra una mayor riqueza de detalles en los escenarios que describe: «El Canal de Castilla, que nacía en Alar del Rey, se dividía, al llegar a El Serrón, en dos ramales. Uno de ellos, el canal de Campos, seguía hasta Medina de Rioseco; y el otro, el canal Sur, hasta Valladolid» (195).

De hecho, en *La soñadora*, el espacio tiene enorme importancia. Mucho más que un mero espacio-marco o soporte de la acción, son espacios que ejercen un influjo determinante sobre la trama. En realidad, Gustavo Martín Garzo ha recuperado otras poblaciones vallisoletanas. El escritor hace de Medina de Rioseco y del Canal de Castilla un escenario real donde se sitúa la acción de *La soñadora*: «El pueblo al que Juan había regresado se llamaba Medina de Rioseco. Estaba situado junto al río Sequillo, dominando un amplio valle, a los pies de las tierras peladas de los montes de Torozos, en la Provincia de Valladolid» (15). Toda la obra gira en torno a Medina de Rioseco, un pueblo polvoriento y un ambiente rural, que supone una tierra dura y pobre, de acentuados olores agrestes: el pueblo y su canal, sus fábricas de harina abandonadas y sus campos de cereales, sus hermosos templos, su casino y sus calles hospitalarias y misteriosas, su paseo de soportales y sus vestigios de la Guerra de la Independencia, y por último, la presencia de aquellos inmensos edificios de piedra abandonados junto a las riberas del canal. Todo eso nos da cuenta del esplendor antiguo que nada tiene que ver con la pobreza actual. Desde el comienzo del relato, se nos habla del regreso del protagonista a su pueblo natal, Medina de Rioseco, una ciudad pequeña de provincias ubicada en el recorrido del omnipresente Canal de Castilla. Desde la primera página, en realidad, el escritor nos introduce ese espacio que testimonia la pérdida de las ilusiones de un tiempo mejor y ya hundido:

> Las aguas del Canal de Castilla estaban heladas debido a las bajas temperaturas de la noche, y a la derecha de la dársena se elevaba majestuosa la fábrica de harinas de don Mariano. La fachada era de ladrillo y tenía cuatro pisos de altura. Su volumen imponente contrastaba con el de las casas de los alrededores, dando cuenta de un pasado de gran esplendor económico. Llevaba varios años cerrada (*La soñadora* 11-2).

De este modo, vemos que, con su habitual equilibrio poético, el escritor compone una novela acentuadamente lírica, de genuino acento nostálgico, y sobre todo inserta en una geografía local sensual y vívida:

> Prefería el canal en invierno. Los campos eran casi blancos, y la niebla difuminaba los troncos y las ramas de los árboles, dándoles una apariencia irreal. Junto al agua, las líneas de la orilla se veían más puras y limpias, y el canal parecía una construcción mental, hecha de la misma sustancia que los pensamientos (*La soñadora* 13).

Es más, a través de la pintura en claroscuro que oscila entre lo sutil y lo invisible, ese canal aún llega a ser la guía del relato en el que se ahogan las ruinas y las pasiones amorosas: «Puede que se debiera a la existencia misma del canal, que había trastocado el orden de la naturaleza y creado una raza de alucinados y soñadores. Una raza envenenada por los sueños, que sólo aspiraba a apurar hasta el límite el elixir de la vida» (156). Además, el canal es el sitio por donde suele pasear Adela. Según doña Manolita, a su prima, Adela, le gusta caminar hasta aquel canal, ya que a ella: «le traía recuerdo de su infancia y, sin duda, de la noche en que, tras el escándalo de la fiesta en el casino, unos cuantos jóvenes, entre los que estaban ella y Monzó, había tomado al asalto una de aquellas barcazas y habían subido cauce arriba surcando sus aguas oleaginosas, como si se deslizaran por la noche estrellada» (195-96). También es el mismo lugar por donde pasea Aurora con Santiago, hablando de los éxitos profesionales de Juan. De esta forma, evidentemente, en la obra, aunque se presenta con los atributos y la minuciosidad de ese espacio existencial, concreto, no se busca sólo el efecto de referencialidad. Esto es, el espacio es mucho más que un mero marco escénico y, a pesar de desarrollarse en una serie de espacios reales (Villa Julia, Valladolid, Madrid, etc.), éstos vienen estrechando su vinculación con lo real, para construir un impresionante entramado de sentidos latentes en la historia de amor. Así, por ejemplo, muchas veces las manifestaciones del canal se apartan resueltamente de las leyes del mundo objetivo, hasta llegar al punto de poseer una personalidad propia: «un canal siniestro que terminará por devorar a todos» (100). Y está asociado con el destino de los habitantes:

> Aquel canal que había traído la desgracia al pueblo, porque había infundido en sus habitantes el ansia de libertad, haciéndoles creer que era posible vivir de otra manera. No sólo eso, sino que gracias al canal aquellas tierras del interior habían estado comunicadas realmente con los océanos y los puertos del Norte y durante un tiempo llegaron a vivir en una atmósfera de alucinación en que todo parecía posible (*La soñadora* 199).

Aquí, el espacio como personaje ocupa un puesto clave. Más aún, contribuye a propiciar la irrupción de lo fantástico. En realidad, el narrador se sirve de espacios verosímiles para que el relato fantástico sea creíble. Como afirma David Roas:

> La literatura fantástica es aquella que ofrece una temática tendente a poner en duda nuestra percepción de lo real. Por lo tanto, para que la rup-

tura antes descrita se produzca es necesario que el texto presente un mundo
lo más real posible que sirva de término de comparación con el fenómeno
sobrenatural, es decir, que haga evidente el choque que supone la irrupción
de dicho fenómeno en una realidad cotidiana (*Teorías...* 24).

Por eso, lo fantástico tiene que estar inscrito en la realidad, y la
acción debe tener lugar en espacios de la vida cotidiana. En *La soñadora*, la visión suele ambientarse en el ámbito cotidiano para resaltar otra
realidad, incomprensible para la realidad empírica. Esto es, el canal es
testigo de hechos lamentables y queda de alguna forma maldito, por lo
que se producen hechos extraordinarios en su interior y en sus inmediaciones. Por ejemplo, se narran extraños sucesos acaecidos en torno al
Canal de Castilla, espacio núcleo donde tiene lugar el encuentro de
Adela con el hombre pez, dotado de una presencia misteriosa y que a la
vez atrae la desgracia. El narrador, en tercera persona del singular, nos
da a conocer al hombre pez que apareció por primera vez en 1919:

> En un periódico del año 1919 se mencionaba cómo los vecinos de Tama-
> riz, Villanueva de San Mancio y Medina de Rioseco hablaban de extraños
> fenómenos en el canal. Los animales se asustaban, y un pastor, al regresar al
> pueblo con sus ovejas, había visto la figura de un hombre mirándole desde
> la oscuridad (*La soñadora* 93).

Así, nos da a conocer un ser tan fantástico que parece un ser originado por la imaginación, puesto que en forma de un hombre, «vestido con
una capa y un gran sombrero de ala ancha, […] salía por las noches, y se
movía por los alrededores del canal con la desenvoltura de los peces, llevando la inquietud y el temor a los pueblos de los alrededores» (195).
Luego, a través de otra narradora, doña Manolita, se vuelve a hablar de
ese ser misterioso, describiéndonos más detalladamente su apariencia:
«Entonces volvieron a publicar en *El Norte de Castilla* nuevas noticias
acerca del hombre misterioso de Rioseco, que esta vez habían visto
merodear en Valladolid mismo, por las orillas del canal» (207). Adela
misma ha visto al hombre pez que anda merodeando por el canal y lo
comunica a doña Manolita: «Le he visto, me dijo. […] Al hombre del
canal, me contestó al tiempo que sonreía de una forma perturbadora,
como si toda su vida y sus sueños estuvieran puestos en aquella sonrisa»

(209). Por eso, ella empieza a ir al canal para encontrarse con el hombre pez, puesto que si bien nadie es testigo fidedigno para verificar la existencia de este ser, el mito del hombre pez llega hasta el extremo de convertirse en una obsesión para Adela. Ésta «le pidió aquella niña» (233) al hombre pez, la niña que mató Monzó. De esta manera, descubrimos que la figura del hombre pez, en los delirios de su fantasía, se convierte en portadora de la niña muerta, un portador de la muerte: «Sentada a horcajadas sobre sus hombros había una niña» (235). Adela le sigue en plena oscuridad, de noche, para que el hombre pez se la entregue. Por fin, se ve cumplida su petición:

> La niñita se deja coger en brazos y con el vaivén de los pasos se queda dormida sobre su hombro. [...], y sólo piensa en alejarse cuanto antes, en hacerlo lo más rápidamente posible, antes de que el hombre pez pueda arrepentirse. [...] Le hemos vencido, le dice a la niña muerta, ahora tu mamá seré yo (*La soñadora* 236).

De esta manera, el novelista ambienta esa historia de alucinaciones en lugares reales. Es más, el canal también aparece como un escenario principal donde tienen lugar los sueños de Aurora. Así, antes de volver a encontrarse con Juan en Madrid, Aurora vivía ya en Villa Julia y comenzó a tener un sueño extraño, que la propia protagonista, nos describe detalladamente:

> Yo iba por el canal y de pronto escuchaba que me llamaban, pero, al volverme, sólo percibía el sonido del agua que se agitaba, como si alguien acabara de sumergirse. [...] Había una tercera vez y, entonces, al volverme, veía algo inmóvil entre los juncos, y la agitación del agua recibiendo ese cuerpo anhelante, los golpes leves en su superficie, como si no fueran los miembros de un hombre, sino otros más dúctiles, adaptados a esa vida sumergida. Un cuerpo dotado de aletas y cola que escapaba a mi vista cuando me volvía (*La soñadora* 76).

Se trata de una especie de sueño premonitorio que sugiere una conexión entre el sueño y la realidad, ya que el primero se ve traspasado a la realidad cuando Aurora recuerda la historia de Adela e identifica el hombre pez con Juan: «Claro –me decía pensando en mi sueño–, el hombre pez era Juan» (76). Ese misterio dota a la obra de una mayor calidad, puesto que se llega a pensar que los sueños no son tan irreales e ilusorios como parecen y la realidad no se limita a las percepciones empíricas de los sentidos.

Ahora bien, Aurora, de nuevo, tiene otro sueño muy raro, también de carácter premonitorio, que se repite varias veces y que predice la marcha de Juan. En el sueño, cuando ella paseaba por el canal, veía a Juan en la otra orilla y le hacía señas para que volviera, pero él no le hacía caso. De repente, se daba cuenta de que ella se ponía a andar sobre la superficie del agua del canal. Se quedaba tan feliz que volvía a llamarle. Pero, según recordó Aurora: «era inútil, y te veía alejarte por la orilla. Entonces se apoderaba de mí una tristeza devastadora. Llegaba a tumbarme en el agua, llena de desconsuelo, porque te habías ido sin ver el milagro. [...], ella me dijo que significaba que te ibas a marchar. No le hice caso, pero apenas dos meses después, en efecto, te fuiste del pueblo sin decírmelo, y yo dejé de ir por casa de doña Manolita» (200). Vemos que los sueños de Aurora siempre vienen vinculados al canal, que simboliza la alegría y la tristeza del amor.

Además, los personajes también expresan sus sentimientos a través de la dimensión del espacio que supone un signo del personaje y, en cuanto tal, cumple un cometido excepcional en su caracterización, sobre todo en lo que se refiere a su mundo interior. De esta manera, cuando Monzó condujo a Adela a la orilla del canal, ésta, sin entender por qué, llegó a sentir que el canal constituía la proyección de ella misma e iba asociado a su destino. En este caso, es innegable su capacidad simbolizadora:

> Tenía los ojos fijos en el canal. No sabía por qué, pero a veces le parecía que tenía que ver con ella. Su nostalgia secreta del agua y de todo lo que sucedía debajo llegaba de repente a la superficie de su propia vida, como si un animal precioso y raro, acostumbrado a vivir en el fondo del canal, hubiera subido a la superficie por razones desconocidas (*La soñadora* 68).

También Aurora llega a fundir su propio yo con los espacios que fueron escenario de su amor con Juan, incluido el canal, cuando le acusa a él de haberla olvidado y traicionado: «–No, no es verdad, me olvidaste. [...] Te olvidaste de los paseos bajo los soportales, de la torre de Santa María y de la capilla de los Benavente, en que se presenta a la muerte con la figura de un esqueleto que rasca la guitarra. Te olvidaste del canal [...]» (152).

A la vez, el espacio –el canal– también es donde Aurora y Juan pasaron su infancia feliz y experimentaron sus aventuras amorosas. Así, pues, «Juan y Aurora se habían pasado la vida corriendo por el canal. Crecieron juntos y siempre manifestaron el uno por el otro una tierna inclinación» (13). Y el canal sirve tanto como un escenario real en que transcurre la acción, como un espacio imaginario donde las dos parejas se enfrentan a sus anunciadas derrotas amorosas. Por lo visto, estos espacios son como un contrapunto que enlazan el destino fatal de las dos parejas, lo que constituye un poderoso factor de coherencia y cohesión textuales. Más aún, los espacios donde deambulan los personajes son los que en un pasado fueron testigo de su pasión e infortunio, y en este momento presionan a los personajes; y son también estos espacios, finalmente, los soñados por los personajes como promesa de una felicidad futura. En realidad, tanto la verosimilitud como el sentido del texto y no menos el ensamblaje de la microestructura encuentran en el espacio un soporte realmente sólido.

Por último, la «locura» también lleva a la señorita Adela a confundir los espacios soñados con la dura realidad del espacio existencial en que se mueven los demás personajes. En sus últimos meses, los espacios de la vigilia y del sueño remiten el uno al otro mutuamente y desde entonces, Adela nunca jamás podrá acertar a distinguir entre la realidad y el mundo de los delirios. Esto es, ella llega a tener visiones de «hombrepez» y de la «niña muerta» junto a la orilla del canal, especialmente cuando ansía infructuosamente tener un hijo: «fue entonces cuando volvió a tener aquella visión, la del hombre misterioso que había visto a la orilla del canal. O, mejor dicho, cuando empezó a ver a los muertos» (204). Y la novela se abre y se cierra con el mismo espacio, el canal de Castilla que testimonia finalmente el amor desdichado y el trágico fin de la señorita Adela:

> La señorita Adela le contó que paseaban interminablemente por las orillas del canal. [...] Se habían visto un sábado y al lunes siguiente doña Manolita se enteró de la muerte de la señorita Adela a través del periódico. Encontraron su cuerpo flotando en la dársena de la Concha, junto a la fábrica de harinas de su padre. Allí mismo, junto al embarcadero, había dejado

sus zapatos. [...] Que los zapatos no estaban de cualquier forma, sino como
solemos dejar los nuestros, a los pies de la cama, cuando nos vamos a acos-
tar. Esperando el regreso de la soñadora (*La soñadora* 247-48).

Obviamente, el espacio con el que se abre y se cierra la novela es
mucho más que el punto de referencia de la acción.

En *La soñadora*, se ve que el escritor vallisoletano relaciona los personajes en el espacio que ocupan para exteriorizar su estado psicológico.
Los lugares vienen caracterizados con valores establecidos por el narrador en función de su relieve dramático. Son espacios que confirman
continuamente la infelicidad e infortunio de los protagonistas. El hombre proyecta sus conceptos, da forma a sus preocupaciones básicas y
expresa sus sentimientos a través de las dimensiones del espacio. Sobre
todo, el canal es uno de los elementos fundamentales en el espacio, que
refleja, aclara o justifica el estado anímico del personaje. Tiene gran sentido simbólico y un funcionamiento importante en el contexto de la
obra, puesto que acentúa el sentimiento de congoja y orfandad que la
protagonista percibe en su interior. Se puede decir que los espacios,
tanto cerrados como abiertos, no reflejan un clima alegre ni amable, sino
que domina una atmósfera melancólica de colores oscuros: un ambiente
idóneo para la tragedia que están evocando. Por otra parte, el espacio se
amplía para emitir un juicio fantástico sobre el ambiente que describe.
Así pues, puede concluirse que el narrador se vale de las descripciones
para emitir ese poder fantástico y recalcar los sentimientos diversos que
experimenta el protagonista. El narrador nos cuenta una historia de fantasía en un contexto cotidiano. En especial, el canal de Castilla se revela
en la obra como una tierra mítica, fantástica y misteriosa. Mediante el
espacio, Gustavo Martín Garzo traslada a los personajes a un territorio
fronterizo en el que confluyen la realidad y la fantasía, la experiencia y la
ensoñación, y donde son posibles las visiones y la metamorfosis. Los
espacios más frecuentados por los personajes aparecen «Como si la frontera que había entre la realidad y el sueño, entre la vida y la muerte, no
estuviera clara, todo diera igual» (140); entre ellos, «el canal había sido
la maldición de aquel pueblo, porque le había llenado de sueños» (106).
En fin, el autor pone en marcha los mecanismos del espacio como elementos catalizadores que afectan al lector que participa con su imaginación para completar el paisaje descrito. Se aprecia que el autor presenta

los espacios reales de Valladolid en su obra y menciona nombres de calles reales con sus cafeterías y cines.

En suma, la perspectiva del espacio se asocia estrechamente a la idiosincrasia y posición del narrador. Al estudiar detenidamente el espacio de *La soñadora*, vemos que a Gustavo Martín Garzo le interesan los mismos espacios que figuran en las novelas anteriores, puesto que la provincia de Valladolid sigue protagonizando los espacios narrativos de esta novela. Por eso nos parece que el interés del escritor vallisoletano en emplear la misma escenografía demuestra su habilidad en su oficio literario. Tal experiencia en el campo creativo le permite moverse con soltura con sus personajes rondando las calles de su ciudad natal. El espacio cobra un valor relevante, ya que tiene un significado simbólico relacionado con el estado anímico del protagonista. Resulta además muy subjetiva la visión de los espacios, que aparecen descritos como una proyección del estado anímico del protagonista. Así pues, el espacio puede considerarse como «expresiones metafóricas y metonímicas de los personajes», como han señalado Wellek y Warren (cit. en Garrido Domínguez), puesto que el espacio asume el papel de un cometido específico en la caracterización de los personajes, en lo que se refiere a su mundo interior y personalidad. Por otro lado, también funciona como un poderoso factor de coherencia textual, logrando con éxito insertar las alucinaciones en un lugar real que sirve como contrapunto para enlazar los espacios de la vigilia y del sueño. En consecuencia, se podrá alcanzar la mayor verosimilitud que exige lo fantástico, de manera que llegue a convencernos de la análoga «realidad» del fenómeno sobrenatural. Por lo tanto, el espacio sirve al narrador como un enlace entre lo fantástico y la realidad. De este modo, el escritor consigue proponernos «con buenos resultados» una reconstrucción de un destino trágico y truncado por el crimen y una pasión amorosa frustrada. En fin, podemos afirmar que la opción por los ambientes de Valladolid como el ámbito geográfico de la mayoría de sus obras emana de un amor profundo a su tierra natal. Además, el espacio cuenta con una función ambivalente, ya que aparece como espacio de ensueño, dotado de un carácter simbólico y fantástico. En realidad, en *La soñadora,* el espacio es el verdadero propulsor y tiene un enlace indisoluble con el destino de los personajes.

BIBLIOGRAFÍA

ARIZMENDI MARTÍNEZ, Milagros; LÓPEZ SUÁREZ, Mercedes y SUÁREZ MIRAMÓN, Ana. *Análisis de obras literarias*. Madrid: Síntesis, 2002.

CONTE, Rafael. «Fantasmas y amor en Castilla». «Babelia», *El País* (2 de febrero de 2002): 6.

FERRER SOLÁ, Jesús. «Ningún sueño es nunca un sueño». «Caballo Verde». *La Razón* (25 de enero de 2002): 31.

GARRIDO DOMÍNGUEZ, Antonio. *El texto narrativo*. Madrid: Síntesis, 1993.

HERNÁNDEZ GUERRO, José Antonio Y GARCÍA TEJERA, María del Carmen. *Teoría, Historia y Práctica del Comentario Literario*. Barcelona: Ariel, 2005.

KUNZ, Marco. *El final de la novela*. Madrid: Gredos, 1997.

MARTÍN GARZO, Gustavo. *La soñadora*. Barcelona: Areté, 2002.

POZUELO YVANCOS, José María. «La muerte y la doncella». *ABC Cultural* (26 de enero de 2002): 9.

PRADO BIEZMA, Javier del. *Análisis e interpretación de la novela*. Madrid: Síntesis, 1999.

ROAS, David *et al. Teorías de lo fantástico*. Madrid: Arco Libros, 2001.

— «El género fantástico y el miedo». *Quimera* 218-219 (julio-agosto, 2002): 43.

SÁNCHEZ MAGRO, Andrés. «Fórmulas magistrales. *La Soñadora*». *Reseña*. [Madrid] 336 (2002): 25.

LA NOSTALGIA DEL LUGAR EN *VOLVER AL MUNDO*, DE J. Á. GONZÁLEZ SAINZ

José Ramón González
Universidad de Valladolid

La extraordinaria complejidad narrativa, temática e ideológica de una novela como *Volver al mundo* (2003), del soriano J. Á. González Sainz, parece concebida con el objetivo preciso de resistir tenazmente cualquier intento de análisis totalizador. La obra, que alcanzó cierta repercusión crítica en el momento de su publicación y ha sido objeto de estudio desde entonces en varios trabajos académicos, se expande semánticamente en una sucesión de reverberaciones filosóficas, éticas, estéticas, míticas y literarias que suscitan en el lector la sensación de encontrarse ante un material verbal de un espesor casi inabarcable[1]. Si por una parte la novela aborda el tema del terrorismo y de los ideales errados –aspecto cuidadosamente analizado por Julián Jiménez Heffernan– y se ofrece como ejemplo de una variante narrativa escasamente cultivada en España, por otra se revela simultáneamente como una novela de aprendizaje y como una novela de ideas –o novela intelectual– en la que se reflexiona con agudeza sobre los poderes del lenguaje y las representaciones, sobre la fuerza seductora de los ideales y la vigencia de los valores heredados y sobre la violencia como medio de transformación social que acaba convirtiéndose en fin, entre otras muchas cuestiones de similar calado y trascendencia, que son convocadas en el texto y que no cabe enumerar por menudo en estas páginas. Pero es también, y a la vez, un relato agónico y trágico –de sesgo casi existencialista– que dramatiza ante el lector el intento desesperado de algunos personajes por recuperar el sentido en un mundo como el actual, gravemente amenazado por el vacío y la disolución. Y todo ello sin excluir otras posibles lecturas que resultarían igualmente ajustadas. Así, por ejemplo, la que concibe la

---

[1] Me refiero a los trabajos de Antonio Candau, Julián Jiménez Heffernan, Santos Sanz Villanueva, Manuel Llorente, Germán Garrido o José Ramón González, incluidos en la bibliografía.

novela misma como respuesta a un postulado epistemológico subyacente: *Volver al mundo* sería, desde esta perspectiva, un ejercicio práctico mediante el que el autor vendría a demostrar de manera palpable el poder del relato como forma de conocimiento alternativo frente al *logos* clásico (Germán Garrido). O expresado quizá de otra forma, el texto serviría para demostrar, mediante el ejercicio de la escritura, la fuerza de la razón narrativa, que se ofrece como elemento de equilibrio y contrapeso frente a la razón argumentativa, aspecto al que González Sainz alude, entre otras varias cosas, en una larga reflexión aparecida en la revista *La Página*.

Acierta por lo tanto Manuel Barrios Casares al señalar que:

> [...] el reto asumido por esta novela es nada menos que el de cumplir, en un doble plano, la ambiciosa propuesta que reza el título: contar cómo se vuelve al mundo después de haberse ido de él y, al mismo tiempo, realizar esa vuelta al mundo al contarla, hacerla real al narrar; hacer que el propio lector pase por esa experiencia de intento de imposible recuperación de una existencia perdida: una experiencia, que no es, sin más, la de unos personajes anónimos recluidos en un escenario imaginado de tiempo difuso, sino la experiencia del hombre contemporáneo en la época del nihilismo consumado (Barrios Casares 310).

Además, la obra establece un diálogo crítico con otros muchos textos a los que González Sainz –y, con él, los diferentes estudiosos que se han interesado por su escritura– han aludido en varias ocasiones. La *Odisea*, los poemas de Hölderlin, algunos textos de Heidegger, el *Edipo* de Sófocles, *Los demonios*, de Dostoievski, y las grandes novelas de Juan Benet, formarían parte de esta lista que, sin embargo, no se agota en ellos y podría ampliarse con muchas más entradas. Y junto a estas referencias literarias fácilmente identificables, un buen número de alusiones mitológicas, apenas levemente veladas. Todo ello, a lo que se suma la presencia de un fuerte componente simbólico que aproxima el texto a la fórmula de la novela poemática (Vaz de Soto 301), se ofrece fundido en una espesa trama significativa cuya arquitectura global se organiza en función de varias líneas de fuerza claramente discernibles que se complementan sin oponerse.

Una de ellas tiene que ver precisamente con la representación del espacio y se despliega a lo largo del texto en un juego de contrastes y oposiciones semánticamente rentables. A lo largo de esta línea, que podemos concebir como una maroma compuesta de varios cabos, la oposición entre el Valle, geografía de la infancia y pequeño mundo en el que transcurre la primera etapa vital de los protagonistas, y el inmenso territorio que se abre más allá de las lindes del terruño –en puridad una *terra incognita* ilimitada—, constituye un dispositivo de sentido particularmente eficaz, que el autor sabe manejar con gran habilidad narrativa. De hecho, el propio título de la novela lleva en sí, como infartada en su interior, la referencia espacial, que se plasma además como círculo o elipse, e incorpora de esta forma una dimensión temporal. Si interpretamos la expresión que da título al libro en un sentido literal, que no excluye ni anula, por otra parte, su posible valor simbólico, «volver al mundo» implica necesariamente un desplazamiento previo y una traslación entre dos ámbitos diferenciados, que serían obviamente el mundo de partida y aquello que no lo es (o lo es de de una manera distinta), y que es el espacio «otro» desde donde se intenta regresar al origen.

De hecho, basta sumergirse en la lectura de los primeros capítulos del libro para comprobar que Miguel, el protagonista de la novela, ausente del Valle durante muchos años, ensaya una y otra vez un frustrado regreso, en un gesto repetido que traiciona la ansiedad por recuperar lo perdido. Lo que el personaje busca y no acierta a encontrar no es quizá otra cosa que la recuperación de la inocencia –tras el espejismo absorbente de las grandes tareas– y la posibilidad de redescubrir el sentido de las pequeñas cosas que el protagonista concibe como asidero precario, pero salvador. Miguel ansía con ímpetu casi religioso reencontrar en el Valle la posibilidad de una existencia a la que había renunciado en el momento de abandonar el pueblo para iniciar su personal periplo de fanatismo y de sangre. Y aunque es consciente de que ese regreso es, en última instancia, imposible, porque ha cruzado un umbral sin retorno y ya no hay vuelta atrás, cultiva con preciso cuidado y atención un vínculo personal que si, por una parte, le sirve de consuelo, por otra le recuerda, con la evidencia irreductible de la otredad, la imposible realización de su anhelo. Anastasio, su confidente más cercano y uno de sus puntos de anclaje en el mundo del Valle –es él a quien visita una y otra vez en primera instancia y a quien solicita continuamente información sobre los menudos sucesos cotidianos–, se admira, como otros muchos habitantes del pueblo, de que alguien que ha recorrido varios países y vive en continuo movimiento, arrastrado por una actividad frenética, cultive cuidadosamente la amistad de quien, en abrupto contraste, ha circunscrito su vida a los estrechos límites de un pequeño territorio. Afirma así el narrador, haciéndose eco de una opinión compartida por los habitantes del pueblo:

> Ahora bien, de entre las cosas que no entendieron o no quisieron entender nunca, ni entonces ni siquiera luego, después de que todo hubiera ya terminado, estaba el por qué un hombre como él, un hombre de mundo que tendría todas las relaciones y amistades que tendría, decían, llegó a tomarle tanto aprecio a Anastasio, al viejo Anastasio, como él solía decir, y a sentir tanto apego por un hombre del que bien se podía decir que casi no había salido nunca del pueblo o de los alrededores del aquel valle. Qué tuvo que ver en él para que se fuera estrechando cada vez más una relación que ni siquiera de pequeños había sido tan íntima y se fuera haciendo cada vez más incondicional, más imprescindible por su parte conforme pasaba el tiempo y Miguel seguía viniendo cada vez que podía, desde los lugares más diversos y en los momentos del año más impredecibles, con un apremio y una terquedad que no parecía sino que estuviesen guiados por una desazón que no se sabía cómo hacia alguno, decían, para no darse cuenta de que no podía conducir a nada bueno (*Volver...* 15-6).

Incluso en aquellos momentos en que ese retorno físico no es posible, Miguel sigue religándose simbólicamente –en un ritual de restitución– con la realidad del Valle a través del teléfono y de la correspondencia postal. Como señala el mismo Anastasio, en palabras que recuerdan los conocidos versos de Machado en la epístola a José María Palacio, el deseo de retorno era particularmente intenso en ocasiones:

> [...] hasta el extremo de que, si no podía venir por lo que fuese durante un tiempo, me llamaba siempre por teléfono estuviera donde estuviera, y no para nada especial, sino para preguntar cómo seguía y cómo estaba mi hija, por si era año de maguillas o les tocaba a los endrinos. ¿Han florecido ya las jaras?, me llamaba a veces desde Viena o Bruselas para preguntarme, ¿va a ser buen año de frutas?; o bien, ¿ha llovido a finales del verano?, ¿hay muchos níscalos?, ¡estará ya el monte precioso este octubre!, exclamaba, y me preguntaba si amarilleaban ya los fresnos y los robles o estaban rojos los arces, ¿ha caído mucha nieve?, decía si había leído en el periódico que había nevado por aquí, ¡ya habrá empezado a helar! Yo le contaba lo que buena-

mente se me ocurría, cohibido siempre por el gasto que estaría haciendo al teléfono desde tan lejos por cosas tan nimias, y sin acabar de darme cuenta de la importancia que todo aquello tenía para él (*Volver...* 22).

El contraste entre el mundo de Anastasio y el de Miguel, tan diferentes entre sí, se revela aún con mayor claridad en un pasaje como el siguiente, en el que primero se confiesa con Bertha, la pareja sentimental de Miguel:

> Yo no he salido casi nunca de estos valles [...] y ocasiones es verdad que no me han faltado; pero de todo esto hice mi mundo en su día y fuera de aquí sería como si me encontrara en ninguna parte. Todo lo contrario de él, que en todas partes –y por lo tanto en ninguna, le decía yo– había encontrado su mundo (*Volver...* 26).

La diferente adscripción espacial de ambos personajes –el diferente espacio en el que habitan–, con sus correspondientes dimensiones y distancias, y las distintas profundidades de campo que sus respectivas posiciones hacen posible, no les impiden, sin embargo, establecer una sólida comunicación a través de un puente de palabras que les acerca y les une. Para Anastasio, Miguel es un ser contradictorio e incomprensible, víctima de poderosas pulsiones internas que apenas adivina, pero comparte con él un espacio verbal y un vínculo emocional que se sustenta en un pasado común y les permite congeniar e intercambiar (en un sentido incluso literal) pareceres, miradas y puntos de vista. Y si el primero aprende así a observar la realidad desde la perspectiva del segundo, podríamos decir, con no menor propiedad, que el segundo, de manera recíproca, redescubre la pequeña realidad del Valle –y, ¿por qué no?, también la Realidad con mayúsculas y, como tal Realidad, inevitablemente ausente– poniéndose en el lugar del primero. De hecho, Anastasio se impregna del lenguaje de Miguel, mientras que éste adopta a su vez como propios los términos y expresiones empleados en el Valle, porque para él Anastasio, en un desplazamiento metonímico, viene a encarnar el lugar de la infancia al que anhela regresar.

La oposición que he descrito someramente es convocada repetidas veces a lo largo de la novela y conviene detenerse en ella para analizarla con cierta atención. Anastasio habita un espacio geográfico reducido –el pueblo y los pequeños valles que lo circundan–, y voluntariamente recluido, limitado, por lo tanto, por decisión propia, su actividad se reduce a un puñado de tareas cotidianas que repite indefectiblemente siguiendo un ritmo pautado por el sucederse de las estaciones y gobernado por las fuerzas de la naturaleza. En el pueblo ha encontrado su lugar, y su posición estable contrasta vivamente con la de Miguel, viajero perpetuo que alterna sus constantes traslaciones internacionales con el vano intento de retornar a los orígenes y que busca casi con desesperación reconstruir un vínculo que sólo cabe concebir en precario y como ilusión fantasmática.

Los términos en los que se plantea el contraste recuerdan vivamente las palabras de Heidegger en ese breve texto que es *Camino de campo*, alusión reforzada por el hecho de que el «camino» constituye precisamente el lugar que Miguel y Anastasio recorren juntos habitualmente. Escribía en el trabajo mencionado el filósofo alemán: «El aliento del camino de campo despierta un sentido que ama lo libre y que, en el lugar propicio, todavía consigue salvar la aflicción hacia una última serenidad» (Heidegger 41). Esa serenidad, que parece ser una de las cualidades de Anastasio, nace para Heidegger del contacto con ese espacio privilegiado que es, ante todo, un espacio de sentido:

> El aire del camino de campo, que cambia según las estaciones, madura la sabia serenidad con un mohín que, a menudo, parece melancólico. Este saber sereno es lo «Kuinzige». Quien no lo tiene no lo obtiene. Quienes lo tienen, lo obtuvieron del camino de campo. En su senda se encuentra la tormenta de invierno y el día de la siega, coinciden lo vivaz y lo excitante de la primavera con lo quedo y lo fenecido del otoño, están frente a frente el juego de la juventud y la sabiduría de la vejez. Pero todo rebosa serenidad al unísono, cuyo eco el camino de campo lleva calladamente de aquí para allá (41).

Y añade a continuación: «La sabia serenidad es una apertura a lo eterno. Su puerta se abre sobre los goznes antaño forjados con los enigmas de la vida por un experto herrero» (41). La posibilidad que abre el camino de campo sólo se ofrece, sin embargo, a quien está en disposición de escuchar su llamada. Y, en cierto modo, alejarse del camino de campo convierte en una quimera cualquier tarea con sentido. En palabras de Heidegger:

Pero el aliento del camino de campo sólo habla mientras existan hombres que, nacidos a su aire, puedan oírle. Están sujetos a su origen pero no son siervos de manejos. El hombre, cuando no está en la estela del camino de campo, en vano planifica e intenta imponer un orden a la tierra. Amenaza el peligro de que los hombres de hoy permanezcan sordos a su lenguaje. A sus oídos sólo llega el ruido de los aparatos que, casi, tienen por la voz de Dios. Así el hombre se dispersa y pierde su camino. A los dispersos lo sencillo se les antoja uniforme. Lo uniforme hastía. Los desencantados sólo encuentran lo indistinto. Lo sencillo se ha evadido. Su callada fuerza se ha agotado.

Disminuye rápidamente, por cierto, el número de los que todavía reconocen lo sencillo como su bien adquirido. Pero en todas partes los pocos son los que permanecerán. Un día, gracias al tranquilo poder del camino de campo, perdurarán más allá de las fuerzas titánicas de la energía atómica, que fue apañada por el cálculo humano y convertida en yugo de su propio obrar (37).

Por otra parte, Heidegger confiere al camino y a todo lo que le rodea la potestad de dispensar u otorgar mundo, lo que permitiría atisbar tal vez alguno de los posibles sentidos de la expresión que sirve de título al libro: «La vastedad de todo lo que ha crecido y habita los alrededores del camino, dispensa mundo» (31). «Volver al mundo» significaría así recobrar un mundo íntimo de sentido que se ha perdido en la dispersión de las grandes tareas (para la polisemia del término mundo puede consultarse Candau 148).

El capítulo cuarto de la tercera parte resulta particularmente significativo a este respecto, porque en él se despliegan abiertamente los términos de la oposición y se elaboran con detenimiento algunas de sus consecuencias. A diferencia de Anastasio, Miguel ha eludido las constricciones inherentes a su lugar de nacimiento –ha escapado parcialmente a su ley– pero su existencia cosmopolita le conduce a un espacio de anonimato y soledad. Sin referencias simbólicas estables y sin puntos de anclaje en una realidad física de dimensiones humanas, está condenado a un perpetuo vagar sin refugio. Su vida parece haber adquirido una consistencia vaporosa y en ella todo resulta intercambiable. Él mismo da cuenta de su situación en la carta que le escribe a Anastasio y que éste lee a Bertha en el capítulo mencionado. En ella describe Miguel el apartamento en el que vive, al tiempo que analiza las condiciones de su existencia. Cito por extenso, porque creo que el texto de Miguel resulta particularmente revelador:

> No hay tampoco habitaciones en realidad, no hay puertas –no hay umbrales–, no hay alcobas recogidas y apartadas como en tu casa y, si me apuras, ni siquiera hay cocina ni fuego, y lo que a ella más se le acerca es una especie de aséptico laboratorio donde todo es eléctrico y no se ve una sola llama. ¡Una casa sin fuego y sin llama, me dirás, una casa sin paredes! Por eso te digo que ya no son hogares, sino algo, no sabría cómo llamarlo, mucho más en consonancia con sus inquilinos de ahora. Son espacios, huecos, vanos a los que se llega y de los que se parte y que contienen cosas entre una mudanza y otra, un poco como los corazones –o como quiera llamarse también a eso– de quienes vivimos en ellos. A diferencia de las cavernas, de las cuevas excavadas en la propia tierra o las rocas, y como si la noción misma de abrigo se hubiese trastocado, donde ahora vivo es algo como suspendido en el aire, como colgado. Nada, excepto una delgada superficie de cristal, te separa del aire y te indica que no estás en él, que no estás casi entre las nubes que yo observo aquí por todas partes a la redonda y no sólo por el ventanuco que da a Cebollera en tu casa de piedra asentada y estable (*Volver...* 510).

Por otra parte, el apartamento es sólo el reflejo material de una forma de vida que se caracteriza como tránsito sin fin:

> No hay puertas aquí, Anastasio, no hay umbrales, pero cada punto de la casa es como si fuera sin embargo un umbral. Desde cada punto yo estoy saliendo al exterior y volviendo a entrar continuamente, pues cada punto –que es todas partes– es también toda la distancia ya recorrida a cualquier otro cuando hablo con mi teléfono móvil o enciendo mi ordenador portátil. Todo es móvil, todo portátil, todo está aquí y allí al mismo tiempo y el aquí y el allí no están separados ya por ninguna distancia sino por la velocidad y la voluntad de recorrerla (*Volver...* 541).

Este espacio sin coordenadas y sin puntos de referencia estable se le antoja a Miguel el sitio idóneo para quien, como él, habita en un vacío sin creencias:

> Y cuando bebo o vuelvo borracho y me pego al cristal por cualquier lado mientras me dan vuelta las luces de los edificios y los faros de los

coches, sé que estar a centímetros del abismo es lo más adecuado –la casa perfecta, la mujer idónea– para un hombre que lleva el abismo dentro de sí, dentro de un interior donde ya no hay Dios ni amor ni sentido de la muerte más allá de la posición de apagado de un interruptor [...] (*Volver...* 511).

De ahí que su carta recurra a una retórica de la oquedad convertida en símbolo de una subjetividad que solo cabe caracterizar como ausencia, carencia o pérdida:

Muchos de los edificios que desde aquí se divisan son sin embargo todavía edificios en construcción, inmensas moles de acero, cemento y cristal perfectamente talladas, geometrías impecables, volúmenes nítidos, y el bosque de grúas metálicas de colores que los rodea da la impresión de ser a veces el ejército de espantapájaros fantasmales que los habita. Tal vez por eso, por lo fantasmal al fin y al cabo de mí mismo, me encuentro que ni a pedir de boca en este edificio, en este hueco que es igual que el hueco de mi corazón, porque nada hay más verdadero e idóneo hoy en día que sentir ese hueco y su tránsito continuo de una forma tan física. La casa –da igual en qué parte esté porque todas las partes tienden a ser la misma– es ya sólo un punto de referencia desde el que marcharse y al que llegar, desde el que recibir y emitir, un centro de transferencias, una antena o un repetidor en realidad, un no lugar, un vano en el aire, y yo desde ese vano, desde ese sitio que no es ningún sitio, diviso la ciudad entera y recibo el mundo entero que entra en cada momento por mi ordenador, por el cable o las ondas de mi teléfono o mi televisor y por todo el cristal de mi casa. A un lugar que no es ningún lugar llegan todos los lugares que ya no lo son de un mundo que ha dejado de serlo (*Volver...* 511).

En marcado contraste con esa existencia en apariencia fluida e inconsistente, Anastasio apenas se desplaza y lo hace siempre siguiendo unos itinerarios establecidos y prestando atención a una serie de pequeñas tareas que, aunque banales, parecen plegarse a un ritual que ordena la existencia y se ofrece como la materialización de un sentido cuyos límites reales desconocemos, pero de cuya existencia nadie parece dudar. La obsesión de Anastasio por ubicar cada cosa en su sitio resulta así particularmente significativa, porque supone el respeto de un orden simbólico o de una estructura semiótica que posee un cierto grado de estabilidad. Podríamos decir que Anastasio se siente cómodo en un espacio que acoge en su solidez simbólica.

La dialéctica de contrarios que las páginas transcritas reflejan con fidelidad remite a ciertas concepciones filosóficas contemporáneas y a lo que Jiménez Heffernan ha denominado con acierto «una retórica relacional postmetafísica y postmarxista (Deleuze, Guattari, Negri)» (205), pero podría ser también pensada a través de ciertos conceptos antropológicos y sociológicos desarrollados en los últimos años por el etnólogo francés Marc Augé. En efecto, reducida a sus más simples términos, la oposición mencionada recuerda poderosamente a la establecida en el libro *Los no lugares: espacios del anonimato. Una antropología de la sobremodernidad.* Incluso el propio protagonista emplea, como acabamos de comprobar, la expresión «no lugar» en su larga carta a Miguel. Por eso conviene explorar con detalle esta vía de acceso conceptual que tal vez pueda iluminar parcialmente algunos aspectos del libro de González Sainz.

La obra de Augé, publicada en su edición original en 1992, aborda la posibilidad de estudiar desde una perspectiva etnológica y antropológica las realidades sociales más próximas y cercanas. Tras una amplia y detallada discusión metodológica, en la que se concluye reconociendo la legitimidad del objeto de estudio, dedica un segundo capítulo a desarrollar con pormenor el concepto de «lugar antropológico». Para Augé el «lugar antropológico» es la «construcción concreta y simbólica del espacio», «que no podría por sí sola dar cuenta de las vicisitudes y de las contradicciones de la vida social pero a la cual se refieren todos aquellos a quienes ella les asigna un lugar, por modesto o humilde que sea» (58). Se caracteriza, por lo tanto, por su carácter identificatorio, relacional e histórico (58). Es decir, el lugar antropológico fija la identidad individual, define las relaciones entre los diferentes elementos que coexisten en el espacio y es, a la vez, histórico porque posee una estabilidad mínima que facilita, por parte de quienes lo habitan, el reconocimiento de señales en las que se funda el sentido individual y comunitario. Es un espacio fuertemente simbolizado y semiotizado, pero su estatuto intelectual es, por otra parte, ambiguo, porque «[n]o es sino la idea, parcialmente materializada, que se hacen aquellos que lo habitan de su relación con el territorio, con sus semejantes y con los otros» (61). Esta idea, continúa Augé, puede ser parcial o mitificada y varía según el lugar que cada uno ocupa y según su punto de vista, pero propone unos puntos de referencia «que no son sin duda los de la armonía salvaje o del paraíso perdido», matiza, «pero cuya ausencia, cuando desaparecen, no se colma fácilmente» (61).

Por otra parte, el lugar antropológico puede ser pensado *more geo-métrico*:

> Se lo puede establecer a partir de tres formas espaciales simples que pueden aplicarse a dispositivos institucionales diferentes y que constituyen de alguna manera las formas elementales del espacio social. En términos geométricos, se trata de la línea, de la intersección de líneas y del punto de intersección. Concretamente, en la geografía que nos es cotidianamente más familiar, se podría hablar, por una parte, de itinerarios, de ejes o de caminos que conducen de un lugar a otro y han sido trazados por los hombres; por otra parte, de encrucijadas y de lugares donde los hombres se cruzan, se encuentran y se reúnen, que fueron diseñados a veces con enormes proporciones para satisfacer, especialmente en los mercados, las necesidades del intercambio económico y, por fin, centros más o menos monumentales, sean religiosos o políticos, construidos por ciertos hombres y que definen a su vez un espacio y fronteras mas allá de las cuales otros hombres se definen como otros con respecto a otros centros y otros espacios (62).

Finalmente, las nociones de itinerarios, encrucijadas y centros no se postulan como absolutamente independientes, porque de hecho se superponen y la trama que delimitan da cuenta de la particular complejidad institucional de cada sociedad estudiada. Su utilidad se amplía porque no sólo pueden dar razón de los lugares antropológicos tradicionales, sino también del espacio contemporáneo, tal y como Augé viene a demostrar al estudiar el espacio urbano en la Francia actual. Por otra parte, me interesa señalar que, como el mismo autor reconoce, las palabras contribuyen también a la delimitación del lugar. Los que hablan el mismo lenguaje se reconocen como pertenecientes al mismo mundo. Por eso afirma: «El lugar se cumple por la palabra, el intercambio alusivo de algunas palabras de pasada, en la connivencia y la intimidad cómplice de los hablantes» (83). El territorio retórico vendría a ser, por lo tanto, otra forma de hacerse visible –de materializarse– el lugar. Por eso señala Augé: «nosotros incluimos en la noción de lugar antropológico la posibilidad de los recorridos que en él se efectúan, los discursos que allí se sostienen y el lenguaje que lo caracteriza» (87).

Como una especie de contrafigura del lugar antropológico así descrito, Augé postula la existencia –y el predominio en las sociedades contemporáneas–, de lo que denomina, por contraste, el «no-lugar»:

Si un lugar puede definirse como lugar de identidad, relacional e histórico, un espacio que no puede definirse ni como espacio de identidad ni como relacional ni como histórico, definirá un no lugar. La hipótesis aquí defendida es que la sobremodernidad –que en su opinión se caracteriza, hay que recordarlo, por «la superabundancia de acontecimientos, la superabundancia espacial y la individualización de las referencias» (46)– es productora de no lugares, es decir, de espacios que no son en sí lugares antropológicos y que, contrariamente a la modernidad baudeleriana, no integran los lugares antiguos: éstos, catalogados, clasificados y promovidos a la categoría de «lugares de memoria», ocupan allí un lugar circunscripto y específico. Un mundo donde se nace en la clínica y donde se muere en el hospital, donde se multiplican, en modalidades lujosas o inhumanas, los puntos de tránsito y las ocupaciones provisionales (las cadenas de hoteles y las habitaciones ocupadas ilegalmente, los clubes de vacaciones, los campos de refugiados, las barracas miserables destinadas a desaparecer o a degradarse progresivamente), donde se desarrolla una apretada red de medios de transporte que son también espacios habitados, donde el habitué de los supermercados, de los distribuidores automáticos y de las tarjetas de crédito renueva con los gestos del comercio «de oficio mudo», un mundo así prometido a la individualidad solitaria, a lo provisional y a lo efímero, al pasaje, propone al antropólogo y también a los demás un objeto nuevo cuyas dimensiones inéditas conviene medir antes de preguntarse desde qué punto de vista se lo puede juzgar (83-4).

Ahora bien, la dialéctica «lugar/no lugar» no se dibuja como una oposición nítida, que sigue las líneas de un corte limpio y que delimita dos realidades claramente distinguibles. En realidad, ambos polos se ofrecen como potencialidades en tensión que son constantemente renegociadas:

Agreguemos que evidentemente un no lugar existe igual que un lugar: no existe nunca bajo una forma pura; allí los lugares se recomponen, las relaciones se reconstituyen; las «astucias milenarias» de la invención de lo cotidiano y de las «artes del hacer» de las que Michel de Certeau ha propuesto análisis tan sutiles, pueden abrirse allí un camino y desplegar sus estrategias. El lugar y el no lugar son más bien polaridades falsas: el primero no queda nunca completamente borrado y el segundo no se cumple nunca totalmente: son palimpsestos donde se reinscribe sin cesar el juego intrincado de la identidad y de la relación. Pero los no lugares son la medida de la época, medida cuantificable y que se podría tomar adicionando, después de hacer algunas conversiones entre superficie, volumen y distancia, las vías aéreas, ferroviarias, las autopistas y los habitáculos móviles llamados «medios de transporte» (aviones, trenes, automóviles), los aeropuertos y las estaciones ferroviarias, las estaciones aeroespaciales, las grandes cadenas hoteleras, los parques de recreo, los supermercados, la madeja compleja, en fin, de las redes de cables o sin hilos que movilizan el espacio extraterrestre a los fines de una comunicación tan extraña que a menudo no pone en contacto al individuo más que con otra imagen de sí mismo (83-4).

Y más adelante, al hilo de su reflexión sobre el viaje (porque el espacio del viajero sería, en su opinión, el arquetipo del «no lugar»), señala el papel que desempeña el movimiento en esta nueva percepción de la realidad:

El movimiento agrega a la coexistencia de los mundos y a la experiencia combinada del lugar antropológico y de aquello que ya no es más él (por la cual Starobinski definió en esencia la modernidad), la experiencia particular de una forma de soledad y, en sentido literal, de una «toma de posición»: la experiencia de aquel que, ante el paisaje que se promete contemplar y que no puede no contemplar, «se pone en pose» y obtiene a partir de la conciencia de esa actitud un placer raro y a veces melancólico. No es sorprendente, pues, que sea entre los «viajeros» solitarios del siglo pasado, no los viajeros profesionales o los eruditos sino los viajeros de humor, de pretexto o de ocasión, donde encontremos la evocación profética de espacios donde ni la identidad ni la relación ni la historia tienen verdadero sentido, donde la soledad se experimenta como exceso o vaciamiento de la individualidad, donde sólo el movimiento de las imágenes deja entrever borrosamente por momentos, a aquel que las mira desaparecer, la hipótesis de un pasado y la posibilidad de un porvenir (90-2).

La proliferación de «no lugares» en el mundo contemporáneo (la etapa de la sobremodernidad en la que vivimos, según Augé) no es, sin embargo, valorada por el autor en términos exclusivamente negativos. Es cierto que «los no lugares mediatizan todo un conjunto de relaciones consigo mismo y con los otros que no apuntan sino indirectamente a sus fines» y que así «como los lugares antropológicos crean lo social orgánico, los no lugares crean la contractualidad solitaria» (98), pero, al mismo tiempo, estos últimos abren la posibilidad de experimentar un placer de orden distinto (o de distinta índole):

[...] El espacio del no lugar libera a quien lo penetra de sus determinaciones habituales. Esa persona sólo es lo que hace o vive como pasajero, cliente, conductor. Quizá se siente todavía molesto por las inquietudes de la víspera, o pre-ocupado por el mañana, pero su entorno del momento lo aleja provisionalmen-te de todo eso. Objeto de una posesión suave, a la cual se abandona con mayor o menor talento o convicción, como cualquier poseído, saborea por un tiempo las alegrías pasivas de la desidentificación y el placer más activo del desempeño de un rol (106).

Regresando ahora a la novela, podríamos señalar, aplicando los con-ceptos de Augé, que lo que Miguel intenta en un primer momento es abandonar el lugar antropológico del Valle, porque, como señala el estudioso francés, el «escapar a la coacción totalitaria del lugar, será sin duda encontrarse con algo que se parezca a la libertad» (119). El prota-gonista se deja, por lo tanto, arrastrar por una fuerza intensa «[…] lo significativo en la experiencia del no lugar es su fuerza de atracción, inversamente proporcional a la atracción territorial, a la gravitación del lugar y de la tradición» (121), y persigue un espejismo que a la postre resulta insuficiente. En realidad, la libertad conquistada mediante la acción viene lastrada por la sensación del vacío. Como ha señalado Jiménez Heffernan:

> Las acciones de *Volver al mundo* se polarizan entre un adentro domésti-co, seguro, arraigado en lo familiar, y un afuera impregnado de amenaza. El adentro, inmóvil, dicta el ciclo estanco de la continuidad atemporal. Miguel, el héroe de la novela, busca desde su comienzo reventar este letargo y ejecu-tar una acción determinante. […] Miguel quiere aniquilar el *genius loci* faulkneriano, benetiano, del fatalismo estático. El problema es que al final de su escapada, en el polo opuesto del estatismo, se sitúa la nada de la acción radical, un horizonte ilegible en el que el hecho pasivo (no ya la acción acti-va) prima sobre el sentido, y termina por invadirlo todo. Es el horizonte asé-mico del Biércoles […] (205).

El desplazamiento inicial supone abrirse a la experiencia de los «no lugares» que, en un juego de ironía trágica, acaban por resultar un espa-cio inhóspito e inhabitable. La carta transcrita páginas atrás lo explica con claridad en palabras del propio Miguel y no merece la pena volver ahora sobre ello. Aquejado de un súbito miedo a la libertad, el protago-nista emprende el regreso a su mundo. Una vez más conviene transcribir las palabras de Jiménez Heffernan:

Tanto esa intemperie exterior, desarraigada, relacional, leve y perforada como piedra pómez, como esa otra índole de las cosas que contiene, provocan en cualquier caso un pavor invencible, un poso de miedo que provoca, quizás, el retorno de Miguel hacia un paisaje mudo. Su libertad pragmática le aterra. Su terror le conduce, inexorablemente, al lugar originario del terror, su único «mundo» […] (207).

Sin embargo, no caben engaños y González Sainz se encarga de dejar bien claro que este regreso es una ficción imposible. La nostalgia del lugar se presenta así como una enfermedad incurable, que sólo admite cuidados paliativos. Por eso la novela no se cierra como una fábula de restitución, porque el «no lugar» desde el que trata de volver Miguel ha vaciado ya su interior y no hay un reencuentro feliz con la tierra originaria. *Volver al mundo* revela, por lo tanto, la imposibilidad de recuperar el lugar antropológico, pero no solamente por la presión inherente a una sociedad en transformación, sino también porque lugares y «no lugares» son siempre espacios híbridos, que se ofrecen imbricados y en cuya negociación se constituye una identidad que es más un proceso que una esencia. Y para conjurar el vértigo del vacío no cabe imaginar otra solución que la palabra convertida al menos en un refugio temporal, que bien podríamos imaginar como un lugar verbal en el que albergarse de la intemperie, como se señala en el cierre de la novela:

–¿Pero volver a qué?
–No, a hablar, a escuchar de nuevo, a volvérnoslo a contar y volvérnoslo a preguntar, a prestar atención otra vez de nuevo para que de alguna forma no sea así nada del todo irremediable. – Y entonces Bertha no supo si eran los ojos de Anastasio o eran a lo mejor los de la montaña los que la miraban (*Volver...* 640).

BIBLIOGRAFÍA

AUGÉ, Marc. *Los no lugares: espacios del anonimato. Una antropología de la sobremodernidad*. Barcelona: Gedisa, 2005.
BARRIOS CASARES, Manuel. «Presentación del libro *Volver al mundo* de José Ángel González Sainz». *Minervae Baeticae. Boletín de la Real Academia Sevillana de Buenas Letras* 32 (2004): 307-14.

CANDAU, Antonio. «Los finos trazos del mundo: una lectura de J. Á. González Sainz». *Siglo XXI. Literatura y cultura españolas* 3 (2005): 145-63.

GARRIDO, Germán. «Órbitas concéntricas. Trayectorias de le experiencia política en Hölderlin y *Volver al mundo* de J. A. González Sainz». *Siglo XXI. Literatura y cultura españolas* 6 (2008).

GONZÁLEZ, José Ramón. «*Poiesis* frente a *deixis* o creación frente a alusión. Unas notas sobre *Volver al mundo*, de J. Á. González Sainz». *La Página* 63 (2006): 25-34.

GONZÁLEZ SAINZ, J. A. «Respuesta a la "Carta abierta a J. Á. González Sainz" de Manuel Llorente». *La Página* 63 (2006): 41-53.

— «Moco de pavo: desistimiento y novela». *Siglo XXI. Literatura y cultura españolas* 3 (2005): 21-34.

— *Volver al mundo*. Barcelona: Anagrama, 2003.

HEIDEGGER, Martin. *Camino de campo (Der Felweg)*. Barcelona: Herder, 2003.

JIMÉNEZ HEFFERNAN, Julián. «Tierra: terror: error: tres crónicas de heroísmo errado». *De mostración. Ensayos sobre descompensación narrativa*. Madrid: Antonio Machado Libros, 2007: 175-227.

LLORENTE, Manuel. «Una carta abierta a J. Á. González Sainz». *La Página* 63 (2006): 37-40.

SANZ VILLANUEVA, Santos. «Tres fichas sobre J. Á. González Sainz». *La Página* 63 (2006): 3-23.

VAZ DE SOTO, José María. «Presentación del libro *Volver al mundo* de José Ángel González Sainz». *Minervae Baeticae. Boletín de la Real Academia Sevillana de Buenas Letras* 32 (2004): 301-06.

Notas para la lectura del paisaje en *El río del olvido* de Julio Llamazares

Alejandro Alonso Nogueira
Brooklyn College, City University of New York

Para Bill Sherzer

Abruptamente, la primera oración de *El río del olvido* formula un axioma: el paisaje es memoria. Sin embargo, la contundencia de esta afirmación queda un poco atenuada si se tiene en cuenta el valor dialógico que el término paisaje conserva en español: el paisaje es una perspectiva visual con cierta profundidad de campo y, al mismo tiempo, es la representación de esta perspectiva. Estos dos estratos permiten entender de dos maneras su significado: por un lado el paisaje guarda una información, un conocimiento ajeno a quien lo mira, un cierto tipo de otredad sublimada, que alude tanto al mundo natural, a la «res extensa», como a la actividad subjetiva de los otros hombres que ha quedado inscrita en la naturaleza, y permite al observador reconocer así marcas que remiten a la memoria cultural: las huellas de la historia y del trabajo. Pero, por otro lado, si se entiende que, más allá de la naturaleza, un paisaje es una representación y como tal un producto de la imaginación secundaria, su mención remite a una ausencia que la memoria, a partir de la imagen, recupera. Esta asociación entre la memoria cultural inscrita en el paisaje y el paisaje como producto de la memoria da sentido al proyecto literario implícito en los dos textos que el autor escribió a raíz de su viaje a la montaña leonesa en el verano de 1981: a través de la construcción de un paisaje, en cierto sentido una reconstrucción fallida, y a través de la experiencia de un viaje hacia el interior, río arriba, recuperar ciertos significados perdidos vinculados a la vivencia de la infancia, una exploración de la identidad propia[1].

---

[1] Los dos textos son el poemario «Memoria de la nieve», incluido en *La lentitud de los bueyes. Memoria de la nieve* (Madrid: Hiperión, 1982) y el relato de viajes *El río del olvido* (Barcelona: Seix Barral, 1991), elaborado a partir de las notas del viaje de 1981.

El paisaje es memoria. Más allá de sus límites, el paisaje sostiene las huellas del pasado, reconstruye recuerdos, proyecta en la mirada las sombras de
otro tiempo que sólo existe en la memoria del viajero o del que, simplemente, sigue fiel a ese paisaje (*El río...* 7. En todos los casos se cita por la edición
corregida de 2006).

El objetivo de esta presentación es valorar hasta qué punto este libro
de viajes de Julio Llamazares, elaborado en cierto sentido como una
«novela de memoria», reescribe el concepto de paisaje elaborado por la
teoría del arte y la historia cultural y propone un camino de trabajo que,
en el contexto de la posmodernidad española, significaba tanto una lectura crítica de la tradición del libro de viajes, como una salida ante la afecta-
da renovación de la narrativa española posmoderna; como señalaba el
propio autor en una entrevista reciente («Los escritores...» 87), contra el
fondo de la cultura de los 80, el apogeo de la posmodernidad, una novela
sobre la memoria silenciada de los maquis y un libro de viajes sobre el
papel de la memoria en la constitución de la identidad parecían encajar
mal en un panorama cultural que había hecho de la banalidad una aspiración. Al mismo tiempo, el éxito de ambas obras, como posteriormente el
de *La lluvia amarilla*, señalaba una salida del agotado experimentalismo
de los años 70 y 80, a través de un regreso a ciertas formas del realismo.
Si se acepta que *El río del olvido* es un tipo de novela de memoria, en el
sentido propuesto por David Herzberger, un relato que «evoca el pasado a
través de una rememoración subjetiva» (35), su propuesta pudo abrir una
línea de trabajo para redefinir este concepto, en la medida en que a través
de una estrategia dialógica abría la posibilidad de un discurso de la memoria más allá de la subjetividad y de la conciencia y, por tanto, más allá de
cualquier proyecto de recuperar lo que el discurso histórico ha dejado al
margen, principal valor asociado al concepto «novela de la memoria»
tanto en el trabajo de David Herzberger respecto a los años 40, como
durante la eclosión de la ficción memorialística a finales de los años 90.

Sobre el concepto de paisaje

Para empezar, es preciso partir de una definición de paisaje; considerado un término meramente descriptivo, la palabra «paisaje» refiere un

concepto elaborado por la historiografía artística y geográfica que supone un punto de encuentro de diferentes ámbitos de conocimiento. Frente a la teoría estilística que veía en el paisaje un «motivo», la teoría cultural ha pasado a definirlo como un concepto, y como tal implica por un lado una suma de significados y por otro una práctica discursiva a través de la cual ciertos lugares, o más exactamente la imagen de ciertos lugares, reciben un valor simbólico distinguido. Javier Maderuelo, en uno de los trabajos más recientes sobre el tema, ha reconocido cinco estratos semánticos que subyacen bajo el término «paisaje»:

1. En primer lugar el paisaje es una creación cultural y por tanto posee una historia y varía de una cultura a otra, de un tiempo a otro y entre diferentes medios sociales (Maderuelo 17). En la línea de lo propuesto por Halbawchs en *La memoria colectiva*, en el paisaje se contienen ciertas claves identitarias, muchas veces naturalizadas por las comunidades que comparten una misma representación: una práctica social a través de la cual se otorga valor a un espacio o a un elemento natural –un arroyo, una montaña– que pasa así a formar parte de la memoria colectiva.

De este modo en *El río del olvido* se puede reconocer la inscripción en el paisaje de dos formas de memoria colectiva: la asociada a la identidad nacional, cuyo lugar de memoria más destacado lo constituyen las huellas de la Guerra Civil, y la identidad comunitaria, que el viajero recupera bien a través de la cita y comentario de las tradiciones orales y de los diferentes relatos en torno al espacio natural de los habitantes del lugar, o bien a partir de fragmentos de su memoria personal, a veces confundidas una y otra, pero detrás de las que se advierte una experiencia plena situada en un tiempo irrecuperable:

> Mientras ojea los recortes, el viajero recuerda a las mujeres de La Mata […] sentadas a la puerta de sus casas, desplumando a los gallos en las tardes de verano, como depositarias de un arte matriarcal y milenario transmitido como un rito a lo largo de los siglos. El viajero las ve aún sentadas en sus sillas, con los gallos sujetos fuertemente entre las piernas, arrancándoles las plumas una a una, y piensa, arrepentido, si estos gallos que ahora oye a través de la ventana –y los que en el pajar le despertaron hace un rato— no serán aquellos mismos, que han vuelto desde el fondo de los ríos para salu-

darle, como entonces, con sus cantos en su regreso a los paisajes de una infancia ya perdida (*El río...* 65).

2. En segundo lugar, el paisaje no es tanto una realidad física como una perspectiva sobre esta realidad:

> [...] la idea de paisaje no se encuentra tanto en el objeto que se contempla como en la mirada de quien contempla. No es lo que está delante sino lo que se ve. Pero la mirada requiere, a su vez, un adiestramiento para contemplar. *La contemplación del paisaje desde el punto de vista del arte debe ser desinteresada, estética.* Así, el paisaje es el resultado de la contemplación que se ejerce sin ningún fin lucrativo o especulativo, sino por el mero placer de contemplar (Maderuelo 38, la cursiva es mía).

Este segundo estrato semántico de la definición que propone Javier Maderuelo tiene importantes consecuencias: en primer lugar, el paisaje se define como una apropiación subjetiva, y por tanto, vinculada no sólo a un punto de vista, sino a ciertas categorías de percepción, ciertos prejuicios, en el sentido hermenéutico, propios del sujeto que se sitúa frente a la naturaleza y la constituye en objeto de su percepción; como señaló Georg Simmel, esta distinción entre «paisaje en sentido informal» y «paisaje en sentido estético» implica una acotación de la naturaleza y, por tanto, se revela como una construcción artificial, en cierto sentido incompatible con el carácter dinámico del mundo natural, carencia a la que habría de enfrentarse obsesivamente la pintura; además, la naturaleza se ve privada de su unidad de fondo, al ser recortada por un marco:

> Pero precisamente la delimitación, el estar comprendida en un horizonte visual momentáneo o duradero, es absolutamente esencial para el paisaje; su base material o sus trozos pueden ser tenidos, sin duda alguna, por naturaleza, pero representada como «paisaje» exige un ser-para-sí quizás óptico, quizás estético, quizá conforme al sentimiento [...]. Ver como paisaje un trozo de suelo con aquello que está sobre él, significa considerar, por su parte, un recorte de la naturaleza como unidad, lo que es completamente ajeno al concepto de naturaleza» (Simmel 176).

Pero más allá de su naturaleza ficcional, la constitución de un paisaje remite a un sujeto histórico y social, cuyas categorías de valor están inscritas en la perspectiva que se adopta. Allí donde el campesino ve un campo para labrar o percibe en la violencia de la tormenta los límites de su trabajo, el letrado ve una geórgica, o un momento sublime de la naturaleza. Así, cada identidad social mantiene una relación diferente con el espacio, y crea tanto sus propios lugares de memoria, como una perspectiva compartida sobre el espacio natural que afecta a su puesta en valor: de este modo, la perspectiva del letrado supone que la naturaleza deje de ser percibida desde las categorías de la economía política y pase a ser interpretada desde la estética.

> Aquel paisano o aldeano medieval que ha nacido, trabajado y agotado sus fuerzas en un mismo pago, unido a la aldea en que ha vivido y morirá, sin haber salido jamás de los límites visuales del valle en el que habita, no puede llegar a tomar consciencia de país porque él pertenece al lugar concreto en que está arraigado, como lo están los árboles o las montañas que permanecen inevitablemente ahí, formando un conjunto inseparable (Maderuelo 26).

Obviando la equiparación de árboles, montañas y campesinos que tan claramente permite reconocer la perspectiva letrada sobre la perspectiva de los campesinos, esta mirada, más del intelectual que estrictamente intelectual, se constituye en la clave de la construcción simbólica del paisaje: estrechamente vinculada a las formas de percepción artísticas de filiación kantiana prescritas por la estética moderna, contiene un valor normativo que atraviesa las conceptualizaciones historiográficas del concepto de paisaje y que permite al letrado diferenciar entre formas correctas de construir el paisaje y formas incorrectas: lo que separa la mirada habituada a cierta contemplación desinteresada y aquélla otra, de algún modo transitiva y pragmática, que se dirige hacia la naturaleza a partir de un interés, con la intención de adquirir algún tipo de conocimiento a través de la contemplación, y que, por tanto, somete a una lógica racional su praxis contemplativa. El paisaje en sentido estricto implicará para la historiografía hermenéutica un acto desinteresado, un «contemplar por contemplar», el único tipo de práctica que para esta tradición permite la comprensión del objeto estético.

Y esta conceptualización, como subraya Georg Simmel (181), implica considerar el paisaje como «una obra de arte en *statu nascendi*», y acerca el paisaje al arte en la medida en que representa un «plano natu-

ral», esto es un fragmento de naturaleza enmarcado, percibido artísticamente. Así el énfasis en la forma de representación permite marcar una
distinción necesaria: «deslindar la idea de naturaleza del concepto de
paisaje, con el fin de que términos como 'paisaje natural' no parezcan
tautologías y que otros, como 'paisaje urbano' o 'paisaje industrial', no
se consideren un contrasentido» (Maderuelo 17).

Este modo de apropiación letrado, constituido sobre las categorías
de la fenomenología, es deudor de un tipo de experiencia temporal, en
cierto sentido de clase, vinculada a una *scholé*, a una relación «ociosa»,
en el sentido etimológico, con la realidad (Bourdieu 224 y ss.): al tiempo
que convierte la naturaleza en obra de arte y la dota de cierta unidad a
través de un marco (vid. Simmel 5), abre la posibilidad de otorgarle un
sentido, más allá de su apariencia: la tarea de la interpretación.

Lo que aquí se quiere apuntar es que esta perspectiva sobre la naturaleza que se presenta en *El río del olvido* a través de la mirada del viajero, abiertamente letrada, contrastará una y otra vez tanto con la perspectiva del narrador, como con la de aquéllos que, por ser naturales de las
áreas de la montaña leonesa que el autor recorrió en el verano de 1981,
carecen de la distancia sobre la naturaleza que exige la constitución del
paisaje en el sentido fenomenológico:

> El viajero, a fuer de escéptico, es hombre sosegado y apacible [...] y,
> como de momento todavía no ha ocurrido, *lo único que busca al caminar por*
> *la calzada es la belleza pura y dura de la piedra y del paisaje y la tranquilidad*
> *antigua de un camino* por el que no circulan ni personas ni vehículos. Un
> camino solitario y olvidado –y borrado en ocasiones por el manto de las
> urces– por el que sólo él y algún perro perdido acompañan los ecos de la
> historia en este mediodía de verano lleno de mariposas y de nubes (*El río...*
> 101, la cursiva es mía).

3. Más allá de ser una perspectiva desinteresada sobre la realidad,
Javier Maderuelo identifica en el concepto de paisaje otros tres estratos
semánticos: la vinculación de un lugar y un valor espiritual, un entrelazamiento y un misterio.

En primer lugar, el paisaje implica una sacralización del lugar, esto
es, la atribución de un valor simbólico a veces no explicitado, a veces
ambiguo, pero que se podría definir como una expectativa de sentido: la

convicción de que algo se oculta detrás del paisaje y de que éste «quiere decir algo». Al ser así percibidos, los objetos naturales, por decirlo con palabras de Baudelaire, nos observan con miradas familiares y por tanto conforman un bosque de símbolos. Esta actitud hermenéutica está implícita en la misma conceptualización, y supone tanto la intuición de un sentido oculto u olvidado, como la adopción de una actitud analógica que, como en los orígenes de la poesía moderna, aspira a establecer algún tipo de correspondencias entre lo que ve y una realidad no evidente, de modo que los objetos naturales son interpretados, culturalmente, como signos[2]. Y como tales, los diferentes elementos que se entrelazan, que esquemáticamente se contienen en el binomio arroyo-monte, son percibidos como significantes que, mediante los relatos de la cultura letrada, interpretan lo latente en el paisaje y revelan, sin buscarlo, la subjetividad del viajero, a través de la superposición de la analogía, el símbolo y la intuición del misterio:

> Una cultura de nieve, vieja como los árboles, que el río Curueño arrastra poco a poco hacia el olvido, *lo mismo que ahora el viajero su soledad* entre los arándanos. Una cultura de piedra –a la que pertenece y a la que no ha renunciado– y de bosques solitarios y animados como aquél de allá arriba en el que Curienno nace para correr, como ahora hacen los caballos por su cauce, *en busca de la sombra mitológica de Polma*, que en las verdes choperas

---

[2] Vid. José Ortega y Gasset «El bosque» y, por supuesto, la «Meditación preliminar» de sus *Meditaciones del Quijote*, un texto extraordinario, decisivo en la interpretación de la tradición literaria que le precedió, y que propuso, como un pequeño ejemplo, un modelo de representación de la naturaleza en la literatura del siglo XX; desde la perspectiva «en escorzo», hasta el principio estilístico de la «irrealización», el modo en que la escuela de Ortega definió al paso de la percepción de lo sensible a la interpretación de lo latente. Vid. Arturo Campos Lleó, «Ortega ante el paisaje, o la puesta en práctica de una estética fenomenológica». *Anales del Seminario de Metafísica*, 29 (1995): 201-21, en concreto 216-18. Sobre el texto de «El bosque», incluido en *Notas*, edición de Julián Marías. Salamanca: Anaya, 1970, vid. Martínez de Pisón 174-75. Tal vez un eco, por ejemplo, en «La memoria del bosque». *El País*, 3 de enero de 1991, recogido en *En Babia*, 102 y ss: «Para quienes nacimos y crecimos en el bosque y entre sus sombras tenemos nuestra primera memoria y nuestra voz más lejana, el bosque es ese espacio privado y familiar, por más que inhabitado, que guarda nuestros recuerdos y los de nuestros antepasados. Un *humus* de recuerdos superpuestos que crece con el del bosque y fermenta día a día bajo el peso de la lluvia y los años».

de Ambasaguas está ya, *desde hace siglos y milenios, esperándole* (*El río...* 196, la cursiva es mía).

De este modo la alta cultura naturalizará una determinada experiencia del paisaje cuya consecuencia última es legitimar la tarea del intérprete:

> [...] aquello que traba los elementos físicos de un lugar hasta hacerlo paisaje es lo misterioso, es decir, lo revelado a través de la poética, lo reservado, lo subjetivo, lo interpretativo. Efectivamente, sólo hay paisaje cuando hay interpretación y ésta es siempre subjetiva, reservada y poética o, si se quiere, estética» (Maderuelo 35).

4. El paisaje como «otro»: en cuanto idea que representa el medio físico, el paisaje es «lo otro», lo que se encuentra fuera de nosotros y nos rodea, pero en cuanto construcción cultural es una realidad que concierne directamente al individuo y, se podría añadir, a su identidad social, aunque no sea en términos de clase, ya que en última instancia, el paisaje sólo existe en el espacio letrado como interpretación (Maderuelo 36).

Esta paradoja que desarrolla Javier Maderuelo explica la tensión que late en las descripciones entre el ser de la naturaleza, ajeno al hombre, y sus diferentes representaciones: tentativas de apropiación de lo otro cuya verdad se resiste a ser aprehendida. Así como la alusión a la memoria personal, representa el intento de recuperar a otro «yo», el «yo» que el viajero fue, la oposición entre «yo» y paisaje revela una ansiedad: la del viajero por apropiarse del mundo natural que se mantiene indiferente al hombre, aunque el hombre acuda a sus mitos para intentar darle sentido:

> Mientras el viajero sube, cansado ya del camino y de tantos días solo caminando, hacia el alto del puerto que marca en el horizonte el final de su camino y de su viaje, el río continúa por su lado, buscando entre los caballos y entre los bosques de hayas que bajan a beber hasta sus aguas ese prado mitológico y lejano en el que según la leyenda, tiene su fuente de sangre (196).

5. Por último, para esta tradición historiográfica en la que se sitúa el libro de Javier Maderuelo, el paisaje en sentido estricto exige que exista

un ojo que contemple el conjunto y que genere un sentimiento, que lo interprete emocionalmente: sin emoción, subraya Maderuelo, no hay paisaje. Como señalara Simmel en el artículo citado (184), el paisaje es un «acto anímico» conformado por dos elementos que sólo pueden separarse en abstracto: la unidad del paisaje como tal y el sentimiento que nos sale al encuentro a partir de éste y con el que lo abarcamos.

Así, la apropiación del paisaje, tanto a través de la ficción como de la lectura, ha naturalizado esta expectativa de sentido que permite reconocer en las descripciones paisajistas un significado más allá de la representación: el paisaje, por tanto, implica una «intención» en sentido fenomenológico o un tipo de «disposición» en términos de Pierre Bourdieu que es propia de los actos reflexivos que definen normativamente las prácticas del intelectual. Como el propio Julio Llamazares reconoce en un ensayo en torno a la literatura de viajes, «la literatura de viaje, [...], para serlo, necesita una intención, una predisposición estética por parte de quien la escribe. Y esta predisposición no todo el mundo la tiene cuando comienza a andar un camino» («El viaje...» 12). Lo que parece importante destacar aquí es que esa perspectiva cultural en torno al paisaje, que Javier Maderuelo define y que las reflexiones del autor naturalizan, es el resultado de un haz heterogéneo de valores normativos y de actitudes subjetivas que pre-construyen tanto el paisaje como representación como su lectura hermenéutica, y que no son en modo alguno la única posibilidad de apropiación del mundo natural[3].

Perspectivas sobre el paisaje

El discurso de la historiografía en torno al paisaje, que de un modo muy apurado aquí se acaba de resumir, puede servir como piedra de toque

---

[3] El paisaje como concepto, por tanto, es un objeto constituido por un «acto intencional» a través del cual el yo tiende hacia la naturaleza. El concepto de acto intencional, implícito en él la definición de paisaje que aquí se está glosando, es una disposición básica de la crítica estética moderna que ha sido heredada por escritores y artistas como una actitud natural. Una definición precisa del concepto de «intención» al que aquí se alude en Edmund Husserl, «Fenomenología», en *Invitación a la fenomenología*. Reyes Mate, intr. Madrid. Paidós/ICE UAB, 1992 [1925], en concreto 38-9.

para interpretar varios fragmentos de *El río del olvido,* y en concreto, para valorar de qué modo la propuesta de Llamazares recoge este discurso estético y cómo, a través de su escritura, lo redefine. Formalmente *El río del olvido* está construido sobre una doble enunciación paradójica: en la tradición de la narrativa española de viajes, de Azorín a Cela, la voz narrativa se desdobla en una voz narrativa heterodiegética, que refiere sin embargo las sensaciones, pensamientos y acciones de una tercera persona, el viajero, que en varios momentos del texto se identifica con el autor (Henn). Esta estrategia ficcional, que implica un desdoblamiento del «yo», si bien normalmente se sitúa en la perspectiva del viajero otras veces sirve como contrapunto dialéctico que contrasta la representación de ese alter ego del autor con una visión «desde otro punto de vista» que enmarca la del viajero, y a veces se contrapone a la suya.

De vez en cuando, un ensanchamiento le permitirá al viajero salir del callejón sin horizontes en que caminará a partir de ahora. Pero, en lo general, las hoces de Valdeteja como llaman al brutal desfiladero que el Curueño atraviesa entre Tolibia y el puente del Balneario, apenas le permitirá otra cosa que *la contemplación emocionada de un paisaje tan hermoso como sobrecogedor y tan espectacular como perturbador para el espíritu.* A un lado y a otro, las peñas, calizas y amenazantes, apenas ya con algún arbusto mínimo prendido de sus salientes; arriba, un trozo de cielo, casi siempre ennubarrado y, abajo, entre las peñas, disputándose el minúsculo pasillo que éstas les vienen dejando, la carretera y el río y la calzada romana. La roca, caliza y gris, está llena de agujeros y de cuevas donde vivieron, hace ya miles de años, los primeros habitantes de estos valles [...], y el pasillo se halla atravesado por las piedras y los puentes milenarios que dejaron de recuerdo los romanos (*El río...* 149, la cursiva es mía).

El nudo de los Puentes, en realidad, ya no existe. Los dos que aquí hubo en un tiempo y que servían para unir la calzada romana del Curueño con el camino que subía a Valdeteja los volaron en la guerra y ya sólo pueden verse, a ambas orillas del río, los muñones tajados de sus arcadas (*El río...* 154).

Así por ejemplo, en este fragmento, la mirada del viajero es una contemplación emocionada, sobrecogida, que percibe la amenaza de un otro, la naturaleza, y que reconoce en ese teatro natural el entrelazamiento dinámico de las peñas y los arbustos, y más abajo de las mismas peñas, de la carretera y el río, siguiendo casi al pie de la letra la definición que proponía Javier Maderuelo. Pero, frente a esta lectura estética del paisaje, el narrador contrapone imágenes o voces que más allá de la perspectiva del viajero abren una expectativa de sentido diferente: lejos de las estrategias de la llamada «novela de la memoria», esta segunda voz introduce una imagen, la del puente destruido que inscribe la historia en la naturaleza y que se distancia de la perspectiva del viajero: una imagen dialéctica que va más allá de la mirada estética o desinteresada. En vez de un personaje conciencia o ejemplar que contuviese la lección de la historia, la estrategia del autor consiste en romper la ilusión del paisaje y a través de esta imagen no percibida abrir una brecha y fragmentar nuestra perspectiva sobre la perspectiva emocionada del viajero, de modo que la expectativa así suscitada no es metafísica sino histórica. La visión estética del paisaje se convierte en una pastoral fragmentada, recorrida por fisuras que son las marcas de la historia en el espacio y que exigen una lectura crítica, ya que ninguna de las voces del texto nos da una interpretación cerrada de su significado.

Rehuyendo el juicio, ni la historia del topo que se ocultó en el fondo del establo durante diez años, ni el encuentro con el anciano miembro de la División Azul contienen una reflexión moral directa, sino que son voces que cuentan una historia atravesada de sentidos que el viajero, y la voz narrativa, renuncian a juzgar o a interpretar. De este modo el relato del viaje surge como la superposición de perspectivas sobre ese espacio que además, a pesar de estar realizadas sobre un mismo objeto natural, son irónicas, se construyen una junto a otra, a través de una parataxis que no da lugar a un juicio, que no se resuelve más que a través de cada lectura. Por un lado el viajero, cuya búsqueda es una búsqueda casi alegórica del sentido perdido que metafóricamente se asocia a la infancia y que reproduce esa mirada afectiva y esa ansiedad de sentido que constituye la perspectiva letrada sobre el paisaje, y que se ha resumido en la primera parte de este trabajo:

El viajero, a fuer de escéptico, es hombre sosegado y apacible (salvo que alguien se empeñe en buscarle las cosquillas) y, como de momento eso todavía no ha ocurrido, lo único que busca al caminar por la calzada es la belleza pura y dura de la piedra y del paisaje y la tranquilidad antigua de un camino por el que no circulan ni personas ni vehículos. Un camino solitario y olvidado –y borrado en ocasiones por el manto de las urces– *por el que sólo él y algún perro perdido acompañan los ecos de la historia* en este mediodía de verano lleno de mariposas y de nubes [Se refiere a la descripción de los trozos conservados de la calzada romana] (*El río...* 144, la cursiva es mía).

Y enmarcando su voz, creando una distancia frente a su búsqueda del sentido, otra voz diferente que refiere las acciones, pensamientos y el punto de vista del viajero, pero que también refiere las marcas del espacio en las que, a veces sin advertirlo el viajero, se inscriben personas y objetos que apuntan a la historia y al trabajo, de algún modo también latente debajo de las representaciones estéticas del paisaje. Del mismo modo que las imágenes, a veces son las voces de otros las que dialécticamente revelan el carácter cultural en más de un sentido del paisaje: no es una representación propia de una mentalidad, sino de un lenguaje y, en última instancia, de una disposición y de una identidad social. Así, si el viajero letrado ha incorporado esa concepción del paisaje implícita en sus descripciones, el subalterno, interpreta desde su propias categorías, esto es, desde su «experiencia», la misma realidad:

El valle de los Argüellos es el primero –y el más grande, y el más bello– de todos los que, en su curso, ha formado el río Curueño. Excavado por el río en las montañas, el valle de los Argüellos se aparece normalmente ante el viajero como un espejismo al final de las hoces. Normalmente también, el viajero que lo divisa suele detener su coche (o pararse, si sube andando, al borde de la cuneta) para admirar el magnífico espectáculo que se abre ante sus ojos de repente. [...]

Pero el viajero, además, ahora, está viendo el valle desde lo alto. El viajero, *al contrario que el común de las personas*, está viendo desde arriba (como si viajara en el avión que el otro día vio cruzar de este a oeste de las montañas) la vega de Lugueros y los negros tejados de pizarra de Tolibia y aun las propias crestas rotas de las peñas que rodean, como si fueran sus guardaespaldas, a la mítica Bodón, y no encuentra palabras para plasmar *tanta solemnidad, tanta paz, y tanta grandeza*.

[...]

–Ya estoy acostumbrado –le dice, indiferente un pastor viejo que el viajero encuentra en la collada con su rebaño de ovejas.

–Mejor será acostumbrarse a esto que a la meseta...–afirma, más que insinúa el deslumbrado viajero.

–No crea –vuelve a contradecirle el pastor, que resulta ser extremeño (*El río...* 182-83, la cursiva es mía).

Las palabras del pastor son irónicas en sentido estricto, porque más allá de invertir negativamente la emoción estética del viajero, implican dos predicaciones opuestas en torno a un mismo objeto que, en la medida en que no son enmarcadas o resueltas por ninguna voz autorial, quedan frente a nosotros como un juicio pendiente, la presencia simultánea de dos enunciados incompatibles que no sólo remiten a dos lenguajes culturales, sino a dos espacios y a dos identidades sociales separadas: la del viajero que llegado desde Madrid y desde el mundo de las letras ensaya esa búsqueda de significados que laboriosamente ha aprendido en sus lecturas y estudios, y percibe en la contemplación un placer estético y por tanto intelectual, y la de aquel que ha laborado el campo y que tiene con él una relación más interesada y por tanto menos estética.

La estructura enunciativa del relato de viajes permite contrastar diferentes formas de experiencia y con ellas revelar cómo diferentes lenguajes culturales intentan apropiarse del espacio, se solapan y conviven, a veces sin llegar a entenderse. Así por ejemplo, el contraste entre la percepción, de algún modo letrada, del espacio entre los jóvenes hippies, que tal vez piensan que la propiedad de la tierra depende de una declaración, de un acto «performativo», en cierto sentido jurídico, esto es, que la tierra se vuelve comunal porque alguien autorizado, sea el notario, el registrador, o simplemente ellos mismos, comparte el formalismo y la construcción abstracta de la propiedad que es característica de la cultura burguesa, contrasta con el valor de la propiedad asentado sobre los usos y las tradiciones, que en el campo, donde no es preciso enseñar documentos era parte de la memoria colectiva de la comunidad, sólo perceptible por aquellos que forman parte de ella:

[...] cuatro hippies que han llegado hace dos años a La Braña para vivir en armonía con el campo y con el cielo, pero que, a lo que parece, no guardan excelentes relaciones con los vecinos del pueblo:
–El otro día –dice Abilio– me metieron las cabras en lo mío y, porque fui a llamarles la atención, me dijo uno de ellos que todo era de todos y que nada tiene dueño (*El río...* 171).

Esta teoría crítica del paisaje que se plantea en *El río del olvido* opone la perspectiva del viajero, letrada, a las voces de los otros cuya experiencia del espacio es diferente en la medida en que está construida en otro lenguaje y desde otra posición social. La imposibilidad de conciliar una y otra, la presencia en el paisaje de imágenes dialécticas que sitúan el espacio en la historia y que incorporan en el espacio la presencia de una actividad humana, de una política, podríamos incluso decir que rompe con la exclusión de lo humano que casi normativamente Claudio Guillén considera característica del concepto de paisaje en sentido estricto:

> No tendríamos paisaje si el hombre no se retirase decisivamente de él, si no se privilegiase esa clave tan radical de otredad que en ciertas épocas se ha llamado con mayúscula, la Naturaleza. Pero por otra parte es precisamente la mirada humana la que convierte cierto espacio en paisaje, consiguiendo que por medio del arte una porción de tierra adquiera calidad de signo de cultura, no aceptando lo natural en estado bruto sino convirtiéndolo también en cultural. [...] En el paisaje el hombre se vuelve invisible, pero no su mirada y acaso su construcción de un sentido (Guillén 98).

Frente a la deshumanizada representación del paisaje, heredera también de la tradición fenomenológica, las voces y las imágenes de sujetos culturalmente diferentes se superponen en *El río del olvido*. Y las diferentes concepciones del espacio, unas frente a otras, revelan un concepto de experiencia renovado, que contrasta con ciertas concepciones ingenuas de literatura realista o política que ven en el carácter evidente de la experiencia, en frase de Joan C. Scott (1991), el fundamento de su autoridad. Del mismo modo que no es posible recuperar el significado que desde la madurez se le atribuye al espacio de la infancia, aun a pesar de querer recuperar empíricamente ese espacio, no sólo el tiempo abre una brecha, sino que los lenguajes, las identidades sociales, a través de los usos, crean diferentes espacios que aún a pesar de estar sobreponiéndose en un mismo espacio social, unos junto a otros conviven de espaldas, uno de ellos el lenguaje de la tradición letrada. La estructura formal de la novela, más que libro de viajes, implica un intento de hacer evidente estas antinomias y de la imposibilidad de cerrarlas se abre la puerta a una concepción más compleja del significado del espacio rural y de los límites de nuestro conocimiento de la naturaleza.

Si se pone en relación el axioma que encabeza la introducción, el paisaje es memoria, con el título del libro, se hace aún más evidente la naturaleza paradójica, en cierto sentido irónica, como aquí se ha afirmado de esta narración de viajes. Porque si el paisaje es memoria, esto es una representación construida a partir de una memoria cultural; la memoria por sí sola no es capaz de recuperar el sentido asociado al lugar, el espacio de la infancia, que era el frustrado proyecto que subyace bajo el río del olvido, por eso la memoria da significado al paisaje, pero el río es el olvido y la representación no recupera la experiencia, y la memoria voluntaria que intenta recuperar el significado del espacio a partir de una acción, en términos de Certeau, convertir el espacio en un lugar, fracasa[4]. O como se señala en la introducción a *El río del olvido*:

> Después de muchos años sin apenas regresar junto a su orilla, y de recordarle sólo por las imágenes de los ojos y por las fotografías, el Curueño, el legendario río de mi infancia, [...] seguía atravesando los mismos escenarios y paisajes de mi infancia, pero yo ya no era el mismo. La memoria y el tiempo, mientras yo recordaba, se habían mutuamente destruido –como cuando dos ríos se unen– convirtiendo mis recuerdos en fantasmas y confirmando una vez más aquella vieja queja del viajero de que de nada sirve regresar a los orígenes porque, aunque los paisajes permanezcan inmutables, una mirada jamás se repite (*El río...* 8-9).

Sin embargo, las marcas de la historia que la voz anónima del narrador reconoce en el paisaje funcionan como imágenes dialécticas que abren el sentido del texto, más allá de esa construcción estetizada, que es como la tradición letrada ha definido al paisaje. Frutos de una memoria involuntaria, no de una búsqueda, son fisuras que abren ciertas brechas si no en la percepción del viajero, sí en la del lector.

---

[4] En el que resuena el eco de un poema de *Memoria de la nieve*: «Inútil es volver a los lugares olvidados y perdidos, a los paisajes y símbolos sin dueño/ (...) /Los ancianos han muerto. Los animales vagan bajo la lluvia negra./No hay allí sino la lenta elipsis del río de los muertos,/la mansedumbre helada del muérdago cortado, de los paisajes abrasados por el tiempo» (*Memoria...* 65).

HACIA OTRA NOVELA DE LA EXPERIENCIA

El río del olvido, un libro de viajes que apareció a contracorriente de la literatura española de los 90, supone no sólo una apuesta por un género clásico que la comercialización de la escritura ficcional había arrumbado, sino también un experimento, un intento diferente de explorar las posibilidades narrativas de la memoria (Loureiro 11). Si como ha señalado Inge Beisel, *Luna de lobos* representaba el modelo clásico de novela de la memoria, y por tanto, el intento de recuperar para la comunidad política las narraciones de la postguerra que la historia había silenciado, tanto *La lluvia amarilla* como *El río del olvido*, van un poco más allá: la memoria se revela como un discurso débil, que en la soledad de Ainielle se convierte en un monólogo alucinado, un modo de no enfrentarse con la realidad que en los momentos de lucidez del narrador de *La lluvia amarilla* hace evidente su naturaleza falaz:

> Si mi memoria no mentía. 1961, si mi memoria no mentía. ¿Y qué es, acaso, la memoria sino una gran mentira? ¿Cómo podría yo ahora estar seguro de que aquella era, en efecto, la última noche de 1961? O de que la vieja maleta de madera y hojalata de mi padre está realmente pudriéndose en el huerto bajo un montón de ortigas. O –¿por qué no?– de que no fuera Sabiena la que, al irse, arrancó de su sitio y se llevó consigo todas las cartas y las fotografías. ¿No lo habré quizá soñado o imaginado todo para llenar con sueños y recuerdos inventados un tiempo abandonado y ya vacío? ¿No habré estado, en realidad, durante todo este tiempo, mintiéndome a mí mismo? (*La lluvia...* 39).

Frente a la memoria voluntaria, el extrañamiento de la voz del narrador, de las voces que narran ambas novelas, hacia el pasado, la incapacidad para reconocer sus propias huellas, parece extenderse a las inscripciones de la historia en el paisaje, que quedan ahí, como signos arcanos: significantes pendientes de interpretación, aunque para aquellos que han leído la novela como si fuera *Luna de lobos*, como la recuperación de una historia oculta, no lo perciban, y vean una misma actitud memorística detrás de ambos trabajos, compartiendo ellos mismos una misma disposición respecto a la novela de la memoria. El autor, sin embargo, subrayando la alteridad del paisaje que fue suyo, invirtiendo el aforismo de Rilke, abre lugar para otra novela de la memoria, aquélla que en vez de recuperar arqueológicamente el discurso escrito en el margen de la historia, se enfrente a una exploración de la inestabilidad del sujeto, de sus palabras frágiles y del carácter radicalmente extraño del pasado[5].

> Por el camino de Carvajal, la noche va cayendo, el viajero reconoce cada curva y cada cuesta, pero, a pesar de ello no consigue evitar la sensación de volver ahora a La Mata como si fuera un forastero. Quizá porque él lo es, por condición, en todas partes. Quizá porque, en el fondo, en el país de la infancia todos somos extranjeros (*El río...* 69).

BIBLIOGRAFÍA

BEISEL, Ingel. «La memoria colectiva en las obras de Julio Llamazares». Alfonso de Toro y Dieter Inggenschay (eds.). *La novela española actual. Autores y tendencias*. Kassel: Reichenberger, 1995.

BOURDIEU, Pierre. *Pascalian Meditations* [1997]. Stanford: Stanford University Press, 2000.

CRUZ, Manuel. *Filosofía de la historia*. Madrid: Alianza Editorial, 2008.

GUILLÉN, Claudio. «El hombre invisible: literatura y paisaje». *Múltiples moradas. Ensayo de literatura comparada* [1998]. Barcelona: Tusquets, 2007.

HALBAWCHS, Maurice. *La memoria colectiva* [1949]. Zaragoza: Prensas Universitarias de Zaragoza, 2004.

HENN, David. «Rivers, Roads, and Technical Considerations: the Travel books of Julio Llamazares». *Modern Languages Review*. 101.3 (2002).

---

[5] A pesar de que toda la crítica ha enfatizado que los trabajos de Llamazares suponían una ruptura con la estética banal de la llamada posmodernidad española, la relación de este libro de viajes con la posmodernidad es un poco más compleja. Su propuesta en torno a la memoria, implica, y las implicaciones de su incapacidad para reconocerse en su propio pasado, para recuperar el sentido original de aquellos paisajes, en última instancia para recuperar perfectamente una experiencia, ha sido percibida por la crítica filosófica de tradición nietzscheana, valga la paradoja, que ha encontrado un ejemplo de subjetividad débil a partir de la cual repensar los lugares comunes de la tradición positivista en torno al significado de la historia y a la tarea del historiador de la cultura. Vid. Manuel Cruz. «Introducción: el presente respira por la historia». *Filosofía de la historia*. Madrid. Alianza. 2008: 11-49, la referencia a *El río del olvido* en 49n. Su línea posterior, en concreto *Escenas de cine mudo*, como *El cielo de Madrid*, parece alejarse de esta experimentación.

HERZBERGER, David. «Narrating the Past: History and the Novel of Memory in Postwar Spain». *PMLA* 106.1 (1991): 34-45.

HUSSERL, Edmund. «Fenomenología». *Invitación a la fenomenología*. Introducción de Reyes Mate. Madrid/Barcelona: Paidós/ICE de la Universitat Autónoma de Barcelona, 1992.

LLAMAZARES, Julio. *Memoria de la nieve*. Burgos: Consejo General de Castilla y León, 1982.

— «Pasión paisaje». *El País*, 4 de diciembre de 1987.

— *La lluvia amarilla*. Barcelona: Seix Barral, 1988.

— *El río del olvido*. Barcelona: Seix Barral, 1991.

— *En Babia*. Barcelona: Seix-Barral, 1991.

— «La nueva novela española». *El País*, 4 de junio de 1991.

— *El río del olvido*. [Edición corregida.] Madrid: Alfaguara, 2006.

— «El viaje como pretexto». *Cuadernos Hispanoamericanos* 701 (2008): 9-13.

— «Los escritores somos como náufragos». Ana Solares, entr. *Cuadernos Hispanoamericanos* 700 (2008): 75-95.

LOUREIRO, Ángel. «Crisis de la novela, novela de la crisis». *Ínsula* 634 (1999): 10-12.

MADERUELO, Javier. *El paisaje. Génesis de un concepto*. Madrid: Abada, 2005.

MARTÍNEZ DE PISÓN, Eduardo. «Ortega y Gasset y la Geografía». *Ería* 43 (1987): 169-89.

SCOTT, Joan W. «The Evidence of Experience». *Critical Inquiry* 17 (1991): 773-97.

SIMMEL, Georg. «Filosofía del paisaje». *El individuo y la libertad. Ensayos de crítica de la cultura* [1913]. Barcelona: Península, 1986: 175-86.

EL ESPACIO EN *LUNA DE LOBOS* Y *LA LLUVIA AMARILLA*: EL GÓTICO HISPANO EN LA NOVELA DE JULIO LLAMAZARES

Juan Varo Zafra
Universidad de Granada

Publicadas respectivamente en 1985 y 1988, *Luna de lobos* y *La lluvia amarilla* son las dos primeras novelas de Julio Llamazares. Con anterioridad había publicado los poemarios *La lentitud de los bueyes* (1979) y *Memoria de la nieve* (1982). Julio Llamazares (Vegamián, León, 1955) ha sido ubicado dentro de la cuarta generación de narradores del denominado «grupo leonés», esto es, la que aglutina a los novelistas nacidos a partir de 1950, cuyas primeras obras aparecen en los años 80 (Langa Pizarro 52-3)[1]. Son rasgos comunes a este grupo la pasión por la escritura, la ambientación rural de sus narraciones, la incorporación de elementos procedentes del folclore y la recreación de un trasfondo mítico simbólico vinculado a la tradición popular en la que la recuperación de la memoria juega un papel determinante.

Estos rasgos particulares deben leerse en el marco general de la narrativa española del momento que, como señalara Ricardo Gullón precisamente el mismo año en que ve su aparición *Luna de lobos*, se caracteriza por la atenuación del experimentalismo y el compromiso político que habían determinado la producción literaria de años anteriores (Martínez Cachero 487-88). También en 1985, Gonzalo Sobejano escribía que el modelo más prestigioso de la narrativa española de entonces era el de la novela poemática definida como aquella que «tiende a integrar superlativamente un conjunto saturado de las virtudes del texto poético por excelencia: el texto en verso […] en el cual los estratos

---

[1] Langa Pizarro apunta la siguiente clasificación generacional del grupo leonés: una primera generación compuesta por los nacidos entre 1905 y 1920 cuyas primeras obras aparecen alrededor de 1936; la segunda generación nacida entre 1920 y 1935 que comienzan a publicar a mediados de siglo; la tercera compuesta por los nacidos entre 1935 y 1950 que publica a partir de los años 70 y, finalmente, la cuarta generación formada por los nacidos después de 1950 (Langa Pizarro 52-3).

todos de la obra de arte de lenguaje, desde el sonido al sentido, cumplen un máximo de concentración y perdurabilidad» (Sobejano 91). Dentro de esta corriente destaca la subespecie de la novela alucinada, narración de carácter onírico, ilusorio o fantástico cuyo protagonista «es un ente con existencia narrativamente documentada, o sea real dentro del supuesto ficticio, que vive, o cree vivir, una aventura más allá de los límites comprobables con los sentidos. Por lo tanto, la experiencia relatada es supernatural y tiene las peculiaridades de un espejismo» (Gil Casado 289). El denso monólogo interior que conforma *La lluvia amarilla* (Castro y Montejo 85) con sus influencias de Rulfo y Faulkner entre otros, constituye acaso una de las novelas alucinadas más representativas de la época. Por su parte, *Luna de lobos* se enmarca dentro del género histórico (Martínez Cachero 637), si bien con la particularidad de erigirse como una alternativa que cuestiona y compromete la «historia oficial» postulando su reescritura a partir de un relato de maquis en el que, ya desde la cita que abre el texto, la historia se funde con lo legendario (Beisel 195; Diaconu 20) en la porfía por dotarse de una dimensión moral verdaderamente humana, más allá de la denuncia social de la represión franquista. También *La lluvia amarilla* arranca con una cita que cumple una función informativa análoga. En ella el autor advierte de la existencia real de Ainielle, pueblo abandonado «pudriéndose en silencio, en medio del olvido y de la nieve, en las montañas del Pirineo de Huesca que llaman Sobrepuerto». De este modo, ambas citas pueden ser entendidas como fuerzas disolventes de lo ucrónico en el caso de *Luna de lobos* y de lo utópico en lo referente a *La lluvia amarilla*[2]. La memoria despliega así su contenido moral al rescatar del olvido unos personajes y un pueblo, representantes de tantos otros, que un olvido no inocente desplazó fuera de la historia oficial y de la geografía humana respectivamente.

En las páginas siguientes estudiaremos el concepto de espacio, fundamentalmente de espacio natural, que se despliega en las dos primeras novelas de Julio Llamazares. Nuestro propósito es indagar el modo en

---

[2] Un uso semejante de la cita lo encontramos asimismo en la que sirve de apertura a *Memoria de la nieve*. El pasaje de la *Geografía* de Estrabón sirve para fijar el contenido humano del libro dotándolo de un referente que por su lejanía adopta un sentido paradójicamente atemporal.

que el escritor leonés afronta la paradoja del paisaje en su obra en los términos expuestos por Claudio Guillén en su trabajo «El hombre invisible: naturaleza y paisaje». Para Guillén, la búsqueda del paisajista en la contemplación de los espacios abiertos ya existentes, en los que pueden «descubrirse el valor de realidades [...] no predominantemente humanas» (Guillén 98) aboca al hombre a la búsqueda y encuentro de la otredad. Ahora bien, como el propio crítico explica, esta tarea se concreta en una paradoja: no habría paisaje si el hombre no se retirara de él, «si no se privilegiase esa clase tan radical de otredad que en ciertas épocas se ha llamado, con mayúscula, la Naturaleza. Pero por otra parte es precisamente la mirada humana la que convierte cierto espacio en paisaje», puesto que, en resolución de la paradoja, «en el paisaje el hombre se vuelve invisible, pero no su mirada y acaso su construcción de un sentido» (98). Esta paradoja se extrema si se considera en términos heideggerianos. Como es bien sabido, el pensador alemán rompe con la tradición moderna del sujeto cartesiano como fundamento de la realidad. Por el contrario, defiende la idea de que el sujeto está más bien arrojado a esta realidad; «es en el mundo». De este modo, el encontrarse ya en el mundo coloca al ser humano en una relación peculiar con el espacio, caracterizada por la afectividad como precomprensión que abre al hombre al mundo en su totalidad, sin depender de él. Pero aunque el ser humano esté arrojado al mundo y abierto afectivamente a él, no es él mismo espacio, no es una mera *res extensa*. La relación del *Dasein* con el espacio en el que se ubica, dice el autor de *El ser y el tiempo*, se caracteriza por la orientación y el des-alejamiento (Heidegger 396-97). En virtud del des-alejamiento, el «ser-ahí» se revela como capaz de traer al encuentro los entes que le salen al paso en el mundo. Y, precisamente esta peculiaridad des-alejadora tiene también un carácter orientador por cuanto el acercamiento toma una dirección hacia un paraje desde el cual se acerca lo des-alejado.

Con la formulación y resolución de su paradoja, Guillén había apuntado la posibilidad de superar artísticamente una imposibilidad lógica, la derivada de la doble necesidad de, por una parte, retirar al hombre para que el paisaje se haga visible y, por otra, de que haya mirada humana para que el paisaje adquiera entidad como tal. Ahora bien, esta paradoja externa –en cuanto se sitúa al hombre frente al paisaje, con la opción teórica de retirarse o de no hacerlo– se complica hasta la aporía si se asume, en primer lugar, que el ser humano no está frente al paisaje sino arrojado ya al mundo, irrenunciablemente vinculado y abierto a él por una serie de lazos emotivos que se anticipan a su propia comprensión; y, en segundo lugar, si se considera que en la mirada a la que se refiere Guillén, existe una peculiaridad que hace posible la supresión de la lejanía y, en ésta, la formulación de una dirección que establece y conserva el punto de partida desde el que se acerca el ente orientándose hacia el sujeto. El encuentro con la otredad sólo es posible sobre la consideración de un ser humano esencialmente arrojado a un mundo como totalidad que no está en el espacio, sino que es el espacio el que está en él.

Pues bien, es precisamente la mirada de Julio Llamazares y la construcción del sentido de «lo natural-otro», a través de la recreación literaria del paisaje en función de los personajes como «seres arrojados en el mundo» de la ficción novelesca, lo que aquí se inquiere sin perder nunca de vista la dificultad que late en la raíz misma de la cuestión.

En diversas ocasiones Llamazares ha expuesto su concepción del paisaje con relación a la mirada humana: «El paisaje no es algo objetivo, no es el telón de fondo de un escenario, sino que es un espejo en el que te miras y te ves de diferente manera, según tu estado de ánimo» (Suárez Rodríguez 293). Puede leerse así la conciencia que el autor tiene de la interrelación entre sujeto y paisaje y la naturaleza afectiva de esta relación. Por otra parte, el carácter especular, romántico, que aquí se confiere a la naturaleza respecto del sujeto debe ser matizado, a nuestro juicio, con esta otra reflexión que encontramos en *La lluvia amarilla*: «Pero los ojos se habitúan a un paisaje, lo incorporan poco a poco a sus costumbres y a sus formas cotidianas y lo convierten finalmente en un recuerdo de lo que la mirada, alguna vez, aprendió a ver» (*La lluvia...* 37). En efecto, en este pasaje el reflejo se produce a la inversa: la mirada aprende a ver en el paisaje y en el tiempo que graba en el recuerdo y en la vida práctica el fruto y adaptación de este aprendizaje. La importancia de este fragmento no estriba sólo en la incorporación del paisaje a la mirada humana sino en la dimensión temporal que introduce en la concepción del espacio, aspecto que es fundamental en la escritura del leonés. Sobre esta cuestión, Suárez Rodríguez observa que el espacio en las obras de Llamazares «es un espacio nostálgico, que forma parte de un conjunto afectivo que no se reduce a las personas. La relación con el paisaje amplía los recursos de la imaginación y se sustancia en una firme, pero intensa percepción que ensancha, al mismo tiempo, la facultad de sentir y la facultad de pensar» (Suárez Rodríguez 318).

Luna de lobos se desarrolla en los montes y valles de la Cordillera Cantábrica, entre León y Asturias durante los años comprendidos entre 1937 y 1946. Se trata de un espacio recreado para el que el autor ha sustituido los nombres reales por topónimos inventados o pertenecientes a otros enclaves geográficos (Tomás-Valiente 19-20). *La lluvia amarilla* se sitúa en Ainielle, pueblo real, como se dijo, pero extinguido, en un tiempo impreciso que gira alrededor de la fecha clave de fin de año de 1961, arrancando desde el recuerdo de los años 50 y extendiéndose varios años en la década de los 60. Pese a su distinta ubicación, estas novelas comparten numerosos rasgos en cuanto al tratamiento del paisaje. En ambas el espacio natural resulta determinante en el devenir de la narración. En efecto, lejos de ser la línea de horizonte en la que se desenvuelve la trama, o un mero escenario que sirviera de excusa al autor para realizar un brillante ejercicio de estilo descriptivo, la naturaleza agreste y violenta de Llamazares se convierte en motor principal de estas novelas, una fuerza tan terrible como bella, o por decirlo con palabras de Rilke, bella en cuanto comienzo de lo terrible que todavía podemos soportar. Como ya ocurría en sus dos primeros libros de poesía, el vigor lírico con el que Llamazares, apoyado en un rico repertorio rítmico y metafórico, recrea el paisaje de montaña y las duras condiciones de vida de los aldeanos que habitan en sus valles, impone al paisaje una significación de honda raíz metafísica[3]. Ahondando en lo que con carácter general expusimos más arriba, el autor leonés considera que la naturaleza «se halla íntimamente ligada a la vida, las creencias y las costumbres de las gentes que habitan aquellas montañas de una forma no muy diferente a como vivían sus antepasados, hace ya más de dos mil años» (Suárez Rodríguez 281). En opinión de la estudiosa, «el sentido de su obra nace de su sentido del paisaje, de la concepción de la naturaleza humanizada» (288). La misma autora señala que la visión del paisaje en la obra de Llamazares es «una visión integral, en la que tienen gran importancia la emoción

---

[3] Respecto a la poesía de Llamazares, dice Nicolás Miñambres: «Los dos libros preludian la temática que, con el paisaje como pretexto, se desarrollará en torno a la soledad del hombre, ansioso de hallar protección y consuelo en su entorno mientras espera la llegada de la muerte».

y el sentido del espacio y del tiempo, reconstruidos en sus obras no como simples andamios para la representación de escenas, sino como tejido nutricio de la memoria del propio escritor» (289).

Elementos comunes a *Luna de lobos* y *La lluvia amarilla* son el gusto por la descripción morosa de los fenómenos meteorológicos, los cambios de estaciones y los accidentes geográficos; el perspectivismo en la recreación del espacio natural; la indiferencia moral de la naturaleza que con relación al sufrimiento humano pasa de la inhospitalidad de *Luna de lobos* a la malignidad de *La lluvia amarilla*; la dialéctica «monte/aldea»; la degradación humana motivada por la soledad y la lucha por la supervivencia en el entorno natural; la sordidez, sin por ello renunciar a la belleza, con la que se describen determinados procesos naturales como la corrupción de los cuerpos y los objetos; el uso de un repertorio metafórico recurrente que relaciona, por ejemplo, la luz solar con la sangre, la nieve con la muerte o el olvido, y la luna con la muerte; y, finalmente, la proyección simbólica de este tupido plexo de elementos hacia una meditación ulterior sobre la memoria, el olvido, la tensión entre naturaleza e historia y su confluencia en la existencia humana.

En la enumeración de estas características se ha puesto de relieve la comprensión indisolublemente humana que Llamazares tiene del paisaje. En una entrevista concedida a Yolanda Delgado, el escritor confiesa que se considera un escritor romántico en el sentido de que tiene «conciencia de escisión del hombre con la naturaleza, de la pérdida de una edad de oro ficticia porque nunca ha existido». Luego discutiremos el alcance de este romanticismo; ahora diremos que no se trata, como afirma en otro lugar de esta entrevista, de comprometerse con un mundo rural en extinción ni de expresar la añoranza por un mundo perdido para siempre; se trata, por el contrario, de mostrar la falacia de esta añoranza: «Ni reivindico el mundo rural ni lo añoro, ni hago una alabanza de aldea y menosprecio de corte porque si no yo no estaría aquí». La modernidad, parece decir Llamazares, no produce la escisión entre el hombre y la naturaleza sino la conciencia aguda y dolorida de ésta. En este sentido, el tiempo cíclico de las estaciones, la epifanía y esplendor del mundo natural portan noticias de aniquilación y olvido para el hombre que no pertenece al paisaje sino a la historia. Por eso aunque los personajes de estas novelas están íntimamente apegados al paisaje, este apego no es armónico sino existencial en sentido heideggeriano: los personajes han sido arrojados al paisaje, pero no son parte del mismo, y las tramas de las novelas explican el doloroso proceso que pone de manifiesto la escisión profunda e irreconciliable entre el ser humano y la naturaleza, en los términos anteriormente enunciados. En el caso de *La lluvia amarilla*, el proceso de indiferenciación termina en una suerte de muerte eterna, es decir en una eternidad con conciencia de muerte, o de vuelta horrorizada al ser, que Nicolás Miñambres calificó oportunamente de «panteísmo destructivo» (Miñambres 20). En *Luna de lobos*, la novela acaba cuando Ángel, el protagonista superviviente, escapa del monte donde ha pasado los últimos y terribles años convirtiéndose, como observa Diaconu, en un hombre moderno desarraigado, solitario, errante, desesperanzado (Diaconu 24-5) pero también consciente de esta escisión: «Sólo oigo ya el rumor negro y frío del tren que me arrastra. Sólo hay ya nieve dentro y fuera de mis ojos» (*Luna...* 185); un final adelantado en los versos del poema 10 de *Memoria de la nieve*: «Pero ahora ya la nieve sustenta mi memoria. Y el silencio se espesa tras los bosques doloridos y profundos del invierno/Por eso puedo navegar sin velas. Por eso puedo remar sin remos./Por eso puedo despedirme de mi amor sin llorar» (*Versos...* 78).

Como se recordaba más arriba, Claudio Guillén apuntaba al final del planteamiento de su paradoja sobre el paisaje una doble finalidad: el encuentro con la otredad y la determinación de un sentido para ese encuentro. Es de este sentido del que nos ocupamos seguidamente, aunque, en cierto modo, ya se ha anticipado alguna conclusión en páginas anteriores.

A nuestro juicio, estas dos novelas decantan un pavoroso sentido de la naturaleza que se aproxima, en más de un aspecto, al que puede inferirse de las novelas y relatos enmarcados en el género conocido como «gótico americano»[4]. En opinión de Leslie A. Fiedler, la visión de la naturaleza que aporta el género pasa por la consideración de los símbolos naturales como destructivos. Se trata de unos paisajes más proyectivos que realistas, por cuanto se corresponden con los miedos y culpas de los personajes, en el marco de novelas mitopoéticas aunque no por

---

[4] En la tradición del gótico americano pueden señalarse, entre otros, autores como Nathaniel Hawthorne, Allan Poe, William Faulkner, Flannery O'Connor y Carson McCullers.

ello menos ancladas a la realidad. El «gótico americano» supo combinar lo simbólico, incluso lo fantástico, con lo analítico y realista en las descripciones de los parajes naturales. La incorporación de lo fantástico a lo físico se opera frecuentemente a partir del desafío que lo natural impone al ser humano acosándolo con sus propios demonios. En este sentido, dice Botting: «La explicación racional de poderes naturales y su mecánica imaginería de un universo más allá del control humano marca el punto de inflexión de un misterio que ya no se origina en un infierno de poderes sobrenaturales, sino que surge de un mundo físico y empírico» (Cueto 77).

La locura, el fanatismo –en el «gótico americano» de carácter religioso; en *Luna de lobos* de sentido político–, el atraso cultural y económico, la soledad y el aislamiento de los personajes, la corrupción de los edificios por la invasión de una naturaleza hostil cuando no malvada, junto con la ya advertida dimensión simbólica del paisaje son rasgos que, en nuestra opinión, comparte el «gótico americano» con las dos primeras novelas de Julio Llamazares.

Una vez expuestos los parámetros generales del tratamiento del espacio natural y propuesta una clave de lectura que relaciona su sentido con las coordenadas del «gótico americano», estudiaremos separadamente ambas novelas.

En lo referente al espacio y a su comprensión de la naturaleza, *Luna de lobos* es una novela sobre la inhospitalidad de la tierra y la imposibilidad de encontrar cobijo en ella si no es a costa de la propia humanidad (Tomás-Valiente 21). Ya desde el comienzo se nos revela una naturaleza tenebrosa, violenta, amenazadora y sufriente con expresiones como «ramas doloridas», «desgajó», «lluvia negra», «azotaba con violencia», «refugio de la lluvia y de la muerte» «superficie indescifrable de la tierra», «techo del mundo y de la soledad»; la naturaleza adopta formas y actitudes animales en imágenes de honda fisicidad: «con los matojos agarrándose a nuestros pies como garras de animales enterrados en el barro» que contrastan con la frágil hospitalidad de los interiores de las casas en los que brotan llamas «alegres y amorosas» (*Luna...* 11-3; 36-7). Se establece una dialéctica «monte/aldea» que opone los espacios humanos familiares, domésticos y amables o la amena observación de las tareas agrícolas (133) a la salvaje e indómita inhospitalidad natural (130). El relato reincide en la creación de un horror cósmico en el que el sol y su luz se relacionan con la sangre (31, 82, 136, 154) y en el que la luna es el sol de los muertos (78, 165). Ambas imágenes se presentan en diferentes variantes a lo largo de la novela hasta llegar al paroxismo en los siguientes pasajes: «Abro los ojos y un gran charco de sangre los inunda. Es el sol, que está prendido como un animal degollado de la navaja de Gildo» (91); y «Una ráfaga helada ha cortado sus últimas palabras. Bruscamente, el agua de la presa enmudece en la pesquera. El cielo se torna del color del hierro viejo y, en lo alto de los chopos, la luna se deshace como un fruto podrido» (56). Este último pasaje resulta fundamental para apoyar la afirmación del horror cósmico natural, similar en su sentido al del «gótico americano», pues, como puede verse, se construye a partir de una gradación ascendente que engloba los elementos de gran carga simbólica del viento, el agua, el cielo y la luna. A estos debe añadirse la «lluvia negra» (43), coloración que se aplica al agua en varias ocasiones.

A medida que transcurre el relato, se impone una nueva tensión entre el recuerdo y el olvido que se proyecta sobre la dialéctica espacial anterior. Esta nueva relación de fuerzas se produce en virtud de la conversión de la naturaleza en un recurso que da cuenta del estado de ánimo de los personajes (Tomás-Valiente 21). Así, el abrigo de la casa despertará la «memoria atravesada por antiguos sabores familiares» y hará olvidar las armas, el frío de la noche y el recuerdo de la lluvia (*Luna...* 16-7); a veces, los sentidos despertarán la memoria involuntaria (27-8). En cambio, el paisaje desolado que rodea la mina «es un paisaje gris, inútil, desolado. Un paisaje abandonado sin remedio a la voracidad del tiempo y el olvido» (40).

No se trata, en primera instancia, de que las casas encarnen el polo del recuerdo y el monte el del olvido, sino que ambos parámetros de la memoria se cruzan haciendo emerger o sumergiendo distintos elementos de la conciencia de los protagonistas; ellos mismos, portadores de una memoria que ha sido excluida de la historia, encarnarán progresivamente el mito y el olvido. En este sentido se lee el pasaje de la muerte y entierro del padre de Ángel en el que éste regresa del olvido convertido en mito:

[...] abandoné mi escondite en las entrañas de los bosques, atravesé los círculos concéntricos de la noche y el olvido e, inesperadamente, me presenté en mi casa [...] y la leyenda de ese hombre indómito [...] Ese hombre imaginado tantas noches, al calor de las cuadras y cocinas, inmortal como su sombra, lejano como el viento, valiente, astuto, inteligente, invencible (*Luna...* 164-65).

Frente al olvido mitificador del monte se contempla el olvido irremediable del cementerio. La descripción del cementerio resulta agudamente elegíaca, desde el deíctico que lo introduce: «Aquí están, al fin, silenciosos...» (165).

Pero es en la descripción de las guaridas improvisadas o permanentes, particularmente la mina abandonada, donde el contacto de los cuerpos con la tierra pone al descubierto la inhospitalidad esencial de ésta, en una nueva polarización entre lo interno y lo superficial de la tierra. La necesidad de refugio y resguardo obtiene una ingrata correspondencia que Llamazares expresa, como es constante en el texto, por la disolución de fronteras entre lo físico y lo anímico: «La paja está empapada, apelmazada por la humedad. Cruje mi cuerpo como pan tierno. Afuera, el cierzo continúa azotando con violencia los brezos y robles» (15).

La mina es, sin duda, el espacio simbólico de este inhóspito acogimiento telúrico. La oposición entre el exterior y el interior queda expuesta en un pasaje de sostenido esfuerzo poético:

> Ahora, ahí arriba, debe estar anocheciendo. Quizá el sol retrocede lentamente ante el empuje de las nubes hinchadas de noviembre. Quizá el viento busca consuelo a su soledad entre las urces y los robles. Quizá ahora mismo algún pastor está cruzando sobre el lomo inescrutable de la mina.
> Aquí abajo, sin embargo, siempre es noche. No hay sol, ni nubes, ni viento, ni horizontes. Dentro de la mina, no existe el tiempo. Se pierden la memoria y la consciencia, el relato interminable de las horas y los días (*Luna...* 33).

La importancia del pasaje estriba no sólo en resaltar, por contraste, la inhospitalidad del refugio más propio de animales que de seres humanos (48, 133), sino también en el cúmulo de significación que despliega en su segundo párrafo: la noche eterna de la mina delimita un espacio sin tiempo y sin memoria. Es, acaso, la verdad de una naturaleza en la que el tiempo, la sucesión de los días y las estaciones no es sino el ocultamiento de la indiferencia temporal y moral, del olvido, de la naturaleza. Seguidamente Llamazares desciende de lo afectivo a lo físico, para apuntar una descripción de la corrosión natural de los espacios humanos que preludia *La lluvia amarilla*: «Dentro del barracón que en tiempos debió de ser puesto de mando y oficina, sólo la soledad y el abandono habitaban ya. Por todas partes, resto de pizarra, cristales rotos y yerbas amarillas que se abren paso entre las tablas como si una peste súbita hubiera asolado este lugar hace siglos» (34). La mina es al mismo tiempo y de forma indisoluble tumba y cobijo, síntesis de contrarios que tiene como catalizador el olvido: «desde que estamos enterrados [...] en este húmedo agujero» (48); «Pero está oculta de miradas [...] y nadie, ni siquiera los más viejos pastores de los pueblos del contorno, podría recordarla ya» (48).

Precisamente, es la intuición del mundo que se desplegará en *La lluvia amarilla*, lo que resolverá la marcha de Ángel y, con ella, el final de la novela. En efecto, las sensaciones que experimenta bajo el tablero que le sirve de escondite en la casa de su hermana remiten al universo de la segunda novela del autor: «Ha llegado el momento de volver a ese agujero irrespirable y de tumbarme como un topo debajo del tablero. Ha llegado la hora del reencuentro con ese hálito de magmas, de líquenes podridos, que impregna las entrañas de la tierra y el corazón de quien las viola y las habita» (*La lluvia...* 178). La diferencia entre este pasaje y los anteriores se cifra, a nuestro juicio, en el paso de una concepción de la naturaleza caracterizada por la inhospitalidad a otra determinada por la malignidad gótica, corrosiva y destructora. El pasaje siguiente no parece dejar lugar a dudas: «Si siempre, dentro de la fosa, la inmovilidad y el silencio son para mí condiciones permanentes y obligadas, ahora, en cambio, de repente, han pasado a formar parte sustantiva de mi propia identidad» (178). Por eso, en la decisión de escapar de Ángel pesa este razonamiento: «Tengo que escapar de esta tierra maldita [...] donde el calor y la desesperación se funden en una sustancia putrefacta que comienza a invadir ya mi cuerpo» (182). *La lluvia amarilla* se nos aparece, por tanto, como un paso más en este proceso de comprensión gótica de lo natural, una variante ya anticipada de un personaje que, contra lo que decide el protagonista de *Luna de lobos*, opta por quedarse en el espacio abandonado a esta naturaleza maligna.

Hasta aquí se ha estudiado el modo en que *Luna de lobos* aborda el problema del paisaje conforme a las claves heideggerianas anteriormente citadas del «ser en el mundo», el «estado de yecto o arrojado» y la afectividad que no puede renunciar a la pulsión subjetiva, anímica, en la relación con el espacio. Queda por analizar, siquiera brevemente, el funcionamiento de los parámetros del des-alejamiento y la orientación en la novela. Apuntaremos respecto de esta cuestión dos aspectos que nos han interesado: la frecuencia con la que el autor recurre a gradaciones tripartitas para marcar el acercamiento a un lugar de destino; y la aproximación y retención de la lejanía por medio de los prismáticos de los que hacen uso los personajes y los efectos que esta lejanía aproximada tienen en su contemplación afectiva.

El uso retórico de gradaciones tripartitas es constante a lo largo de la novela. De este modo, el autor leonés une lo objetivo de la descripción con lo subjetivo de la disposición del personaje con relación al objeto, es decir, expresa la orientación de la cosa frente al sujeto. Así sucede, por ejemplo, con la descripción del molino de Tomás, presentado simultáneamente con el movimiento de acercamiento al mismo (*Luna...* 54). Un primer grado está constituido por la descripción externa que revela la ubicación del molino. A continuación aparecen dos elementos que deslizan sutilmente la presencia del personaje en el paisaje: la descripción detallada del agua, la espuma y su ruido que marca ya una proximidad mayor envolviendo implícitamente en ella al personaje narrador; y el camino del molino personificado con una docilidad doméstica que contrasta con la agresividad indómita del monte («Pero una calma honda, doméstica e invernal, envuelve mansamente los chopos deshojados del camino»). Finalmente, en tercer lugar, la transición al interior del molino desde la descripción de la ventana que permite observar lo que pasa en su interior.

Igualmente ocurre con la descripción en tres párrafos del paisaje nocturno en el acercamiento a La Llánava al comienzo de la novela: el primero focalizado en la luna hace referencia al cielo con el carácter general que el primer grado tiene en las descripciones que venimos estudiando. El segundo párrafo se refiere al camino, que de nuevo nos introduce la nota de orientación de los personajes en el des-alejamiento del paisaje; el tercer párrafo adelanta la silueta de los tejados del pueblo (22-3).

Un caso semejante de descripción de aproximación en tres grados lo encontramos al hablar de La Llera (73): un plano general del pueblo que nos da su ubicación; la pradera «justo delante de las primeras casas» y el río, en segundo lugar; y, por último, el pueblo descrito, a su vez, en tres pinceladas: la iglesia, el torreón y la escuela. Lo mismo observamos en la descripción del corral en el que se introducen un poco más adelante: un primer plano de la hoja del portón, la oscuridad en el interior y el descubrimiento de una luz rojiza al fondo que delata la existencia de una ventana (74).

A veces la descripción tripartita no connota el acercamiento del personaje, sino la simple relación de tres elementos que combinados dan noticia del espacio tratado. Así puede verse en la descripción de La Llánava a partir de la contemplación del retorno de los guardias al pueblo: las ventanas cerradas y las calles vacías; las camionetas que esperan a los guardias; y los vecinos asustados que están en las casas (116).

Por otra parte, la formulación del des-alejamiento del paisaje frente a los personajes puede conservar paradójicamente su lejanía. Así ocurre cuando el paisaje que se trae a la presencia se contempla a través de los prismáticos. En efecto, la visión de La Llánava a través de los prismáticos trae al protagonista, a su regreso de Asturias, un aluvión de imágenes que despiertan el recuerdo: «la distancia me devuelve a través de los cristales los paisajes familiares que nunca había olvidado» (20). Más adelante, encontramos una situación inicialmente parecida: la panorámica divisada a través de los prismáticos desde el monte Yormas: «Con la ayuda de los prismáticos, podemos dominar un paisaje mucho más grandioso y bello de lo que los ojos por sí solos podrían soportar» (44). La lejanía permite admirar la belleza de un paisaje al mismo tiempo que enmascara lo terrible, lo insoportable de la naturaleza que en la novela es poco a poco desvelado.

Anteriormente se ha dicho que *La lluvia amarilla* desarrolla la intuición de la malignidad de la naturaleza anticipada en el tramo final de *Luna de lobos*. El paso de la inhospitalidad de la tierra de la primera novela a la hostilidad destructora de la naturaleza junto con la incorporación de elementos sobrenaturales propios de la novela alucinada de la segunda supone, en nuestra opinión, la propuesta de un «gótico hispano» en la consideración del mundo natural.

En *La lluvia amarilla*, Llamazares desarrolla una visión del paisaje acaso más compleja que en la novela anterior estrechando los vínculos afectivos entre hombre y espacio e incluyendo la temporalidad como dimensión esencial de éste. En este sentido, Suárez Rodríguez ha afirma-

do que el tiempo es el verdadero personaje de la novela (Suárez Rodríguez 144). Este tiempo humano que habita en el recuerdo y que conforma la personalidad es amenazado y finalmente aniquilado por la naturaleza sin tiempo ni memoria representada, entre otras, por la imagen de
la lluvia amarilla (Pardo Pastor): «El tiempo es una lluvia paciente y
amarilla que apaga poco a poco los fuegos más violentos» (*La lluvia...*
55). En nuestra opinión, la novela sugiere una lectura antirromántica de
la naturaleza no porque niegue la fractura romántica entre epifanía natural e historicidad humana sino porque invierte el sentido de su comprensión. Si el Romanticismo siente nostalgia por el modo en que se
produce la epifanía en la naturaleza, anhela reproducirla en el arte a través del símbolo, y vive con pesar la «caída» del hombre en la historia;
Llamazares, en esta inversión gótica, desvela el horror de una naturaleza
indiferente, aniquiladora de la individualidad humana cuya especificidad última radica en la memoria y en su «ser historia».

El primer capítulo presenta una serie de párrafos que disocian la
perspectiva del paisaje mediante la intercalación de planos y contrapla-
nos que describen alternativamente al grupo de personas que se acerca a
Ainielle desde la posición del narrador, y la visión del pueblo que éstas
tienen desde su situación. Esta doble perspectiva reaparece a lo largo de
la novela: por una parte la contemplación «estética» del pueblo desde la
lejanía; por otra, la vivencia de la destrucción en su interior (83-4).

En estas primeras páginas se introduce la noticia de una naturaleza
inquietante; el realismo moroso de la descripción del espacio es invadido por la presencia constante de rasgos que avisan de un peligro indefinido[5]. Los párrafos segundo y tercero deslizan una sutil identificación
entre el protagonista que espera a los que llegan en el primero de estos
párrafos y la personificación de Ainielle con la que termina el segundo:
«y, luego, al fondo, recortándose en el cielo, el perfil melancólico de
Ainielle: ya frente a ellos, muy cercano, mirándoles fijamente desde los
ojos huecos de sus ventanas» (11). La llegada al pueblo confirma los
presagios esparcidos hasta entonces: entre las ruinas, las ortigas profa-
nan «el corazón y la memoria de las casas» (12). El narrador afirma que

---

[5] Se repite, por ejemplo, la asociación del sol con la sangre que ya se había explotado en *Luna de lobos*. Véanse también las pp. 49, 50, 64, 74 y 159.

«nadie habrá podido imaginar las terribles dentelladas que el olvido le ha asestado a este triste cadáver insepulto» (12). Cuando los visitantes recorren el pueblo lo hacen más por instinto que por memoria (13) aun cuando el olvido, como extrañamiento, invada hasta el instinto: «y nada, ni siquiera el fulgor instintivo de un recuerdo, podría hacerles pensar que están ante la casa que buscaban» (14).

La corrosión natural del recuerdo y los afectos se presenta ya como tema principal del texto. El autor insiste en vincular corazón y memoria cuando hace decir a su personaje que el abandono de los últimos vecinos le dejó «el corazón y la memoria deshechos» (20). Toda la novela se construye en torno al vector trazado por el olvido en que se sume el protagonista en correspondencia a la epifanía natural: «Y, como si el propio pueblo fuera ya una simple creación de mi mirada, la herrumbre y el olvido cayeron sobre él con todo su poder y toda su crueldad» (90-1). Incluso la única fecha precisa que el relato ofrece, la de la muerte de Sabina, fin de año de 1961, está sometida a la condición suspensiva de que la memoria no mienta (41). En este contexto de memoria y corazón deshechos, de soledad y abandono, el protagonista construye un espacio interior consonante con el paisaje que le rodea:

> Como un río encharcado, de repente el curso de mi vida se había deteni-
> do y, ahora, ante mí ya sólo se extendía el inmenso paisaje desolado de la
> muerte y el otoño infinito donde habitan los hombres y los árboles sin san-
> gre y la lluvia amarilla del olvido. A partir de ese día, la memoria fue ya la
> única razón y el único paisaje de mi vida (*La lluvia...* 44-5).

A la luz de este pasaje y de otros similares detectamos en la novela una deliberada ambigüedad, casi nietzscheana, en la determinación del olvido y la memoria. Pues si la naturaleza es portadora de la muerte a través del olvido sustanciado en su propia ahistoricidad; por otra parte, la memoria atrofiada del protagonista, perdido en sus recuerdos a los que parece dotar de una vida espectral independiente, es asimismo una imagen de la muerte. Se da aquí un cruce de metáforas que, jugando con los mismos elementos, produce resultados inversos: la naturaleza es portadora de muerte a través del olvido; el hombre es sujeto de muerte a través de una memoria obsesiva y paralizante. Este sentimiento puede encontrarse en pasajes como el siguiente: «[Hay] grietas de la memoria

tan secas y profundas que ni siquiera el diluvio de la muerte bastaría tal vez para borrarlas» (55).

El horror a la epifanía de la naturaleza se materializa en las inquietantes descripciones de la primavera. La pulsión de vida natural que trae esta estación incrementa el asedio existencial al protagonista: «Un temblor de semillas renacía en los bosques. Una oscura humedad brotaba de la tierra y se extendía poco a poco por las calles y los huertos» (48). La primavera descubre los estragos del invierno (50, 64). La aversión a la epifanía natural se expresa también en la ampliación del simbolismo cósmico de *Luna de lobos* en la línea de sentido que venimos observando: el sol –ya se ha dicho– se asocia a la sangre; la nieve a la muerte y al silencio (*Luna...* 28-9, 49); el viento a la destrucción (75, 85, 98), etc.

La configuración de las ruinas como espacio a la vez realista y simbólico tiene en la novela una presencia altamente significativa. Con esta intención, Llamazares exacerba los efectos psíquicos de las percepciones sensoriales al describir la degradación de las casas:

> En unas, el musgo crecía ya como una oscura maldición por los tejados. En otras, las zarzas invadían los portales y las cuadras se habían convertido en árboles auténticos, en bosques interiores cuyas raíces reventaban los muros y las puertas y en cuyas sombras anidaban la muerte y los fantasmas. Pero todas, al fin, más viejas o más nuevas, aparecían ya entonces heridas por la nieve, roídas por el óxido, convertidas en refugio de las ratas, las culebras y los pájaros (66).

Este párrafo culmina en apretada síntesis de ambos planos, realista y simbólico, la descripción de la ruina causada por la naturaleza y el tiempo. La percepción de la destrucción natural del pueblo llega a situaciones de hipersensibilidad extraordinaria como la siguiente: «Yo escuchaba en la noche el crujido del óxido, la oscura podredumbre del moho en las paredes, sabiendo que, muy pronto sus brazos invisibles alcanzarían también mi propia casa» (92), repetida con variantes a lo largo del texto (90). Así, la novela se adentra en el terreno de lo fantástico ofreciendo paisajes fantasmales como el de la casa maldita de Acín (66-7): «Pero, a pesar de todo, a pesar de la noche, a pesar de la lluvia y del temor que me embargaba, a la luz de la linterna aún pude ver, entre las vigas y las tejas derrumbadas, una cama de niño casi intacta. Cuatro gruesas correas colgaban de sus barras [...] y en medio del colchón, una piara de víboras había hecho su nido entre la lana» (75). Encontramos, de nuevo, en este fragmento una encarnación de los presupuestos del «gótico americano» en la combinación de elementos realistas que sugieren un clima fantástico, terrorífico y alucinado. Podrían apuntarse otros pasajes con características similares (99-100, 127, 135-36).

El panteísmo destructivo con el «fundido en amarillo» del pueblo junto con la vida del personaje se impone en el último tramo de la novela: «La lluvia ha ido anegando mi memoria y tiñendo mi mirada de amarillo. No sólo mi mirada. Las montañas también. Y las casas. Y el cielo. Y los recuerdos […] todo a mi alrededor se ha ido tiñendo de amarillo como si la mirada no fuera más que la memoria del paisaje y el paisaje un simple espejo de mí mismo» (135).

La lluvia amarilla ofrece, en suma, una visión desoladora de la otredad natural, por medio de un paisaje devorador e insondable que pone de relieve el abandono y la fragilidad del hombre «caído en la historia».

BIBLIOGRAFÍA

BEISEL, Inge. «La memoria colectiva en las obras de Julio Llamazares». Alfonso del Toro y Dieter Ingenschaw (coords.). *La novela española actual. Autores y tendencias.* Kassel: Edition Reinchenberger, 1995: 193-229.

CASTRO, Isabel de y MONTEJO, Lucía. *Tendencias y procedimientos y de la novela española actual (1975-1988).* Madrid: UNED, 1990.

CUETO, Roberto. «Terrible nuevo mundo. El imaginario del gótico americano». Antonio José Navarro (coord.). *American Gothic.* San Sebastián: Semana de Cine Fantástico y de Terror de San Sebastián, 2007: 69-106.

DELGADO BAUTISTA, Yolanda. «Entrevista a Julio Llamazares». *Espéculo. Revista de Estudios Literarios* [Universidad Autónoma de Madrid] 1999, <http://www.ucm.es/info/especulo/numero12/llamazar.html>.

DIACONU, Diana N. «*Luna de lobos* de Julio Llamazares: el narrador-protagonista a partir del pacto narrativo». *Anuario de Estudios Filológicos* 29 (2006): 19-25.

GIL CASADO, Pablo. *La novela deshumanizada española (1958-1988).* Barcelona: Anthropos, 1990.

GUILLÉN, Claudio. «El hombre invisible: naturaleza y paisaje». *Múltiples moradas.* Barcelona: Tusquets, 1998: 98-176.

HEIDEGGER, Martin. *El ser y el tiempo.* Madrid: FCE, 1998.

LANGA PIZARRO, M. Mar. *Del Franquismo a la posmodernidad: la novela española (1975-1999)*. Alicante: Universidad de Alicante, 2000.

LLAMAZARES, Julio. *Luna de lobos*. Barcelona: Seix Barral, 2007 [1ª ed. 1985].

— *La lluvia amarilla*. Barcelona: Seix Barral, 2008 [1ª ed. 1988].

— *Versos y ortigas (poesía 1973-2008)*. Madrid: Hiperión, 2009.

MARTÍNEZ CACHERO, José María. *La novela española entre 1936 y el fin de siglo*. Madrid: Castalia, 1997.

MIÑAMBRES, Nicolás. «*La lluvia amarilla*, de Julio Llamazares: el dramatismo lírico y simbólico del mundo rural». *Ínsula* 502 (1988): 20.

NIETZSCHE, Friedrich. *Sobre la utilidad y el perjuicio de la historia para la vida (II Intempestiva)*. Edición, traducción y notas de Germán Cano. Madrid: Biblioteca Nueva, 1999.

PARDO PASTOR, Jordi. «Significación metafórica en *La lluvia amarilla* de Julio Llamazares». *Espéculo. Revista de Estudios Literarios* [Universidad Autónoma de Madrid], <http://www.ucm.es/info/especulo/numero21/amarilla.html>.

SOBEJANO, Gonzalo. «La novela poemática y sus alrededores». *Novela española contemporánea 1940-1995*. Madrid: Mare Nostrum Comunicación, 2003: 89-94.

SUÁREZ RODRÍGUEZ, M. ª Antonia. *La mirada y la memoria de Julio Llamazares: paisajes percibidos, paisajes vividos, paisajes borrados (memoria de una destrucción y destrucción de una memoria)*. León: Universidad de León, 2004.

TOMÁS-VALIENTE, Miguel. «Introducción». Julio Llamazares. *Luna de lobos*. Madrid: Cátedra, 2009: 11-53.